Kohlhammer

Grundwissen Soziale Arbeit

Herausgegeben von Rudolf Bieker

Das gesamte Grundwissen der Sozialen Arbeit in einer Reihe: theoretisch fundiert, immer mit Blick auf die Arbeitspraxis, verständlich dargestellt und lernfreundlich gestaltet – für mehr Wissen im Studium und mehr Können im Beruf.

Eine Übersicht aller lieferbaren und im Buchhandel angekündigten Bände der Reihe finden Sie unter:

    https://shop.kohlhammer.de/grundwissen-soziale-arbeit

Die Autorin

Dr. Marion Laging ist Professorin für Theorien und Konzepte der Sozialen Arbeit mit den Schwerpunkten Suchtprävention und Suchtarbeit an der Hochschule Esslingen. Nach der Ausbildung zur Diplom-Sozialpädagogin und Sozialarbeiterin war sie zunächst als Fachkraft für Prävention im Gesundheits-, Alkohol- und Drogenbereich beschäftigt, bevor sie ihre Promotion am Institut für Soziologie der Albert-Ludwigs-Universität Freiburg mit der Forschungsarbeit *Riskanter Suchtmittelkonsum bei Jugendlichen* erhielt. Ihre aktuellen Forschungsarbeiten liegen im Bereich der Suchtprävention.

Marion Laging

Soziale Arbeit in der Suchthilfe

Grundlagen – Konzepte – Methoden

3., überarbeitete Auflage

Verlag W. Kohlhammer

Dieses Werk einschließlich aller seiner Teile ist urheberrechtlich geschützt. Jede Verwendung außerhalb der engen Grenzen des Urheberrechts ist ohne Zustimmung des Verlags unzulässig und strafbar. Das gilt insbesondere für Vervielfältigungen, Übersetzungen, Mikroverfilmungen und für die Einspeicherung und Verarbeitung in elektronischen Systemen.

Die Wiedergabe von Warenbezeichnungen, Handelsnamen und sonstigen Kennzeichen in diesem Buch berechtigt nicht zu der Annahme, dass diese von jedermann frei benutzt werden dürfen. Vielmehr kann es sich auch dann um eingetragene Warenzeichen oder sonstige geschützte Kennzeichen handeln, wenn sie nicht eigens als solche gekennzeichnet sind.

Es konnten nicht alle Rechtsinhaber von Abbildungen ermittelt werden. Sollte dem Verlag gegenüber der Nachweis der Rechtsinhaberschaft geführt werden, wird das branchenübliche Honorar nachträglich gezahlt.

Dieses Werk enthält Hinweise/Links zu externen Websites Dritter, auf deren Inhalt der Verlag keinen Einfluss hat und die der Haftung der jeweiligen Seitenanbieter oder -betreiber unterliegen. Zum Zeitpunkt der Verlinkung wurden die externen Websites auf mögliche Rechtsverstöße überprüft und dabei keine Rechtsverletzung festgestellt. Ohne konkrete Hinweise auf eine solche Rechtsverletzung ist eine permanente inhaltliche Kontrolle der verlinkten Seiten nicht zumutbar. Sollten jedoch Rechtsverletzungen bekannt werden, werden die betroffenen externen Links soweit möglich unverzüglich entfernt.

3., überarbeitete Auflage 2023

Alle Rechte vorbehalten
© W. Kohlhammer GmbH, Stuttgart
Gesamtherstellung: W. Kohlhammer GmbH, Stuttgart

Print:
ISBN 978-3-17-043003-7

E-Book-Formate:
pdf: ISBN 978-3-17-043004-4
epub: ISBN 978-3-17-043005-1

Vorwort zur Reihe

Mit dem sogenannten »Bologna-Prozess« galt es neu auszutarieren, welches Wissen Studierende der Sozialen Arbeit benötigen, um trotz erheblich verkürzter Ausbildungszeiten auch weiterhin »berufliche Handlungsfähigkeit« zu erlangen. Die Ergebnisse dieses nicht ganz schmerzfreien Abstimmungs- und Anpassungsprozesses lassen sich heute allerorten in volumigen Handbüchern nachlesen, in denen die neu entwickelten Module detailliert nach Lernzielen, Lehrinhalten, Lehrmethoden und Prüfungsformen beschrieben sind. Eine diskursive Selbstvergewisserung dieses Ausmaßes und dieser Präzision hat es vor Bologna allenfalls im Ausnahmefall gegeben.

Für Studierende bedeutet die Beschränkung der akademischen Grundausbildung auf sechs Semester, eine annähernd gleich große Stofffülle in deutlich verringerter Lernzeit bewältigen zu müssen. Die Erwartungen an das selbständige Lernen und Vertiefen des Stoffs in den eigenen vier Wänden sind deshalb deutlich gestiegen. Bologna hat das eigene Arbeitszimmer als Lernort gewissermaßen rekultiviert.

Die Idee zu der Reihe, in der das vorliegende Buch erscheint, ist vor dem Hintergrund dieser bildungspolitisch veränderten Rahmenbedingungen entstanden. Die nach und nach erscheinenden Bände sollen in kompakter Form nicht nur unabdingbares Grundwissen für das Studium der Sozialen Arbeit bereitstellen, sondern sich durch ihre Leserfreundlichkeit auch für das Selbststudium Studierender besonders eignen. Die Autoren und Autorinnen der Reihe verpflichten sich diesem Ziel auf unterschiedliche Weise: durch die lernzielorientierte Begründung der ausgewählten Inhalte, durch die Begrenzung der Stoffmenge auf ein überschaubares Volumen, durch die Verständlichkeit ihrer Sprache, durch Anschaulichkeit und gezielte Theorie-Praxis-Verknüpfungen, nicht zuletzt aber auch durch lese(r)-freundliche Gestaltungselemente wie Schaubilder, Unterlegungen und andere Elemente.

Prof. Dr. Rudolf Bieker, Köln

Zu diesem Buch

Dieser Band verfolgt das Ziel, die theoretischen und empirischen Grundlagen sowie die Konzepte und Handlungsansätze der Sozialen Arbeit in der Suchthilfe zu vermitteln.

Dieses zunächst einfach zu beschreibende Anliegen zeigt sich auf den zweiten Blick als durchaus komplex und anspruchsvoll, denn Sucht ist nicht gleich Sucht und weitaus mehr als körperliche und psychische Abhängigkeit. Suchtgefährdung, Suchtentwicklung und Suchtbewältigung sind eng verwoben mit sozialen, wirtschaftlichen und gesellschaftlichen Bedingungen und Problemlagen, die ihnen vorausgehen oder die in der Folge zutage treten und die die Lebenswelten der Menschen entscheidend prägen.

Hinzu kommt, dass bis heute süchtiges Verhalten moralischen Bewertungen unterliegt: Suchterkrankungen zählen zu den Merkmalen von Menschen, die starke soziale Missbilligung erfahren und oftmals gedeutet werden als Zeichen eines schwachen Charakters, als Ausdruck von Zügel- und Haltlosigkeit oder als mangelnde Willensstärke und Leistungsbereitschaft. Doch Sucht ist keine Entartung, sondern Risiko in einer schnelllebigen Gesellschaft, die ihren Mitgliedern immer härtere Anforderungen zumutet in Hinblick auf ihre Leistungsfähigkeit und auf ihre Fähigkeit, spannungsreiche Zustände auszuhalten.

Dementsprechend bietet sich den Akteuren und Akteurinnen in der Suchthilfe ein breites Spektrum an Themen, Aufgaben und Herausforderungen, die regelmäßig oder häufig mit dem Phänomen Sucht und dessen Bearbeitung verbunden sind. Dazu zählen beispielsweise die Zusammenhänge von sozialer Ungleichheit und Sucht, Migration und Sucht und von Geschlecht und Sucht, aber auch die besondere Situation der Angehörigen, denen jeweils in diesem Buch eigene Abschnitte gewidmet wurden. Diese Themenkomplexe werden jeweils zunächst theoretisch und empirisch fundiert, bevor die Frage nach den hier relevanten und adäquaten Praxisansätzen für die Soziale Arbeit gestellt wird. Dieser Systematik folgen fast alle Kapitel dieses Buches.

Die Suchthilfe in Deutschland ist ein über mehr als 100 Jahre gewachsenes Arbeitsfeld, das auch durch seine Multidisziplinarität geprägt ist. In der Suchthilfe engagieren sich neben der Sozialen Arbeit die Psychologie, verschiedene Fachgebiete der Medizin, Pädagogen und Pädagoginnen und eine Vielzahl weiterer Berufe. Über alle Disziplinen hinweg herrscht heute ein allgemeiner Konsens darüber, dass es sich bei der Sucht um bio-psycho-soziales Geschehen handelt, das multidisziplinäre Antworten erfordert. Der Sozialen Arbeit – als Spezialistin für die sozialen und für Teile der psycho-sozialen Dimensionen des Krankheitsgeschehens – kommen damit bedeutsame Aufgaben für die Prävention und Bewältigung von Abhängigkeitserkrankungen zu, die im Konzert der beteiligten Professionen komplex zu erbringen sind. Mal braucht es soziale Hilfen vor einer Krankenbehandlung, mal sind diese nach einer Behandlung erforderlich, häufig ist ein zeitgleiches und abgestimmtes Miteinander der Professionen angezeigt.

Arbeitsfeldstudien zeigen durchgängig, dass die Soziale Arbeit in der Suchthilfe auf einem fachlich hohen Niveau wichtige und eigenständige Beiträge in der Prävention, Begleitung und Bewältigung von Suchterkrankungen erbringt. Trotzdem ist es der Sozialen Arbeit bislang noch nicht vollständig gelungen, sich entsprechend ihrer Bedeutsamkeit kompetent in dem Arbeitsfeld der Suchthilfe zu positionieren und die Rolle einer Kooperationspartnerin auf Augenhöhe mit den anderen im Feld vertretenen Professionen einzunehmen. Vor diesem Hintergrund versteht sich dieses Buch auch als ein Versuch, eine erste – und gewiss noch erweiterbare – Skizze eines eigenständigen transdisziplinären Wissenskorpus für die Soziale Arbeit in der Suchthilfe zu entwerfen. Dieses Buch verfolgt dementsprechend den Ansatz, im Spannungsbogen von Theorie/Empirie und Praxisansätzen diejenigen Wissensbestände zusammenzustellen, die für eine selbstbewusste, wissenschaftsbasierte Praxis der Sozialen Arbeit in der Suchthilfe hilfreich sein können.

Eine detaillierte Beschreibung des Aufbaus der Kapitel in diesem Band unterbleibt an dieser Stelle. Dieser ergibt sich aus dem Inhaltsverzeichnis und den jeweils einleitenden Worten vor jedem neuen Abschnitt, in dem die zentralen Themen und Diskussionspunkte der jeweiligen Kapitel zusammengefasst werden.

An dieser Stelle möchte ich meinem Partner und Lebensgefährten Anton Ritter meinen Dank aussprechen, der mir immer die Zeit und die Kraft gegeben hat, mich diesem Buchprojekt zu widmen.

Esslingen, im November 2022   Marion Laging

Inhalt

Vorwort zur Reihe		5
Zu diesem Buch		7
1	**Sucht – Eine Erkrankung wie jede andere auch?**	13
	1.1 Einleitung	13
	1.2 Begriffliche Annäherung	14
	1.3 Substanzgebundene und substanzungebundene Süchte	15
	1.4 Sucht als ein Phänomen der Moderne	16
	1.5 Sucht: Krankheit oder Fehlverhalten?	17
	1.6 Sucht, Kontrolle und Verantwortung	18
	1.7 Ein bio-psycho-soziales Verständnis von Gesundheit, Krankheit und Sucht	20
	1.8 Die salutogenetische Perspektive	21
	1.9 Das soziale Modell von Behinderung	22
	1.10 Soziale Arbeit und Klinische Sozialarbeit	22
2	**Modelle der Entstehung von Sucht**	24
	2.1 Einleitung	24
	2.2 Das Konzept der Risiko- und Schutzfaktoren und multifaktorielle Ansätze	25
	2.3 Die entwicklungspsychologische Perspektive	28
	2.4 Sozialpädagogische Ansätze	31
	2.5 Vergleichende Diskussion	34
3	**Psychotrope Substanzen**	36
	3.1 Einleitung	36
	3.2 Cannabis	38
	3.3 LSD	41
	3.4 Ecstasy	44
	3.5 Kokain	46
	3.6 Alkohol	48
	3.7 Heroin	51

4	**Die Verbreitung von Alkohol, Drogen, Glücksspielsucht und Internetabhängigkeit**	**54**
	4.1 Einleitung	54
	4.2 Alkohol	55
	4.3 Illegale Drogen	61
	4.4 Glücksspielsucht	65
	4.5 Internetabhängigkeit	65
	4.6 Zusammenfassung	66
5	**Soziale Ungleichheit und Sucht**	**68**
	5.1 Einleitung: Soziale Ungleichheit und Gesundheit	68
	5.2 Bildung und Sucht	70
	5.3 Armut und Sucht	71
	5.4 Arbeitslosigkeit und Sucht	72
	5.5 Diskussion und Schlussfolgerungen für Prävention, Beratung, Begleitung und Behandlung	74
6	**Geschlecht und Sucht**	**79**
	6.1 Einleitung: Gender, Gender Mainstreaming und Sucht	79
	6.2 Substanzkonsum, Suchtentwicklung und Lebensrealitäten unter genderspezifischer Perspektive	82
	6.3 Gender Mainstreaming in der Suchthilfe	88
7	**Migration und Sucht**	**94**
	7.1 Einleitung: Migrationshintergrund, Multi-, Inter- und Transkulturalität	94
	7.2 Suchtgefährdung und Suchtentwicklung bei Menschen mit Migrationshintergrund	97
	7.3 Menschen mit Migrationshintergrund in der Suchthilfe	102
	7.4 Inter- und transkulturelle Öffnung in der Suchthilfe und Suchtprävention	107
8	**System der Suchtkrankenhilfe**	**111**
	8.1 Einleitung	111
	8.2 Der normative Rahmen	112
	8.3 Das Abstinenzparadigma und zieloffene Hilfen	114
	8.4 Adressaten und Adressatinnen	116
	8.5 Strukturen und Angebote	117
	8.6 Versorgungssituation und Umsetzungsprobleme	119
9	**Prävention von Suchterkrankungen**	**121**
	9.1 Einleitung	121
	9.2 Geschichte und Konzepte der Suchtprävention in Deutschland	121
	9.3 Fachliche Anforderungen, Bereiche, Strukturen und Akteure der Suchtprävention in Deutschland	128

	9.4	Handlungsfelder und Projekte der Suchtprävention	133
	9.5	Suchtpräventive Praxis und Anforderungen an die Soziale Arbeit	140
	9.6	Kritik und Perspektiven der Suchtprävention	143
10	**Angehörige von suchtkranken Menschen**		**146**
	10.1	Einleitung	146
	10.2	Belastungslagen von Angehörigen	147
	10.3	Das Konzept der Co-Abhängigkeit	149
	10.4	Angebote der Sozialen Arbeit für Angehörige	154
11	**Diagnostik und Diagnosen in der Suchthilfe**		**159**
	11.1	Einleitung	159
	11.2	Die bio-medizinischen Klassifikationssysteme ICD-10 und DSM-5	162
	11.3	Das bio-psycho-soziale Klassifikationssystem ICF	165
	11.4	Soziale und psycho-soziale Diagnostik	166
	11.5	Zusammenfassung und Diskussion	169
12	**Profil und ausgewählte Arbeitsansätze der Sozialen Arbeit im multidisziplinären Feld der Suchthilfe**		**174**
	12.1	Einleitung	174
	12.2	Soziale Arbeit im multidisziplinären Gefüge der Suchthilfe .	175
	12.3	Zuständigkeit und Aufgaben der Sozialen Arbeit in der Suchthilfe	180
	12.4	Soziale Arbeit in der ambulanten Suchthilfe	182
	12.5	Motivierende Gesprächsführung	194

Literaturverzeichnis **198**

Stichwortverzeichnis **211**

1 Sucht – Eine Erkrankung wie jede andere auch?

> ☞ **Was Sie in diesem Kapitel lernen können**
>
> In diesem Kapitel lernen Sie die Begriffe »Sucht« und »Abhängigkeit« kennen und es wird Ihnen nahegebracht, welche grundlegenden Vorstellungen sich mit den Begriffen verbinden. Sie erfahren, welche Implikationen in Hinblick auf Verantwortung, Schuld und Selbstbestimmung mit unterschiedlichen Suchtmodellen assoziiert sind und welche allgemeineren Modelle von Krankheit und Gesundheit dahinterstehen. Abschließend werden Ihnen das Selbstverständnis und die Aufgaben der Sozialen Arbeit und der Klinischen Sozialarbeit innerhalb dieser Diskurse kurz vorgestellt.

1.1 Einleitung

Jeder Betrachtung von Gesundheit und Krankheit liegt ein bestimmtes Menschenbild zugrunde. Menschenbilder implizieren Vorstellungen darüber, wie Menschen krank werden, wie sie wieder gesunden können und welche Anteile sie am Krankheits- und Genesungsprozess tragen. Diese Vorstellungen können explizit oder implizit sein, bewusst oder unbewusst, rational oder irrational. Sie berühren auch immer ethisch-normative Fragen: Sind wir verpflichtet, im Falle einer Erkrankung alles für eine Genesung zu tun? Was ist kranken Menschen zumutbar, was kann man ihnen abverlangen und an welchen Stellen und in welchem Ausmaß sollte die Solidargemeinschaft eintreten? Sucht als eine »Krankheit des Willens« steht in der Mitte solcher Auseinandersetzungen.

Sucht wurde in Deutschland im Jahr 1968 durch ein Urteil des Bundessozialgerichts als Krankheit mit allen sozialleistungsrechtlichen Folgen und Ansprüchen anerkannt. Trotzdem handelt es sich bei der Sucht für viele Menschen nicht um eine »Krankheit wie jede andere auch«. Sie stellt sich dar als ein schillerndes, herausforderndes Geschehen, das immer wieder durch Medien verschiedenster Art aufgegriffen und inszeniert wird und sich zudem offenbar für Projektionen jeder Art denkbar gut eignet.

In diesem Kapitel soll eine Annäherung an die verschiedenen Sichtweisen, Verständnisse von Sucht vorgenommen werden. Nach einer Auseinandersetzung um die Begriffe Sucht und Abhängigkeit bewegt sich die Auseinandersetzung um die Frage, inwieweit Sucht tatsächlich als eine Erkrankung wie jede andere auch zu verstehen ist und – falls es so sein sollte – welches Modell von Krankheit und Gesundheit dann sinnvoll angewendet werden kann.

1.2   Begriffliche Annäherung

Das Wort »Sucht« (germ. suhti-, ahd. suht, suft, mhd. suht) geht etymologisch auf »siechen« (ahd. siuchan, mhd. siechen) zurück, das Leiden an einer Krankheit. Diese Bedeutung findet sich noch heute in vielen Krankheitsbezeichnungen wieder, wie z. B. der Gelbsucht, Schwindsucht oder Wassersucht. Mit dem Begriff »suchen« ist das Wort Sucht nicht verwandt, obgleich eine Suchtdynamik häufig als erfolglose Suche nach Sinn, nach extremen Erlebnissen, Zuständen oder ähnlichem charakterisiert wird.

In der Alltagssprache hat der Suchtbegriff einen festen Platz erhalten. Sowohl die Abhängigkeit von Substanzen als auch ein als zwanghaft erlebtes Verhalten wird oftmals als »süchtig« bezeichnet. »Süchtig nach Dir«, »Süchtig nach Schokolade« oder ähnliche Redewendungen beschreiben ein zwanghaftes Sich-Hingezogen-Fühlen zu Gegenständen, Personen oder auch Verhaltensweisen.

Begriffe wie »Geltungssucht«, »Tobsucht« beziehen sich eher auf Persönlichkeitsmerkmale von Menschen. In ihnen klingt aber ebenfalls das Merkmal der Übertreibung an und die mangelnde Fähigkeit oder ein Unwille, diese »übertriebenen« Eigenschaften in gemäßigtere Bahnen zu lenken.

In der Fachwelt wurde und wird der Begriff »Sucht« auch kritisch diskutiert: Der Begriff »Sucht« sei äußerst negativ besetzt und würde die Diskriminierung und Marginalisierung von Betroffenen vorantreiben, Stigmatisierungsprozesse verstärken und einen offenen und unvoreingenommenen Umgang mit dem Problem eher verhindern. Vor dem Hintergrund dieser Argumente hat die Weltgesundheitsorganisation (WHO), die das diagnostische Manual der International Classification of Diseases (ICD-10, ▶ Kap. 11) herausgibt, im Jahr 1963 den Begriff »Sucht« (addiction) durch den Begriff der »Abhängigkeit« (dependence) bzw. durch das »Abhängigkeitssyndrom« ersetzt.

Doch auch der Abhängigkeitsbegriff erfuhr Kritik: Er verallgemeinere zu stark und verharmlose das Krankheitsgeschehen. Eine Abhängigkeitserkrankung im Sinne des ICD-10 sei beispielsweise mit der Abhängigkeit des Kleinkindes von seinen Bezugspersonen in keiner Weise vergleichbar und würde dem Leid, das oftmals mit einer Abhängigkeitserkrankung verbunden ist, nicht gerecht werden.

So hat sich in der Fachwelt die durch die WHO vorgenommene Umbenennung von »Sucht« nach »Abhängigkeit« nicht vollständig durchsetzen können: Die größte deutsche Fachzeitschrift heißt »Sucht«, eine der bedeutsamsten internationalen Fachzeitschriften »addiction«, die Drogenbeauftragte der Bundesregierung gibt jährlich einen »Sucht- und Drogenbericht« heraus und die »Deutsche Hauptstelle für Suchtfragen« vertritt mit wenigen Ausnahmen sämtliche Träger der ambulanten Beratung und Behandlung, der stationären Versorgung und der Selbsthilfe. Die Beratung abhängiger Menschen findet in der Regel in »Suchtberatungsstellen« statt.

Heute findet sich dementsprechend meist ein synonymer Gebrauch der Begriffe »Sucht« und »Abhängigkeit«, dem auch in diesem Buch gefolgt wird. Wenn jedoch der Begriff »Sucht« manchmal zu überwiegen scheint, so ist dies dem Umstand geschuldet, dass sich manche Konstrukte nicht durch den Abhängigkeitsbegriff ausdrücken lassen: Es gibt ein Suchthilfesystem in Deutschland, aber kein Abhängigkeitshilfesystem.

Konsequenter ist die Umstellung des Begriffs »Rauschgift« gelungen: Dieser wurde in den vergangenen Jahren und vor dem Hintergrund der o. g. Argumente durch die wertneutraleren Begriffe »Substanzen«, »psychoaktive Substanzen« oder »psychotrope Substanzen« fast durchgängig ersetzt.

1.3 Substanzgebundene und substanzungebundene Süchte

Grundsätzlich kann zwischen *substanzgebundenen* und *substanzungebundenen* Süchten unterschieden werden. Substanzgebundene oder auch stoffgebundene Süchte sind immer mit dem Konsum psychoaktiver Substanzen verbunden; demgegenüber steht bei den substanzungebundenen bzw. stoffungebundenen Süchten ein bestimmtes Verhalten im Zentrum des Suchtgeschehens.

Die WHO geht davon aus, dass das Abhängigkeitssyndrom als Krankheit nur dann zu diagnostizieren ist, wenn dies mit einem Substanzkonsum verbunden ist. Im Kontext des Konsums folgender Substanzen bzw. Substanzgruppen kann laut WHO eine Abhängigkeit entstehen: Alkohol, Opioide, Cannabinoide, Sedativa und Hypnotika, Kokain, weitere Stimulanzien einschließlich Koffein, Halluzinogene, Tabak, flüchtige Lösungsmittel, andere psychotrope Substanzen (Dilling et al. 2015: 46). Damit sind legale Substanzen (z. B. Tabak), illegale Substanzen (z. B. Cannabinoide) und bestimmte Medikamente (z. B. Sedativa) gleichermaßen im ICD-10 aufgenommen, ohne dass der ICD-10 in Hinblick auf den rechtlichen Status einer Substanz eine Unterscheidung vornimmt. In der Tat gibt es hier auch zahlreiche Überschneidungen: Opioide können beispielsweise sowohl als illegales »Straßenheroin« als auch legal in Form von bestimmten Medikamenten konsumiert werden und dabei gleichermaßen Abhängigkeitserkrankungen auslösen.

Das ebenfalls bedeutsame Diagnostische und Statistische Manual Psychischer Störungen hat in seiner fünften Revision (DSM-5, Falkai und Wittchen, 2015) demgegenüber die Glücksspielsucht als erste stoffungebundene Sucht in die Gruppe der Abhängigkeitserkrankungen mit aufgenommen.

Andere zwanghafte Verhaltensweisen, wie sie z. B. mit den Begriffen Sexsucht und Kaufsucht ebenfalls als Abhängigkeitserkrankung diskutiert werden, gehören aus der Perspektive von ICD-10 und DSM-5 nicht in die Gruppe der Abhängigkeitserkrankungen. Andere Autoren und Autorinnen verweisen darauf, dass nicht der Substanzkonsum im Zentrum einer Abhängigkeitsentwicklung steht, sondern dass vor allem die dahinterstehende Psycho-Dynamik relevant sei (▶ Kap. 2) und dass diese bei den substanzungebundenen wie bei den substanzgebundenen Süchten durchaus vergleichbar sei. Sie plädieren dementsprechend dafür, auch die substanzungebundenen Süchte als Süchte zu betrachten.

In diesem Buch wird in den nachfolgenden Darstellungen der Fokus auf die Substanzen und Suchtformen gelegt, die aus der Perspektive der Praxis der Suchtkrankenhilfe relevant sind.

1.4   Sucht als ein Phänomen der Moderne

Dem übermäßigen Konsum von psychoaktiven Substanzen einen »Krankheitswert« zuzuordnen, ist ein Phänomen der Moderne. Auch wenn es in vormodernen Zeiten übermäßigen und schädlichen Substanzkonsum gegeben hat (z. B. die legendären mittelalterlichen Trinkgelage), so ist eine Verknüpfung von einem bestimmten Konsumverhalten mit einer Krankheitszuschreibung eine neuzeitliche Idee, weswegen auch von der »*Erfindung der Sucht*« gesprochen wird (Groenemeyer und Laging 2012). Die »Erfindung« der Sucht fand in einem gesellschaftlichen Zusammenhang statt, in dem die gesellschaftlichen Anforderungen an den Menschen in Bezug auf Rationalität und Selbstkontrolle sehr viel stärker wurden. Damit wurde Trunkenheit erstmals als ein Mangel an Selbstdisziplin und als Verlust von Selbstkontrolle erfahrbar. Benjamin Rush (1745–1813) war der erste, der übermäßigen Alkoholkonsumformen einen Krankheitswert zugewiesen hat. Seine Krankheitskonzeption nahm bereits zentrale Merkmale vorweg, die 175 Jahre später mit den Arbeiten von Elvin Morton Jellinek (1890–1963) allgemeine Anerkennung erlangten (▶ Kap. 3). Rush ging davon aus, dass der Liebe zum Alkohol zunächst eine willentliche Entscheidung vorausgeht, die über ein gewohnheitsmäßiges Trinken dann allerdings zu einer Notwendigkeit wird. Diesen Zustand bezeichnet Rush dann als eine »Krankheit des Willens«. Aus diesem bereits als Sucht bezeichneten Verlangen nach Alkohol wird von Rush der ökonomische Ruin und der soziale Abstieg der betroffenen Individuen abgeleitet; eine soziale Komponente findet sich dementsprechend von Beginn der Auseinandersetzung an um das Phänomen Sucht (ebenda).

Aber erst im Juni 1968 stellte das Bundessozialgericht in Deutschland fest, dass Sucht als Erkrankung anzuerkennen sei und damit die Krankenkassen und die Rentenversicherungsträger für die Kosten von Behandlung und Rehabilitation einzutreten haben. Doch ungeachtet dessen gibt es weiterhin Thematisierungen auf unterschiedlichen Ebenen (Fachöffentlichkeit, medial, unter Betroffenen, z. B. Anonymen Alkoholikern) zu der Frage, ob und inwieweit Sucht tatsächlich eine Erkrankung ist, die einen Menschen »treffen« kann, wie beispielsweise Rheuma oder

Parkinson, oder ob es sich bei der Sucht nicht doch zum großen Teil um eine Art moralisches Fehlverhalten handele. Beide Modelle – Sucht als eine Erkrankung im medizinischen Sinne und Sucht als ein Fehlverhalten – sind aber nicht die einzigen diskutierten Modelle, Vorstellungen bzw. Denkstile zu dem Phänomen Sucht (vgl. Wolf 2003). Sie sollen aber hier herausgestellt werden, da sie in einem engen Bezug zu der Frage stehen, inwieweit ein suchtkranker Mensch für seine Sucht persönlich zur Verantwortung zu ziehen ist und dementsprechend auch, welche Haltung suchtkranken Menschen im Kontext der jeweiligen Modelle zuteilwerden sollte.

1.5 Sucht: Krankheit oder Fehlverhalten?

In einem Aufsatz von Morse (2004) finden sich zusammenfassend die zentralen Argumente der beiden o. g. Perspektiven. Dabei ist wichtig, sich zunächst die Implikationen eines *bio-medizinisch geprägten Krankheitsmodells* zu vergegenwärtigen.

Der bio-medizinische Blick auf Sucht als Erkrankung hat weitreichende Implikationen: Die Medizin geht im Allgemeinen bei einer Erkrankung von einer zugrundeliegenden Störung und darauf bezogenen Symptomen aus, so wie beispielsweise eine Grippeinfektion die Symptome Schnupfen, Husten und Fieber hervorbringt. Zudem wird davon ausgegangen, dass der Erkrankte weder für die zugrundeliegende Störung noch für die jeweiligen Symptome und Anzeichen verantwortlich ist und dass grundsätzlich Erkrankungen als unwillkommene und unangenehme Zustände von Menschen erlebt werden. Die Anzeichen und Symptome unterliegen nicht der willentlichen Steuerung, sondern sie sind lediglich mechanische, biophysische Effekte bzw. Ausdrucksformen der darunterliegenden Pathologie.

Insofern sind die meisten Krankheitsanzeichen und Symptome nicht intentional; Menschen erleiden sie, ohne sie durch willentliche Anstrengung vermeiden zu können. In dieser Logik ist der Suchtkranke nicht verantwortlich für sein Craving (Craving umschreibt das kontinuierliche und nahezu unbezwingbare Verlangen eines Suchtkranken, sein Suchtmittel zu konsumieren, und ist eines der zentralen Momente des Abhängigkeitssyndroms, ▶ Kap. 11) und für die Verhaltensweisen, die er zeigt, um das Craving zu beeinflussen oder zu beenden. Moralisch (und ebenfalls juristisch) kann der Mensch nur für das Verhalten verurteilt werden, bei dem er selbst eine Chance hatte, es zu steuern. In diesem Kontext ist eine medizinisch orientierte Antwort nicht wertend, nicht bestrafend und stattdessen therapeutisch ausgerichtet.

Ein zentraler Vorteil der bio-medizinischen Perspektive liegt dementsprechend darin, dass sich hieraus ein akzeptierender, freundlicher, wertschätzender, verständnisvoller und auf Hilfe und Unterstützung ausgerichteter Umgang mit betroffenen Menschen ableiten und begründen lässt (Morse 2004).

Dies ist ein ebenso starkes wie erforderliches Moment in einer Gesellschaft, in der Menschen mit Suchtverhalten immer noch starker *Diskriminierung* und *Stigmati-*

sierung ausgesetzt sind – der eben skizzierte bio-medizinische Blick in der Bevölkerung also nicht zu dominieren scheint. Room (2005) konnte in einer Übersichtsarbeit zeigen, dass Drogen- und Alkoholabhängigkeit zu den Merkmalen von Menschen zählen, die die stärkste soziale Missbilligung erfahren – und das international. Stigmatisierung und Marginalisierung findet statt in Familien, aber auch in sozialen Institutionen und im öffentlichen Leben. Bei drogen- und alkoholabhängigen Menschen wird oftmals verallgemeinernd davon ausgegangen, dass sie in den wichtigen sozialen Rollen (vor allem in der Familie und im Berufsleben) versagen, dass sie gewaltbereit sind und weitgehend unfähig sind, Verantwortung zu übernehmen (Room 2005). So kann man davon ausgehen, dass sich das oben skizzierte bio-medizinische Modell bislang nicht durchsetzen konnte und verurteilende Haltungen gegenüber abhängigen Menschen nach wie vor hochprävalent sind. Hierin wird einer der Hauptgründe für die häufig vorfindbaren Verleugnungstendenzen von suchtkranken Menschen gegenüber ihrer eigenen Erkrankung gesehen, mit der Folge, dass Unterstützung oftmals nur sehr spät im Krankheitsverlauf in Anspruch genommen wird und mögliche Genesungs- und Bewältigungsprozesse erschwert oder verunmöglicht werden (vgl. Lloyd 2013; Palamar 2013).

1.6   Sucht, Kontrolle und Verantwortung

Aber auch wer eine zugewandte, nicht verurteilende und unterstützende Haltung gegenüber Menschen mit Suchtverhalten in unserer Gesellschaft erreichen möchte, muss anerkennen, dass es Situationen gibt, in denen es unübersehbar wird, dass auch im ausgeprägten Suchtverhalten Elemente von individueller *Steuerungsfähigkeit* enthalten sind: Die Suche und der Gebrauch von Drogen sind intendierte Handlungen; die Willkürmotorik ist beteiligt. Das ist etwas anderes, als bei Masern einen Ausschlag zu bekommen – der Drogenkonsum ist dann eher dem Kratzen vergleichbar. Von daher ist es mehr als nur plausibel anzunehmen, dass der Erkrankte in der Lage ist, zu einem gewissen Grad intentionale Kontrolle über den Drogenkonsum auszuüben bzw. zu erlangen. Darüber hinaus ist es ein hilfreiches und bewährtes Schlüsselelement in der Beratung und Behandlung von suchtkranken Menschen, wenn Suchtberater und -beraterinnen suchtkranke Personen ermutigen können, »Verantwortung für das eigene Verhalten zu übernehmen«, sie also genau auf ihre (verbliebene) Steuerungsfähigkeit ansprechen und diese positiv herausheben. Gleiches gilt für die Betonung der Entscheidungsfähigkeit und Autonomie der abhängigkeitskranken Menschen in beratenden und behandelnden Kontexten, der ebenfalls entscheidende Bedeutung für die Bewältigung und Genesung zukommt (▶ Kap. 12).

Es kann zu Verwerfungen kommen, wenn verantwortliche Menschen nicht als verantwortlich gesehen und behandelt werden. Wenn die bio-medizinische Perspektive in ihrer puristischen Ausprägungsform auch auf intentionales Handeln angewendet wird, führt dies zu einer Objektivierung des Menschen, zu einer bevormundenden, demütigenden Umgangsweise und Herabwürdigung (Morse 2004). Wenn der Wille eines Menschen zur Disposition steht, dann ergeben sich kaum noch Mitspracherechte, z. B. in Hinblick auf Hilfeformen und Behandlungsarten. In aller Regel bringt paternalistisches Verhalten Widerstand hervor, der als Ausdruck des Willens nach Selbstbestimmung zu deuten ist und der die Beziehung zwischen abhängigem Menschen und Berater beeinträchtigen und die Arbeit am »eigentlichen Thema« und eine Krankheitsbewältigung erschweren kann.

Dies ist insbesondere in der Suchthilfe – in der Kontrollaspekte der Sozialen Arbeit eine besondere Rolle spielen – von hervorgehobener Bedeutung. Einen Ausweg aus diesem Dilemma bietet hier zum einen eine konsequente Trennung von Person und Verhalten. Das Suchtverhalten darf diskutiert und kritisch hinterfragt werden, auch in Hinblick auf die dadurch hervorgerufenen Risiken und Schäden bei der suchtkranken Person und in ihrem Umfeld. Die Person ist aber dabei immer als unverletzbares Subjekt zu betrachten, dem in jeder Situation uneingeschränkt Würde und Respekt zukommt. Zum anderen gewinnt in der Suchtkrankenhilfe nach langen Jahren der Dominanz der abstinenzorientierten Hilfen das Paradigma der »zieloffenen Hilfen« zunehmend an Bedeutung, das den Selbstbestimmungsrechten von abhängigen Menschen Rechnung trägt (▶ Kap. 8).

Anonyme Alkoholiker und ihr Suchtverständnis

Eine besondere, radikale Position in dieser Debatte um die Steuerungsfähigkeit des Menschen bei einer Suchterkrankung nehmen die Anonymen Alkoholiker ein. Sie folgen strikt dem bio-medizinischen Krankheitsmodell und gehen davon aus, dass der »Alkoholiker sein Trinken nicht kontrollieren kann« (Anonyme Alkoholiker Interessensgemeinschaft e. V. 2021: 55 ff.).

Die Erkrankung im Verständnis der Anonymen Alkoholiker ergreift die körperliche, geistige und seelische Dimension des Menschen, ist fortschreitend, und vollständige Genesung und Gesundheit ist nicht mehr erreichbar. Alkoholismus trifft damit einen Menschen wie der Verlust eines Beines. Anonyme Alkoholiker bestreiten jede eigene Steuerungsfähigkeit über den Alkoholkonsum momentan und für die Zukunft: »Der Wahn, dass wir wie andere sind oder je wieder sein können, muss zerschlagen werden« (Anonyme Alkoholiker Interessensgemeinschaft e. V. 2021: 55). Dabei muss aber trotzdem die Frage beantwortet werden, wie es sein kann, dass auf der einen Seite der Kontrollverlust und die Aufgabe der Selbstbestimmung als total beschrieben werden, auf der anderen Seite aber zugleich doch zumindest Linderung in Aussicht gestellt wird und diese für viele Menschen offensichtlich auch schon erreichbar war.

Dieses Problem wird im Konzept der Anonymen Alkoholiker derart gelöst, dass die eigene fehlende Steuerungskraft externalisierend spirituellen Kräften zugeschrieben wird: »Unser heutiges Dasein basiert auf der absoluten Gewissheit, dass unser Schöpfer auf eine wunderbare Art den Weg zu unseren Herzen gefunden hat und in unser Leben eingetreten ist. Er hat für uns Dinge vollendet, die wir aus eigener Kraft nie zustande gebracht hätten« (Anonyme Alkoholiker Interessensgemeinschaft e. V. 2021: 50 f.). So gelingt es, radikal am Konzept der

> permanent und unwiderrufbar aufgelösten eigenen Steuerungsfähigkeit festzuhalten und gleichzeitig Genesung möglich zu machen und zu erklären.

1.7 Ein bio-psycho-soziales Verständnis von Gesundheit, Krankheit und Sucht

Vor dem Hintergrund eines Wandels im Krankheitspanorama wurde in den 1970er Jahren ein Perspektivwechsel von der bio-medizinischen Perspektive zur *bio-psycho-sozialen Perspektive* eingeläutet. Die Bedeutung der Infektionskrankheiten nahm durch die breite Verfügbarkeit von Antibiotika und durch verbesserte hygienische Bedingungen ab; hingegen gewannen die chronischen und chronisch-degenerativen Erkrankungen (z.B. Herz-Kreislaufstörungen) im Gesamtspektrum der Erkrankungen an Bedeutung, ebenso wie die psychischen Störungen, zu denen auch die Suchterkrankungen zählen. Das bio-medizinische Modell, das im Hintergrund der großen medizinischen Fortschritte des vergangenen Jahrhunderts stand (z.B. bei der Bekämpfung von Infektionskrankheiten) und einen weitgehend »moralfreien« und damit entlastenden Blick auf Erkrankungen und Erkrankte erlaubt hatte (s.o.), stand nun zunehmend in der Kritik (Pauls 2013: 98). Die Einwände zielten zum einen darauf, dass im Rahmen des bio-medizinischen Modells der erkrankte Mensch zum Erduldenden und Erleidenden passiviert wird und ihm Subjektivität, Gestaltungswille und -kraft abgesprochen werden. Zum anderen sind im bio-medizinischen Modell die biografischen und sozialen Komponenten aus Krankheitsentwicklung, Krankheitsgeschehen und Krankheitsbewältigung ausgeblendet; Krankheit wird »entpersonalisiert« und »entsozialisiert« (Pauls 2013: 96).

Der Psychiater Engel legte im Jahr 1977 (Engel 2012) ein bio-psycho-soziales Krankheitsmodell vor, das er neben den somatischen auch psycho-soziale Faktoren zur Erklärung von Erkrankungen heranzog. Damit wurde das Modell des Menschen als einer Art komplexen Maschine abgelöst von einem Modell des Menschen als einem körperlich-seelischen Wesen in seiner ökosozialen Lebenswelt. Die grundlegende Idee dieses Modells besteht darin, dass drei große Bedingungsgefüge von Krankheitsentwicklung existieren – biologisch-organisch, psychisch und sozial –, die in einem sich kontinuierlich ändernden Wechselverhältnis zueinanderstehen (Pauls 2013: 98f). Soziale Faktoren sind in diesem Modell als kausale Faktoren für die Krankheitsentwicklung bedeutsam. Eine grobe Adaptation dieses Modells findet sich in dem multifaktoriellen Modell zur Suchtentwicklung von Kielholz und Ladewig wieder (▶ Kap. 2), in dem die Ursachen einer Suchtentwicklung den drei großen Bedingungsfaktoren Mensch – Umwelt – Droge zugeordnet werden. Die Bedeutsamkeit sozialer Faktoren für Suchtentwicklung und Suchtbewältigung ist mittlerweile empirisch gut belegt (▶ Kap. 5; ▶ Kap. 6; ▶ Kap. 7).

Liel (2020) transferiert und konkretisiert das bio-psycho-soziale Modell auf den Suchtbereich und diskutiert die Konsequenzen für das Zusammenspiel der Disziplinen Medizin, Psychologie und Soziale Arbeit. Ursachen und Folgen von Sucht können in allen drei Dimensionen (bio-psycho-sozial) zu finden sein. Liel proklamiert dementsprechend für die Soziale Arbeit eine gleichberechtigte Expertise für die soziale Dimension, die sie als »soziale Gesundheit« klassifiziert, neben der Psychologie und der Medizin, und betont die Bedeutsamkeit von gleichberechtigter, interdisziplinärer Kollaboration (Liel 2020: 69–77).

1.8 Die salutogenetische Perspektive

Eine Erweiterung des bio-psycho-sozialen Krankheitsmodells wurde mit dem Konzept der Salutogenese von Antonovsky vorgelegt: Die *Salutogenese* fragt nicht danach, was den Menschen krankmacht, sondern versucht zu ergründen, warum Menschen trotz Belastungen und Risiken aus dem bio-psycho-sozialen Spektrum gesund bleiben. Neben diesem Blick auf Gesundheit hat die Salutogenese den entscheidenden Beitrag geleistet, Menschen nicht dichotom in gesund und krank zu klassifizieren, sondern ihre jeweiligen Zustände auf einem multidimensionalen *Gesundheits-Krankheits-Kontinuum* zu lokalisieren (Pauls 2013: 103; Razum und Kolip 2020: 23). Damit ergeben sich auch entscheidende neue Perspektiven für die Betrachtung einer Suchterkrankung und ihrer Bewältigungs- und Genesungsmöglichkeit: Es mag sein, dass der Wille und die Steuerungsfähigkeit eines Menschen zu großen Teilen beschädigt sind, aber es gilt, die gesunden Anteile zu identifizieren, dem Bewusstsein zugänglich zu machen und diese zu stärken. Damit wird die *Ressourcenorientierung* zu einem zentralen Anknüpfungspunkt für eine Genesung.

Mit der dichotomen Festsetzung von Gesundheit und Krankheit als zwei sich gegenseitig ausschließende Zustände werden auch zugleich bestimmte Normwerte für Gesundheit und Krankheit festgelegt und kommuniziert. Wenn Krankheit als Abnormität definiert wird, wird damit zugleich Gesundheit als Normalität festgesetzt. Gleichzeitig manifestieren sich diese Normwerte in den diagnostischen Systemen des ICD-10 und DSM-5 (▶ Kap. 11). Dass die Festlegung dieser Normwerte gesellschaftlichen Einflüssen unterliegt und auch als ein Ergebnis gesellschaftlicher Macht- und Aushandlungsprozesse verstanden werden muss, wurde bereits im ersten Abschnitt dieses Kapitels unter dem Stichwort »Erfindung der Sucht« hervorgehoben.

1.9 Das soziale Modell von Behinderung

Der Begriff der Behinderung ist im Kontext von Abhängigkeitserkrankungen insofern äußerst relevant, da eine Suchterkrankung als »seelische Behinderung« im Sinne des SGB IX gilt.

»Behinderung« ist im Kontext des *sozialen Modells von Behinderung* kein Merkmal einer Person, sondern lässt sich beschreiben als ein komplexes Geflecht von Bedingungen, von denen viele vom gesellschaftlichen Umfeld geschaffen werden. Die Bewältigung dieses Problems obliegt von daher auch nicht dem Gesundheitssystem, sondern es erfordert die gemeinschaftliche Verantwortung der Gesellschaft in ihrer Gesamtheit, die Umwelt so zu gestalten, wie es für eine volle Partizipation der Menschen mit Behinderung an allen Bereichen des sozialen Lebens erforderlich ist (DIMDI 2005: 24f).

Im Rahmen des bio-medizinischen Modells ist der zentrale Anknüpfungspunkt die medizinische Versorgung, und vom politischen Standpunkt aus gesehen geht es grundsätzlich darum, die Gesundheitspolitik zu reformieren. Im Rahmen des sozialen Modells wird dieses Thema zu einer Frage der Menschenrechte. Für dieses Modell ist Behinderung ein politisches Thema (ebenda).

1.10 Soziale Arbeit und Klinische Sozialarbeit

Vor dem Hintergrund des bio-psycho-sozialen und des salutogenetischen Modells von Gesundheit und Krankheit öffnet sich – neben der Medizin – das Feld der Bearbeitung von Erkrankungen für weitere Disziplinen und Professionen. Der Sozialen Arbeit kommen im Kontext der Gesundheit und Krankheit von Menschen wichtige Funktionen und Aufgaben zu. Sie sollen an dieser Stelle kurz skizziert werden. Eine ausführliche Besprechung findet sich im Kapitel 12: Profil und ausgewählte Arbeitsansätze der Sozialen Arbeit im multidisziplinären Feld der Suchthilfe (▶ Kap. 12).

Als Expertin für die Soziale Dimension macht sich die Soziale Arbeit für die angemessene Berücksichtigung der sozialen und psycho-sozialen Faktoren in der Krankheitsentstehung, Krankheitsbewältigung und Gesunderhaltung stark. Vor dem Hintergrund der engen Zusammenhänge von sozialer und gesundheitlicher Ungleichheit setzt sie sich für mehr *Chancengerechtigkeit in den Feldern von Gesundheit und Krankheit* ein. So fragt sie z.B. bei der Entwicklung und Einführung neuer Programme in der Suchtprävention, -beratung und -behandlung danach, welche Bevölkerungsgruppen voraussichtlich besonders profitieren und inwieweit neue Programme und Angebote einen Beitrag leisten können zur Verminderung von sozialer und gesundheitlicher Ungleichheit. Die Frage des Zugangs und der Zielgruppenspezifität von Angeboten erfährt unter dieser Perspektive besondere Relevanz.

Die Soziale Arbeit bringt darüber hinaus eine *kritische Reflexivität in Hinblick auf normative Zuschreibungen* ein und sucht hier grundsätzlich die Spielräume von Normalität zu erweitern, statt diese zu verkürzen. Die oben angesprochene weit verbreitete Stigmatisierung von Suchtkranken ist nach wie vor ein großes soziales Hindernis der Krankheitsbewältigung, und eine anwaltschaftliche Vertretung von marginalisierten Gruppen der Gesellschaft – auch in der öffentlichen Wahrnehmung – gehört zum Aufgabenspektrum der Sozialen Arbeit.

Zudem macht sich die Soziale Arbeit stark für einen Umgang mit Erkrankung, der nicht nur auf Heilung zielt, sondern ihre Aufgabe auch darin sieht, Menschen auf dem *Kontinuum von Gesundheit und Krankheit zu begleiten* und sie in den einzelnen Phasen entsprechend zu beraten und zu unterstützen. Dabei sind der Respekt und die Achtung vor der Autonomie des Menschen – gerade auch im Bereich der Suchterkrankungen – zentral. Dazu gehört auch ein akzeptierender Umgang mit Lebensentwürfen, die gesundheitsbewusstes Handeln nicht zum Maßstab der Dinge erklären, sondern andere Prioritäten setzen. Er bildet sich auch ab in einer Breite der zur Verfügung stehenden Hilfs- und Unterstützungsangebote für suchtkranke Menschen und für ein System der »zieloffenen« Hilfen (▶ Kap. 8).

Innerhalb der Sozialen Arbeit hat sich seit einigen Jahren die »*Klinische Sozialarbeit*« etabliert, die sich als eine Fachsozialarbeit insbesondere in den Feldern des Gesundheitswesens versteht (Pauls 2013: 17). Als eine spezialisierte Form der Sozialen Arbeit zeichnet sich die Klinische Sozialarbeit durch einen deutlichen Problembezug aus; sie sieht ihr Gegenüber als hilfebedürftige Klienten und Klientinnen, zu denen auch Drogen- und Alkoholabhängige zählen (Pauls 2013: 18). Klinische Sozialarbeit ist spezialisiert auf beratende und behandelnde Soziale Arbeit in den Feldern des Sozial- und Gesundheitswesens. Sie betont die subjektive Erfahrung von Krankheit im Gegensatz zur Krankheit als einer objektiv vermessbaren Störung und sieht ihre Aufgaben vor allem in der Krankheitsbewältigung (Ningel 2011: 68). Jedoch wird ebenfalls an dem doppelten Auftrag der Sozialen Arbeit – Hilfe für den Einzelnen und Änderung der Lebensbedingungen – festgehalten (Pauls 2013: 19f). Der Bezug zur Lebenswelt differenziert damit die Klinische Sozialarbeit von der Psychotherapie. Es wird kontrovers diskutiert, ob mit der Etablierung einer Klinischen Sozialarbeit die Disziplin und Profession der Sozialen Arbeit eher geschwächt oder gestärkt wird. Eine Übersicht der diesbezüglichen Argumente findet sich bei Ningel (2011: 80). Die diesbezügliche Diskussion wird in Kapitel 12: Profil und ausgewählte Arbeitsfelder der Sozialen Arbeit in der Suchthilfe wiederaufgenommen (▶ Kap. 12).

Weiterführende Literatur

Antonovsky, A., 1987, *Unraveling the Mystery of Health: How People Manage Stress and Stay Well*, Jossey-Bass, San Francisco.
Bauer, R., 2014, *Sucht zwischen Krankheit und Willensschwäche*, Francke, Tübingen.
Rummel, C. & Gaßmann, R. (Hg.), 2020, *Sucht: bio-psycho-sozial. Die ganzheitliche Sicht auf Suchtfragen – Perspektiven aus Sozialer Arbeit, Psychologie und Medizin*. Stuttgart.
Pauls, H., 2013, *Klinische Sozialarbeit: Grundlagen und Methoden psycho-sozialer Behandlung*, 3. Auflage, Beltz Juventa, Weinheim.

2 Modelle der Entstehung von Sucht

> ☞ **Was Sie in diesem Kapitel lernen können**
>
> In diesem Kapitel lernen Sie vier verschiedene Ansätze kennen, die die Entstehung von Substanzkonsum und Suchtentwicklung erklären. Diese Ansätze sind sehr bedeutsam für die Konzeptualisierung von Prävention, Beratung und Begleitung in der Suchtkrankenhilfe. Abschließend werden die Gemeinsamkeiten, aber auch die Unterschiede der vier Ansätze herausgearbeitet.

2.1 Einleitung

Zur Erklärung der Entstehung von riskantem Konsum, Missbrauch und Abhängigkeit liegt eine Vielzahl von Modellen unterschiedlicher wissenschaftlicher Disziplinen vor.

Verschiedene Schulen innerhalb der Psychologie (z.B. lernpsychologische Ansätze, psychoanalytische Ansätze) haben unterschiedliche Theorien zu Konsum und Abhängigkeitsentwicklung vorgelegt. Ebenso die Soziologie, die Suchtentstehung in vielen Ansätzen in den Kontext devianten Verhaltens stellt, aber auch als ein Lifestyle-Phänomen beschreibt (vgl. Laging 2005: 123–152). Auch die Medizin, die Gesundheitswissenschaften und die Wissenschaft Soziale Arbeit haben sich mit der Frage auseinandergesetzt, durch welche Faktoren Konsum, riskanter Konsum und abhängige Konsumformen entstehen können. Dieses Buch kann es nicht leisten, einen auch nur annähernd vollständigen Überblick über die vorliegenden Theorieansätze und diesbezüglichen Konzepte zu vermitteln. Vielmehr wird hier ein lediglich kleiner Ausschnitt aus den vorliegenden Ansätzen vorgestellt. Die Auswahl wurde unter dem Gesichtspunkt vorgenommen, dass diejenigen Theorien hier dargestellt und ausführlicher besprochen werden sollen, die in der Prävention, in der Beratung und Begleitung von abhängigen Menschen eine relevante Rolle spielen bzw. auf die sich innerhalb dieser Arbeitsfelder vornehmlich bezogen wird.

2.2 Das Konzept der Risiko- und Schutzfaktoren und multifaktorielle Ansätze

Das Konzept der Risiko- und Schutzfaktoren entstammt der Epidemiologie als einem Zweig der Gesundheitswissenschaft. Die Epidemiologie untersucht den Zusammenhang von Risikofaktoren (Expositionen) und Gesundheitsproblemen (Outcomes) in der Bevölkerung (Razum et al. 2016: 275). Ein Risikofaktor ist demnach ein Merkmal einer Person oder ihrer Umgebung, das das Auftreten einer Erkrankung wahrscheinlicher werden lässt. Risikofaktoren werden in epidemiologischen Studien bestimmt, in denen z. B. festgestellt wird, dass Kinder aus suchtbelasteten Familien häufiger eine Suchtstörung entwickeln als Kinder aus unbelasteten Elternhäusern. Die zentrale Frage der *Pathogenese* (Krankheitsentstehung) lautet dementsprechend: »Was sind die Risikofaktoren für eine Suchterkrankung?«

Eine ebenfalls große Rolle bei der Erklärung von Suchtentstehung spielt das *salutogenetische Konzept* bzw. die Salutogenese. Sie basiert auf der Beobachtung, dass es trotz des Vorliegens vieler Risikofaktoren vielen Menschen gelingt, gesund zu bleiben. Die hier relevante Frage ist nicht die, was Menschen krankmacht, sondern, was Menschen trotz Risiken und Belastungen gesund erhält. Dabei wird davon ausgegangen, dass eine Stärkung der Schutzfaktoren für die Gesundheit wirkungsvoller sein kann als eine Zurückdrängung der Risikofaktoren (Hurrelmann et al. 2016: 677).

In *multifaktoriellen Modellen der Suchtentstehung* wird das Wissen um die bekannten Risiko- und Schutzfaktoren zusammengetragen und geordnet. Der erste Vorschlag eines solchen multifaktoriellen Modells wurde im Jahr 1973 von Kielholz und Ladewig vorgelegt (Kielholz und Ladewig 1973: 23–36). Die grundlegende Idee lag darin, das damals bekannte Wissen über Risiko- und Schutzfaktoren in eine Systematik der drei Kategorien »Droge«, »Person« und »Umwelt« einzuordnen (Kielholz und Ladewig 1973: 24) (▶ Abb. 1).

Das Modell fand außerordentlich große Resonanz. In der Praxis wurde es immer wieder herangezogen, um mit den Klienten und Klientinnen der Suchthilfe zu den Ursachen der Suchtentstehung ins Gespräch zu kommen; aber auch in weiteren Forschungsarbeiten hat man sich immer wieder darauf bezogen. Heute gilt es als allgemeiner Konsens, dass es sich bei einer Abhängigkeitsentwicklung um ein multifaktorielles Geschehen handelt, auch wenn einzelne theoretische Richtungen einzelne Faktoren besonders hervorheben und andere dementsprechend in den Hintergrund stellen (s. u.).

Seit der Einführung des multifaktoriellen Modells von Kielholz und Ladewig im Jahr 1973 wurde eine fast unüberschaubare Vielzahl von Forschungsarbeiten vorgelegt, um weitere Risiko- und Schutzfaktoren zu identifizieren bzw. bereits vorhandene Befunde zu untermauern oder zu widerlegen. Aufgrund dieser Fülle von Einzelstudien wurden diese nun wieder in Übersichtsarbeiten zusammengefasst und systematisiert. Dabei dominieren vor allem Arbeiten aus den USA. Die National Academy of Sciences hat im Jahr 2009 aus den verfügbaren Übersichtsarbeiten diejenigen Faktoren zusammengestellt und herausgehoben, deren Einfluss auf die

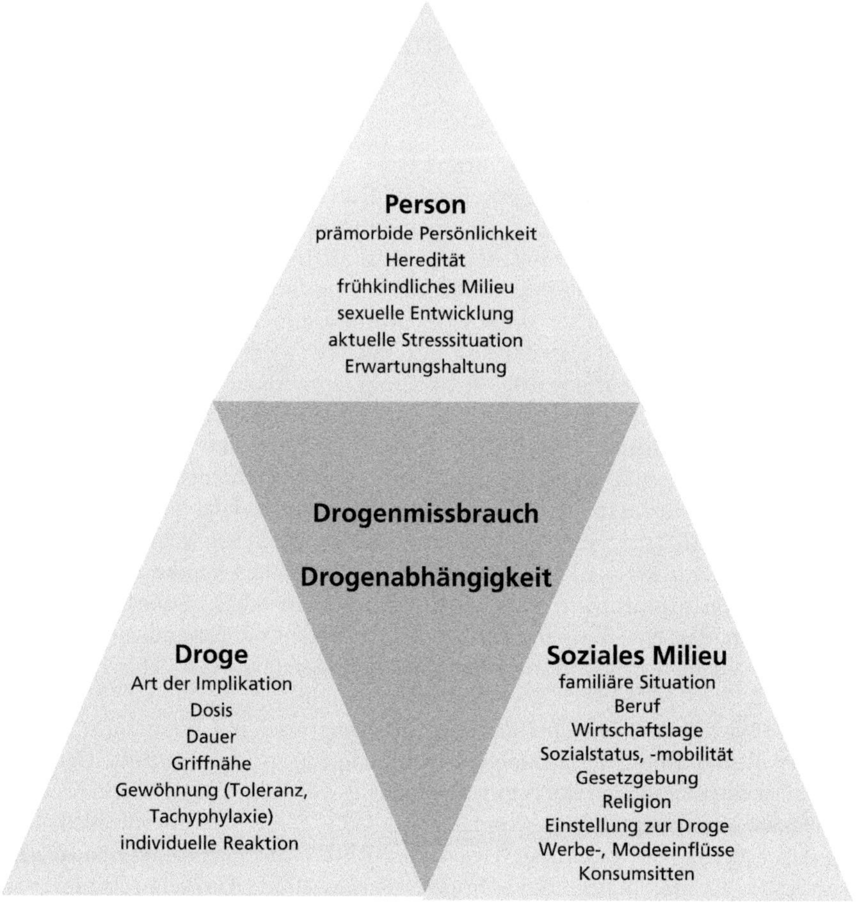

Person
prämorbide Persönlichkeit
Heredität
frühkindliches Milieu
sexuelle Entwicklung
aktuelle Stresssituation
Erwartungshaltung

Drogenmissbrauch
Drogenabhängigkeit

Droge
Art der Implikation
Dosis
Dauer
Griffnähe
Gewöhnung (Toleranz, Tachyphylaxie)
individuelle Reaktion

Soziales Milieu
familiäre Situation
Beruf
Wirtschaftslage
Sozialstatus, -mobilität
Gesetzgebung
Religion
Einstellung zur Droge
Werbe-, Modeeinflüsse
Konsumsitten

Abb. 1: Trias der Suchtentwicklung (eigene Darstellung)

Entwicklung eines Substanzmissbrauchs wiederholt und belastbar nachgewiesen werden konnte. Bühler und Bühringer (2016: 59) haben auf der Basis dieser Zusammenschau eine Grafik erstellt, die einen Überblick über das zurzeit vorhandene Wissen zu Risiko- und Schutzfaktoren vermittelt und zugleich – im Gegensatz zu der Systematik von Kielholz und Ladewig – die Einflussfaktoren nach Lebenswelten ordnet (▶ Abb. 2). Dabei können Einflussfaktoren spezifisch sein, also ›nur‹ für ein bestimmtes Verhalten gelten (z. B. der Preis der Substanz) oder unspezifisch für mehrere Problemverhaltensweisen bedeutsam sein (z. B. Erziehungsverhalten).

Es darf nicht davon ausgegangen werden, dass einzelne Faktoren unabhängigen Einfluss ausüben. Vielmehr stehen viele der Faktoren miteinander in Beziehung, so hängt z. B. die Stärke des Einflusses der Freundesgruppe auch mit der familiären Situation zusammen. Die Ursachenlage ist immer komplex (Bühler und Bühringer 2016: 58 ff). Für die Begründung von Präventionsmaßnahmen hat sich das Konzept der Risiko- und Schutzfaktoren als außerordentlich bedeutsam erwiesen: Präventi-

2.2 Das Konzept der Risiko- und Schutzfaktoren und multifaktorielle Ansätze

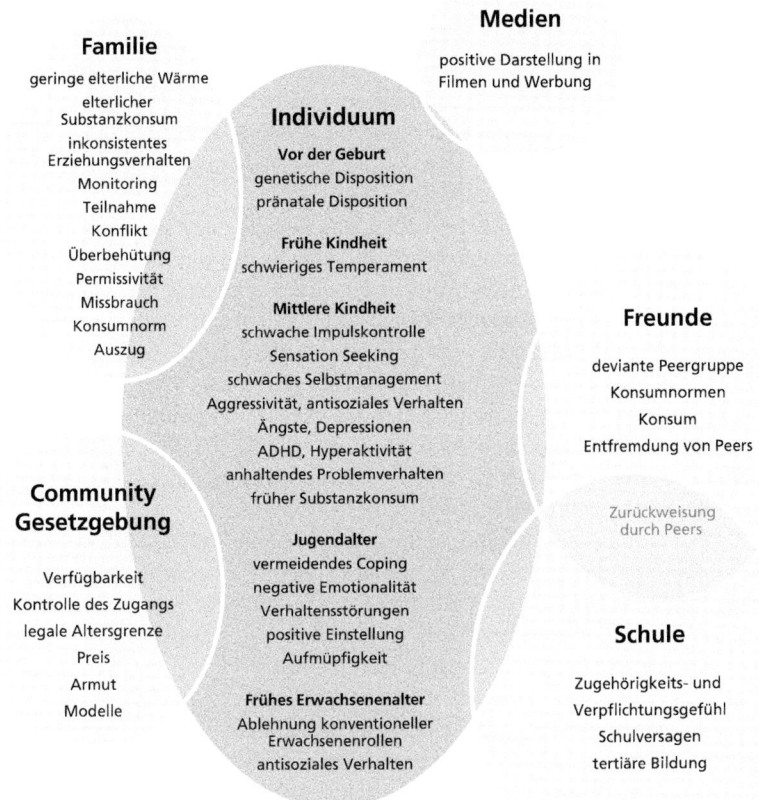

Abb. 2: Risiko- und Schutzfaktoren des Substanzkonsums (modifiziert nach Bühler, A. & Bühringer, G., 2016, ›Evidenzbasierung in der Suchtprävention – Konzeption, Stand der Forschung und Empfehlungen‹, In: U. Walter und U. Koch (Hg.), *Prävention und Gesundheitsförderung in Deutschland: Konzepte, Strategien und Interventionsansätze der Bundeszentrale für gesundheitliche Aufklärung*, 55–67, Bundeszentrale für gesundheitliche Aufklärung (BZgA), Köln, hier S. 59)

onsmaßnahmen haben das Ziel, den Einfluss der bekannten Risikofaktoren zu vermindern und die Wirkung der Schutzfaktoren zu stärken.

2.3 Die entwicklungspsychologische Perspektive

Da der Konsum psychoaktiver Substanzen fast immer in der Jugendphase aufgenommen, erprobt und teilweise habitualisiert wird, wurden der jugendliche Substanzkonsum und damit eventuell verbundene riskante und abhängige Entwicklungen wesentlich intensiver in den Fokus von Forschung genommen als der Substanzkonsum in anderen Phasen des Lebenslaufs.

Mit dem Fokus auf Jugendliche haben das Konzept der *Entwicklungsaufgaben* bzw. die Erkenntnisse der Entwicklungspsychologie besondere Bedeutsamkeit erlangt. Die Entwicklung im Jugendalter wird in der entwicklungspsychologischen Perspektive als ein aktiver Prozess verstanden, in dem sich Individuen Entwicklungsziele setzen und diese aktiv verfolgen. Die in der Jugendphase zu bewältigenden Entwicklungsaufgaben ergeben sich hierbei aus einem Wechselspiel von biologischen Entwicklungsprozessen (z.B. hormonelle Veränderungen), sozialen Anforderungen (z.B. soziale Erwartungen, wann berufliche Weichenstellungen erfolgen sollten) und individuellen Zielen (z.B. bestimmte Hobbys zu entwickeln) (Pinquart und Silbereisen 2002).

Die Entwicklungsphase Jugend stellt an das Individuum besondere Herausforderungen: Kriterien für den Erwachsenenstatus werden zunehmend unklarer, Entwicklungsaufgaben können gesellschaftlich erschwert oder gar verbaut sein (z.B. Vorbereitung auf einen Beruf bei hoher Jugendarbeitslosigkeit) oder sich auch im Widerspruch zueinander befinden (z.B. Kontakte zu Peers vs. Berufsvorbereitung).

Substanzmittelkonsum wird in dieser Perspektive in das Spektrum der »gesundheitsbezogenen Verhaltensweisen« eingeordnet. Die Grundannahme ist hierbei, dass die meisten gesundheitsbezogenen Verhaltensweisen funktional im Sinne der Bewältigung der Entwicklungsaufgaben sind und dass sich gesundheitsbezogene Risikoverhaltensweisen aus Schwierigkeiten bei der Bewältigung dieser Aufgaben erklären lassen. Der Substanzkonsum kann dabei unterschiedliche Funktionen in den genannten Entwicklungsaufgaben übernehmen.

Die typischen Entwicklungsaufgaben des Jugendalters sind in einer Übersicht in der Tabelle 1 dargestellt, ebenso wie die darauf bezogenen Gesundheitsverhaltensweisen. Die in der dritten Spalte aufgeführten »Funktionen des Substanzkonsums im Kontext der Entwicklungsaufgaben« sind abgeleitet aus der Zusammenfassung von einer Vielzahl von empirischen Studien zu den Motiven und Funktionen des Substanzkonsums bei Jugendlichen, die Pinquart und Silbereisen (2002) in einer Übersichtsarbeit zusammengestellt haben. Sie zeigen zusammenfassend, dass die Bewältigung von Entwicklungsaufgaben ein wichtiges Motiv für den Substanzkonsum sein kann (Pinquart und Silbereisen 2002). Zugleich kann aber auch positives Gesundheitsverhalten durch anstehende Entwicklungsaufgaben angetrieben sein, jedoch steht diese Dynamik hier nicht im Zentrum des Erkenntnisinteresses (▶ Tab. 1).

Tab. 1: Funktionen des jugendlichen Substanzkonsums für die Bewältigung von Entwicklungsaufgaben

Entwicklungsaufgabe	Funktionen des Gesundheitsverhaltens	Funktionen des Substanzkonsums im Kontext der Entwicklungsaufgaben, Beispiele
Erreichung zunehmender Unabhängigkeit von den Eltern	Unabhängigkeit von den Eltern demonstrieren Bewusste Verletzung elterlicher Verhaltenserwartungen und elterlicher Kontrolle	Alkohol- und Drogenkonsum, der von Eltern missbilligt/unerlaubt wird/ist
Aufbau von Beziehungen zu Gleichaltrigen	Erleichterung des Zugangs zur Peergruppe Erhalt von Anerkennung durch Gleichaltrige, Erhöhung des sozialen Status in der Gruppe Demonstration der Zugehörigkeit zu einer Peer-Gruppe	Anbieten einer Zigarette, Einladen zu alkoholischen Getränken, um neue Bekanntschaften zu schließen und um Ansehen bei Gleichaltrigen zu gewinnen
Aufbau intimer Beziehungen	Erleichterung der Kontaktaufnahme mit gegen- oder gleichgeschlechtlichen Partnern	Erleichterung des Kontaktes zum anderen/eigenen Geschlecht durch Alkohol- und Drogenkonsum
Auseinandersetzung mit der körperlichen Entwicklung	Anzeigen des Erwachsenenstatus/Erwachsen wirken	Konsum von legalen und illegalen Substanzen wird verbunden mit Gefühlen des Erwachsenseins
Wissen, wer man ist und was man will, Identitätsentwicklung	Neue Verhaltensweisen ausprobieren Suche nach grenzüberschreitenden, bewusstseinserweiternden Erfahrungen und Erlebnissen Ausdruck des persönlichen Stils/Symbolisierung der Identität, z. B. »cool sein«, Steigerung des Selbstwerts	Zugehörigkeit zu einer Drogenszene kann zum Gefühl führen, etwas Besonderes zu sein, sich von der Masse abzuheben
Entwicklung eines Lebensstils	Teilhabe am subkulturellen Lebensstil Spaß haben und genießen Spannung und Erregung Lernen eines bewussten Gesundheitsverhaltens	Alkohol- und Drogenkonsum als ein Element eines lustbetonten, hedonistischen Lebensstils Alkohol- und Drogenkonsum als Quelle von Spannung und Erregung
Eigenes Wertesystem entwickeln	Beabsichtigte Normverletzung/Ausdruck von Opposition gegen die Autorität der Erwachsenen und die konventionelle Gesellschaft, Ausdruck sozialen Protests	Erleben und Demonstration von Unabhängigkeit durch Substanzkonsum Stabilisierung des Wertesystems durch Kontakte mit gleichgesinnten Peers, zu denen durch Substanzkonsum einfacher Kontakt aufgenommen werden kann

Tab. 1: Funktionen des jugendlichen Substanzkonsums für die Bewältigung von Entwicklungsaufgaben – Fortsetzung

Entwicklungsaufgabe	Funktionen des Gesundheitsverhaltens	Funktionen des Substanzkonsums im Kontext der Entwicklungsaufgaben, Beispiele
Vorbereitung auf den Beruf	Durch Attraktivität bzw. körperliche Stärke Berufschancen verbessern	Nicht bekannt
Entwicklungsprobleme bei der Bewältigung der obigen Aufgaben	Stress- und Gefühlsbewältigung (Entspannung und Genuss verschaffen) Ersatzziel (Gegenpol zu Langeweile und zu Misserfolgen bei der Lösung von Entwicklungsaufgaben) Ausdruck mangelnder Selbstkontrolle	Alkohol- und Drogenkonsum zur Entspannung und zum Entkommen von Problemen

Eigene Darstellung

Jugendliche setzen also – betrachtet aus einer rein gesundheitsbezogenen Perspektive – kritische und riskante Verhaltensweisen ein, um den Anforderungen dieses Entwicklungsabschnitts aktiv zu begegnen. Der Konsum psychoaktiver Substanzen kann dazu dienen, sich auszuprobieren, neue Erfahrungen zu sammeln, Grenzen zu testen und nicht zuletzt einen verantwortungsbewussten Umgang mit psychoaktiven Substanzen zu erlernen. Dabei kann auch ein kurzfristiger Missbrauch durchaus noch als funktional im Sinne der Bewältigung der Entwicklungsaufgaben eingeordnet werden. Bis heute konnte nicht abschließend geklärt werden, wie ein »Umschlagpunkt« des entwicklungsgerechten Risikoverhaltens zum (intervenierungsbedürftigen) Missbrauch zu definieren ist. Sicher ist aber, dass hierbei eine Vielzahl von konsumbezogenen, individuellen und lebensweltlichen Faktoren berücksichtigt werden muss (Laging 2005: 375–383).

Ein großer Teil der Jugendlichen stellt nach Abschluss der Jugendphase den riskanten Konsum psychoaktiver Substanzen – wie auch das Praktizieren anderer riskanter Gesundheitsverhaltensweisen – wieder ein. Andere tragen die Konsequenzen riskanten Gesundheitsverhaltens für ihre weitere Entwicklung. Negative gesundheitsbezogene und soziale Verhaltenskonsequenzen sind hier der Preis jugendlicher Problembewältigung.

Jene Jugendlichen, die ein multiples gesundheitliches Risikoverhalten zeigen und die bereits in der Kindheit auffällig waren, weisen auch ein höheres Risiko auf, ihr problematisches Verhalten im Erwachsenenalter fortzusetzen (Pinquart und Silbereisen 2002). Desgleichen ist zu beobachten, inwieweit der Substanzkonsum noch tatsächlich funktional – im Sinne der Entwicklungsaufgaben – ist. Probleme oder ein Scheitern bei der Bewältigung der multiplen Entwicklungsaufgaben können zu einer Zunahme bzw. Verfestigung des Substanzkonsums führen. Dies steigert das Risiko eines schädlichen Gebrauchs oder Suchtverhaltens. Aus dieser Perspektive lässt sich für die Prävention die Notwendigkeit ableiten, mit spezifischen und unspezifischen Ansätzen Jugendliche bei der Bewältigung ihrer Entwicklungsaufgaben zu unterstützen.

2.4 Sozialpädagogische Ansätze

Insgesamt stellen sich die Veröffentlichungen aus der Sozialen Arbeit in Hinblick auf die Erklärungen von Sucht und Suchtursachen als recht übersichtlich dar. So finden sich beispielsweise in dem ca. 1200 Seiten starken Handbuch »Grundriss Soziale Arbeit« (Thole 2012) weder eine explizite Erwähnung des Arbeitsfeldes Suchthilfe noch Überlegungen zum Konsum psychoaktiver Substanzen, zu Suchtproblemen und zu deren Bearbeitungsmöglichkeiten durch die Soziale Arbeit.

Dies ist insofern überraschend, als dass das Arbeitsfeld der Suchtkrankenhilfe für viele Fachkräfte der Sozialen Arbeit eine große Breite und Vielzahl an Arbeitsplätzen bereithält und die Soziale Arbeit zumindest im ambulanten Bereich die dominierende Berufsgruppe darstellt (▶ Kap. 12). Darüber hinaus spielen riskante Konsumformen und Abhängigkeitserkrankungen als Querschnittsthema in vielen anderen Praxisfeldern, wie beispielsweise der Wohnungslosenhilfe und der Jugendhilfe, eine außerordentlich bedeutsame Rolle.

Im Folgenden werden die Beiträge, die zum Verständnis und zur Bearbeitung von Sucht im Zusammenhang mit den Konzepten der Lebensweltorientierung und der Lebensbewältigung vorgelegt wurden, dargestellt und erörtert.

2.4.1 Lebensweltorientierung

Im Kontext der Lebensweltorientierung findet sich ein etwas längerer Aufsatz von Hans Thiersch zum Thema »Drogenprobleme in einer süchtigen Gesellschaft« aus dem Jahre 1996, auf den auch in den wenigen aktuellen und knappen Veröffentlichungen (z. B. Füssenhäuser 2016) zentral Bezug genommen wird.

Die lebensweltorientierte Perspektive auf Drogenkonsum und Sucht versteht Drogenkonsum zunächst einmal als ein individuelles und spezifisches *Deutungs- und Handlungsmuster*, in und mit dem Menschen ihr Leben gestalten. Dabei wird der Begriff »Droge« nicht in Hinblick auf den rechtlichen Status einer psychoaktiven Substanz unterschieden. Drogenkonsum wird insofern als ein »eigensinniges« Verhalten charakterisiert, mit dem Menschen das Ziel verfolgen, sich mit den Anforderungen des Alltags zu arrangieren (Thiersch 1996). Drogenkonsum wird dementsprechend von einem breiten Spektrum von Motiven und Funktionen angetrieben, die wiederum in den Kontext der aktuellen sozialen und gesellschaftlichen Anforderungen an das Individuum gestellt werden. Leistungssteigernde Drogen werden konsumiert, um besser mit den Anforderungen einer Leistungsgesellschaft Schritt halten zu können. Andere Drogen ermöglichen wiederum das Aushalten oder die Kompensation von Belastungen, Irritationen und Frustrationen, oder sie werden konsumiert, um Glücksgefühle hervorzurufen. Drogenkonsum wird von daher in verschiedene Kontexte eingeordnet: zum einen als ein Deutungs- und Handlungsmuster, das in den Dienst der Alltagsbewältigung gestellt wird, wobei die alltäglichen Anforderungen des Individuums wiederum die jeweiligen gesellschaftlichen Verhältnisse und Zumutungen abbilden. Alltag ist dabei im Thiersch'schen Sinne ein ambivalentes Konstrukt: Die alltäglichen Routinen stabilisieren und vermitteln Sicherheit, können aber in ihrer Unhinterfragbarkeit, ihrer »Borniertheit« auch einengen und Möglichkeiten beschneiden. Zusammengefasst wird Drogenkonsum in den Kontext der subjektiven Deutungs- und Handlungsmuster gestellt. Diese sind funktional im Sinne der Alltagsbewältigung, können aber auch Entwicklungsmöglichkeiten beschneiden und reflektieren zugleich die jeweiligen gesellschaftlichen Verhältnisse. Für das Verständnis des individuellen Drogenkonsums sind dementsprechend im Kontext der lebensweltorientierten Theorie die damit verbundenen Funktionalitäten zentral – sie werden verstanden als ein partielles Moment in der Gesamtheit der Lebensstrategien.

Dominieren die drogenbezogenen Bewältigungsmuster und verkümmern demgegenüber andere Bewältigungsstrategien, kommt es zu Missbrauch und/oder zur Sucht. Ausdrücklich wird aber davor gewarnt, »Drogenkonsum vom Ende her« zu denken, das heißt mit Drogenkonsum per se und unhinterfragt Sucht und Verelendungsprozesse zu verbinden. Stattdessen sollte Drogenkonsum immer im Kontext der Lebensbewältigung betrachtet werden. Gleichfalls wird davor gewarnt, dass mit einer Vorstellung von Sucht, die sich aus dem funktionalen Konsum ergibt, heimlich eine puritanische Vorstellung von einem gelingenden Leben transportiert wird, das der Selbstbestimmung des Subjekts entgegenstehen kann (Thiersch 1996).

Die lebensweltorientierte sozialpädagogische Perspektive fokussiert dementsprechend weder auf einzelne Suchtstoffe noch auf die Frage der Abstinenz bei der Bearbeitung und Überwindung von Sucht. Prävention konzentriert sich in diesem Sinne auf eine lebensweltliche und alltagsorientierte Stabilisierung, die spezifische Angebote weitgehend überflüssig macht. Stattdessen kommt der Selbstbestimmung der Menschen im Kontext der Entwicklung von Angeboten für suchtkranke Menschen besondere Bedeutung zu.

2.4.2 Lebensbewältigung

Auch in der von Lothar Böhnisch entwickelten sozialpädagogischen Theorie der Lebensbewältigung wird Suchtentwicklung in den Kontext des Bewältigungsverhaltens gestellt, aber mit dem deutlichen Unterschied, dass Böhnisch das Konstrukt »Bewältigungsverhalten« anders ausdeutet als im Kontext der Entwicklungspsychologie und der Lebensweltorientierung, wie oben beschrieben. Böhnisch betrachtet Bewältigungsverhalten innerhalb von drei Dimensionen:

1. die psychodynamische Dimension, die das Erleben und die Verarbeitungsprozesse des Individuums beschreibt,
2. die sozio-dynamische/interaktive Dimension, die Bewältigungskulturen von Familien, Schule, Arbeitswelt etc. aufgreift, und

3. die gesellschaftliche Dimension, in denen Bewältigung in den Kontext der sozialpolitischen Lebenslagen gestellt wird (Böhnisch 2016: 11 f).

Das *Bewältigungsverhalten* des Individuums setzt nach Lothar Böhnisch in kritischen Lebenskonstellationen ein, wenn die bisherigen eigenen Ressourcen der Problemlösung nicht ausreichen oder versagen und damit die psycho-soziale Handlungsfähigkeit des Menschen bedroht oder beeinträchtigt ist (Böhnisch 2016: 20). Eine Beeinträchtigung oder gar ein Zusammenbruch der psycho-sozialen Handlungsfähigkeit wird von Menschen als eine existenziell wirksame Beeinträchtigung erlebt, auf die – auch unwillkürlich – reagiert wird. Selbstwert, Anerkennung und Selbstwirksamkeit sind betroffen und müssen – um jeden Preis – wiederhergestellt werden. Wenn dies nicht mit einem sozial konformen Verhalten erreichbar ist, dann werden auch abweichende Verhaltensformen entwickelt. Antisoziales, destruktives Verhalten ist dementsprechend Bewältigungsverhalten – eine Antwort auf die Hilflosigkeit des Selbst, letztendlich ein Hilferuf. Wird Hilflosigkeit nicht direkt bearbeitet, z.B. durch Thematisierung, kommt es zu Abspaltungsprozessen und Kompensation (Böhnisch 2016: 21).

> **Abspaltungsprozess**
>
> Unter Abspaltung wird ein weitgehend unbewusster Prozess verstanden. Zu Abspaltungsprozessen kommt es, wenn existenziell bedrohliche Hilflosigkeitserfahrungen und die damit verbundenen Gefühle nicht thematisiert oder in anderer Weise aufgearbeitet werden können – sie werden dann »abgespalten«.
> Abspaltungsprozesse können sich nach außen richten, z.B. als Aggressivität und Gewalt, oder aber sich auch nach innen wenden und sich beispielsweise als Selbstverletzung, Ernährungsstörung, Medikamentenmissbrauch und Depressivität äußern. Männer neigen zu externalisierenden Bewältigungsmustern, während Frauen eher internalisierende Muster entwickeln.
> Menschen haben dann oftmals keinen direkten, bewussten Zugang mehr zu den die Abspaltungsprozesse auslösenden Gefühlen, leiden aber gleichwohl an den Folgen der Abspaltung (Böhnisch 2016: 21–26).

Differenziert beschreibt Böhnisch die Alkoholsucht bei Männern (als einzige Suchtform, auf die er näher eingeht), die er den nach außen gewendeten Abspaltungsprozessen zurechnet. Einer Alkoholerkrankung gehen nach Böhnisch Verlusterfahrungen in sozialen Bezügen und Dimensionen und die Erfahrung damit verbundener innerer Hilflosigkeit voraus (Böhnisch 2016: 175), die jedoch abgespalten und damit nicht mehr der bewussten Wahrnehmung zugänglich sind. In der Entwicklung einer Suchterkrankung stellt nun für den Mann die Erfahrung des Kontrollverlustes den entscheidenden Bruch dar. Das männliche Bewältigungsprinzip der Kontrolle versagt damit nicht nur in Form von Hilflosigkeitserfahrung und sich anschließenden Abspaltungsprozessen, sondern nun auch bei der Kontrolle über das eigene Trinkverhalten. Nun setzen alkoholabhängige Männer alles daran, die Erfahrung des Kontrollverlustes nicht ins Bewusstsein treten zu lassen, selbst dann nicht, wenn das soziale Umfeld – Arbeit, Freunde, Selbstrepräsentanz in der Gemeinde – längst weggebrochen ist. Der alkoholkranke Mann trinkt, um die Erfahrung des Kontrollverlustes nicht ins Bewusstsein treten zu lassen, und nimmt für diese illusionäre Kontrolle den Kontrollverlust über den Alkoholkonsum in Kauf (Böhnisch 2016: 173 f). So tritt der Realitätsverlust zum doppelten Kontrollverlust hinzu. In diesem Sinne kann das abhängige Trinken auch als ein Versuch gewertet werden, die Abspaltungsprozesse, die an die Bewusstseinsschwelle zu treten drohen, aggressiv ins Reich des Unbewussten zurückzudrängen.

Böhnisch widmet sich in diesem Zusammenhang auch den Auswirkungen des männlichen Alkoholismus auf das nähere soziale Umfeld der Männer – meist Partnerinnen und/oder andere Familienmitglieder. Das familiäre Umfeld wird in die oben beschriebene psycho-soziale Dynamik einbezogen, das heißt in die illusionäre Aufrechterhaltung von Kontrolle bzw. der Verdeckung des erfahrenen Kontrollverlustes. Beschädigung oder gar Verlust von Selbstwert und Handlungsfähigkeiten der Partnerinnen und die soziale Isolation der Familien sind häufige Folgen (Böhnisch 2016: 175; ▶ Kap. 10).

2.5 Vergleichende Diskussion

In diesem Abschnitt wurden vier unterschiedliche Ansätze zur Erklärung von Suchtentstehung vorgestellt. Sie entstammen der Gesundheitswissenschaft, der Psychologie und der Wissenschaft Sozialer Arbeit bzw. der Sozialpädagogik.

Die entwicklungspsychologische Perspektive, die Lebensweltorientierung und das Konzept der Lebensbewältigung betonen gleichermaßen die Bedeutsamkeit der *Funktionalität* für ein Verständnis des Substanzkonsums und einer möglichen Abhängigkeitsentwicklung. Dabei operieren alle drei Ansätze mit dem Paradigma der Bewältigung, buchstabieren dieses jedoch jeweils unterschiedlich aus: Während die entwicklungspsychologische Perspektive die jugendtypischen Entwicklungsaufgaben in den Blick nimmt, die es zu bewältigen gilt, geht es bei Thiersch um den gelingenden Alltag, während Böhnisch existenzielle Hilflosigkeitserfahrungen als Ausgangspunkt des Bewältigungsverhaltens beschreibt. Damit weist der Ansatz der Lebensbewältigung den deutlichsten Problembezug bei der Beschreibung der zu bewältigenden Ausgangslage aus.

Die Bewältigungsanforderungen an das Individuum werden in allen drei Ansätzen gleichermaßen in sozialen und gesellschaftlichen Räumen verortet, wobei Thiersch hier am präzisesten beschrieben, wie spezifische gesellschaftliche Konstellationen süchtige Verhaltensweisen geradezu herausfordern und in welchem Ausmaß Menschen heute mit äußerst ambivalenten Anforderungen konfrontiert sind. Böhnisch vermittelt demgegenüber eindrücklich – vergleichbar der Psychoanalyse – Einblicke in die Tiefenstruktur des Erlebens und Erleidens einer Suchterkrankung, die ihren Ausgangspunkt in der Dramatik abgespalteter Hilflosigkeitserfahrungen nimmt.

Darüber hinaus unterscheiden sich die vorgestellten Ansätze durch ihr jeweiliges Theorie-Empirie-Verhältnis. Während die Entwicklungspsychologie auf theoretischen Konzepten basiert, die durch empirisches Wissen gestützt, verifiziert oder falsifiziert werden, verzichten die sozialpädagogischen Theorien auf jede Bezugnahme zu empirischen Daten und Fakten, die die theoretischen Konstrukte bestätigen oder in Frage stellen könnten. Das multifaktorielle Modell hingegen, eine Zusammenstellung und Ordnung empirischer Daten, kommt weitgehend ohne theoretische Rahmung oder Erklärung aus. Die Stärke des multifaktoriellen Modells liegt vielmehr in seiner integrativen Kraft, fortlaufend neue Forschungsergebnisse aufnehmen und bündeln zu können.

Zusammenfassend zeigt sich die *Funktionalität* des Substanzkonsums als ein Schlüsselkonzept für das Verständnis von Suchtentstehung. Darüber hinaus besteht Einigkeit, dass es sich bei der Suchtentstehung um ein *multifaktorielles*, komplexes Geschehen handelt. Dabei stellen die einzelnen Ansätze – mit Ausnahme des multifaktoriellen Modells – unterschiedliche Faktoren in den Vordergrund bzw. gewichten diese unterschiedlich.

Weiterführende Literatur

Böhnisch, L., 2016, *Lebensbewältigung: Ein Konzept für die Soziale Arbeit*, Beltz Juventa, Weinheim, Basel.
Bühler, A. & Bühringer, G., 2016, Evidenzbasierung in der Suchtprävention – Konzeption, Stand der Forschung und Empfehlungen, in: U. Walter und U. Koch (Hg.), *Prävention und Gesundheitsförderung in Deutschland: Konzepte, Strategien und Interventionsansätze der Bundeszentrale für gesundheitliche Aufklärung*, 55–67, BZgA, Köln.
Thiersch, H., 1996, Drogenprobleme in einer süchtigen Gesellschaft, in: G. Längle (Hg.), *Sucht: Die Lebenswelten Abhängiger*, 51–69, Attempto-Verlag, Tübingen.

3 Psychotrope Substanzen

> ☞ **Was Sie in diesem Kapitel lernen können**
>
> In diesem Abschnitt erhalten Sie grundlegende Informationen zu den wichtigsten psychotropen Substanzen, die in Deutschland konsumiert werden können, sowie ihren erwünschten und unerwünschten Wirkungen. Sie erhalten darüber hinaus einen Einblick in die historischen und kulturellen Kontexte des jeweiligen Drogengebrauchs, die deutlich machen, dass der Konsum bestimmter Drogen auch immer ein Ausdruck der jeweiligen Lebensauffassungen und Wertvorstellungen einer Gesellschaft ist. Diese Informationen können dazu beitragen, Drogenkonsumenten und -konsumentinnen und ihre Situation besser zu verstehen und sie besser unterstützen zu können.

3.1 Einleitung

Als *psychotrope Substanzen* werden Wirkstoffe oder Wirkstoffmischungen bezeichnet, die Einfluss auf die menschliche Psyche nehmen. Synonym verwendet wird der Begriff *psychoaktive Substanz*.

Eine solche Beeinflussung kann unterschwellig sein und beispielsweise als Anregung, Entspannung oder angenehme Stimmungsänderung positiv erlebt werden. Sie kann aber auch den Bewusstseinszustand weitreichend beeinträchtigen und/oder zu Krampfanfällen, Bewusstseinsstörungen oder zu einem Koma führen.

Die Begriffe »psychoaktive« oder »psychotrope« Substanzen sollen die emotional aufgeladenen Ausdrücke »Rauschgift« und »Rauschmittel« ersetzen. Denn der Begriff »psychoaktive Substanz« hält sich neutral in Hinblick auf die Legalität oder Illegalität einer Substanz bzw. eines Wirkstoffes.

Psychoaktive Substanzen lassen sich grundsätzlich in drei große Gruppen entlang ihres Wirkungsspektrums einteilen:

Die *erlebnis- und wahrnehmungsverändernde* Wirkung steht bei den Halluzinogenen wie z. B. LSD, Meskalin, Engelstrompete sowie bei Cannabisprodukten im Vordergrund. Demgegenüber sind bei den Drogen Kokain, Ecstasy, den Amphetaminen – einschließlich Crystal Meth – die *psychostimulierenden und antreibenden* Wirkungen zentral. Bei den Opioiden und bei Alkohol hingegen sind die *zentral dämpfenden und zugleich euphorisierenden* Komponenten prägend (Geschwinde 2013: 1).

Bei der großen Vielzahl von Drogen (Scherbaum 2017 beschreibt z. B. in seiner Übersicht alleine 20 Substanzen) verfügbarer und potenziell abhängigkeitsauslösender Medikamente, stellt sich die Frage, wie diese im Rahmen dieses Abschnittes und Buches sinnvoll zur Darstellung gebracht werden können – zumal auch der Anspruch besteht, die historischen und kulturellen Kontexte des Gebrauchs zumindest kurz anklingen zu lassen, um individualisierenden Perspektiven keinen Vorschub zu leisten.

Da eine abschließende und sinnvolle Darstellung unmöglich erschien, wurden aus jeder der drei o. g. Wirkungsgruppen Vertreter ausgewählt, die als geeignet schienen, das jeweilige Feld zu repräsentieren. Diese Substanzen sollten zudem eine Bedeutung als Rauschdroge erlangt haben und dementsprechend für Fachkräfte der Suchtprävention und Suchtarbeit Relevanz aufweisen.

Dabei darf aber nicht übersehen werden, dass sich mehrere Wirkungskomponenten häufig überschneiden und zudem oft mehrere Substanzen gleichzeitig oder im raschen Wechsel konsumiert werden. So muss auch einer Einteilung nach dem o. g. Ordnungsprinzip etwas Willkürliches anhaften.

Bei den hier dargestellten und diskutierten Wirkungsweisen wurde eine Konzentration auf die *psychischen Wirkungen* vorgenommen (z. B. Euphorie); demgegenüber werden die körperlichen Wirkungen (z. B. verengte oder erweiterte Pupillen) nur randständig behandelt. Diese Schwerpunktsetzung trägt dem Umstand Rechnung, dass die psychischen Wirkungen einer Substanz viel über die Motivationslagen und Funktionalitäten eines Substanzkonsums aussagen und somit einen Zugang zu den psychischen und sozialen Verfasstheiten der Konsumenten und Konsumentinnen eröffnen und damit unmittelbare Hinweise für Prävention und Beratung bieten.

Die oftmals erheblichen *sozialen Folgen und Schäden*, die häufig mit ausgeprägtem Suchtverhalten einhergehen, wie beispielsweise Arbeitslosigkeit, Armut, Wohnungslosigkeit, niedriges formales Bildungsniveau und schlechter allgemeiner Gesundheitszustand, werden an dieser Stelle nicht dargestellt, da eine substanzspezifische Diskussion hier nur bedingt sinnvoll ist. Diese werden aber ausführlich erörtert in Kapitel 5 »Soziale Ungleichheit und Sucht«. Desgleichen zeigen die sozialen Folgen oftmals geschlechtsspezifische Ausprägungen, die in Kapitel 6 »Geschlecht und Sucht« aufgegriffen und diskutiert werden.

Die hier ebenfalls kurz dargestellte historische Zu- und Abnahme bestimmter Formen des Drogenkonsums (Drogenwellen) sollen als Hinweis darauf verstanden werden, dass Drogenkonsum im Allgemeinen immer auch ein Ausdruck von den jeweiligen Lebensauffassungen, Bedürfnissen, Wertvorstellungen – und ihren Wandlungen – einer Gesellschaft ist (▶ Kap. 2).

3.2 Cannabis

3.2.1 Hintergrund

Cannabisprodukte werden schon seit prähistorischer Zeit von Menschen genutzt (Scherbaum 2017: 37; Geschwinde 2013: 9). Ursprünglich beheimatet in Zentralasien, verbreitete sich Cannabis schnell nach China, Indien, Persien und Assyrien und wurde vor allem in China als Heilpflanze eingesetzt (Scherbaum 2017: 37). Heute ist die Hanfpflanze weltweit verbreitet. Ein Grund hierfür ist wohl die vielseitige Verwendbarkeit: Nahrungsmittel, Papier, Textilien können aus der Hanfpflanze hergestellt werden. Die Nutzung als Rauschdroge in Europa war hingegen lange Zeit unbekannt. Vielmehr wurde Cannabis zuerst um die Mitte des 19. Jahrhunderts in Europa erstmals als Genuss- bzw. Rauschmittel eingesetzt (Scherbaum 2017: 37, 39 f). In Deutschland nahm ein breiterer Cannabiskonsum seinen Ausgangspunkt im Zuge der Studentenbewegung in den 1967er/1968er Jahren. Der Cannabiskonsum stand damals im Kontext eines Protestes gegen die allgemein akzeptierten Wertvorstellungen der damaligen Gesellschaft, insbesondere ihrer Leistungsorientierung, sowie einer spirituellen Suche (Geschwinde 2013: 13 f; Scherbaum 2017: 40; Täschner 2005: 13). Heute ist Cannabis die am meisten konsumierte illegale Substanz in allen sozialen Schichten und Bevölkerungsgruppen (▶ Kap. 4).

3.2.2 Substanz und Konsumformen

Die Cannabispflanze ist eine krautartige Pflanze mit uneinheitlicher botanischer Klassifikation. Die psychoaktive Wirkung wird hauptsächlich von Δ^9-Tetrahydrocannabinol (THC) erzeugt (Scherbaum 2017: 39). Die Cannabispflanze wird zu folgenden Cannabis-Produkten verarbeitet:

- Cannabis-Kraut bzw. Blütenstände (Marihuana),
- Cannabis-Harz (Haschisch),
- Cannabis-Konzentrat (Haschischöl) (Geschwinde 2013: 4; Scherbaum 2017: 43).

Der THC-Gehalt von Marihuana und Haschisch variiert erheblich (zwischen 2 und 20 Prozent), Cannabisöl kann einen THC-Gehalt von bis zu 80 Prozent aufweisen (Scherbaum 2017: 43). Durch spezielle Züchtungen wird versucht, eine Erhöhung des THC-Gehalts von Marihuana und Haschisch bis zu einem Wirkstoffgehalt von 30 Prozent zu erreichen. Der als Nutzpflanze in Deutschland zugelassene Faserhanf darf demgegenüber eine THC-Konzentration von nur maximal 0,2 Prozent aufweisen (Scherbaum 2017: 39).

Cannabisprodukte werden überwiegend als »Joint« oder in oft sehr aufwändig gestalteten Pfeifen geraucht. Aber auch oral, z. B. in Keksen oder im Tee, kann Haschisch zu sich genommen werden (Scherbaum 2017: 45).

In den letzten Jahren sind vermehrt *synthetische Cannabinoide* aufgekommen. Sie sind wie THC an den Rezeptoren des körpereigenen Cannabinoidsystems wirksam und verursachen cannabisartige psychotrope Wirkungen, die aber teilweise sehr viel intensiver ausfallen als bei Marihuana oder Haschisch. Wird die chemische Zusammensetzung der synthetischen Cannabinoide identifiziert, werden auch diese dem Betäubungsmittelgesetz (BTMG) unterstellt. Jedoch kommen immer wieder neue synthetische Cannabinoide mit geringfügig veränderter chemischer Zusammensetzung auf den Markt, die solange legal sind, bis auch sie den Prozess der chemischen Identifizierung und BTMG-Unterstellung durchlaufen haben (Geschwinde 2013: 88–96; Scherbaum 2017: 42 f.).

3.2.3 Wirkungsweise

Cannabis bewirkt eine Veränderung der Wahrnehmung und des Erlebens. Der Rausch lässt sich typischerweise in drei Phasen untergliedern: 1) Unruhe, 2) Hochstimmung, 3) entspannte, ausgeglichene und gelassene Stimmung, Antriebsminderung, körperliches Wohlbefinden. THC ist ein mildes Halluzinogen, erst bei höheren Dosen treten Halluzinationen, Wahnerleben, schwerwiegende formale Denkstörungen sowie Ich-Störungen (z. B. Depersonalisation, Erleben von Fremdheit des eigenen Körpers) auf.

> **Typische Rauscherlebnisse nach dem Konsum von Cannabis**
>
> - Gehobene Stimmung, Euphorie, Heiterkeit;
> - verminderter Antrieb, Passivität, Apathie, Lethargie;
> - Denkstörungen: bruchstückhaftes Denken, Herabsetzung der gedanklichen Speicherungsfähigkeit, Verlust der Erlebniskontinuität, Ordnung nach assoziativen Gesichtspunkten, ideenflüchtiges Denken;
> - Störungen der Konzentration und Aufmerksamkeit: erhöhte Ablenkbarkeit, abnorme Reizoffenheit (Störungen des Kurzzeitgedächtnisses), abnorme Fokussierung der Wahrnehmung, Ausrichtung auf irrelevante Nebenreize;
> - Verlust des Zeitgefühls und Evidenzerlebnisse; das Gefühl, neue Einsichten (vergleichbar mit mystischen religiösen Erlebnissen), das Gefühl des Verschmelzens des Selbst und der Welt oder das Gefühl, Visionen zu haben;
> - unangenehme oder überwältigende Rauscherlebnisse bei sehr hoher Dosierung (Täschner 2005: 111–124; Geschwinde 2013: 42; Scherbaum 2017: 46 f.).

3.2.4 Risiken und Folgeschäden

Im Vergleich zum Trinkalkohol oder zu Heroin sind Cannabis-Produkte relativ ungiftig, da bereits geringe THC-Mengen die erwünschte Wirkung hervorbringen und die akute Toxizität bei der biogenen Form der Droge relativ gering ist. Die Gefahr einer Vergiftung bzw. Überdosierung besteht demnach kaum. Unter den akuten Risiken sind Beeinträchtigungen der Fahrsicherheit und andere Unfallgefahren zu nennen (Geschwinde 2013: 39). In seltenen Fällen und bei hohen Dosen kann es zu Panikreaktionen, paranoiden Zuständen und psychotischen Symptomen kommen (Hoch et al. 2012: 129). Alle weiteren Risiken und Schäden können nicht über den Substanzkonsum an sich, sondern nur im Zusammenhang des jeweiligen Konsummusters, der Lebenslagen und der psychischen Verfasstheit der Konsumenten und Konsumentinnen sinnvoll betrachtet werden.

So ergeben sich hinsichtlich der psychischen Wirkungen offenbar nur als relativ gering einzustufende Gefahren für ältere und bereits in ihrer Persönlichkeit gefestigte Cannabis-Konsumenten – soweit kein exzessiver Cannabis-Missbrauch erfolgt und Haschisch bzw. Marihuana eher die Funktion von »recreational drugs« bzw. »*Freizeitdrogen*« haben (Geschwinde 2013: 74).

Wird ein regelmäßiger Konsum im Jugendalter aufgenommen, besteht die Gefahr, dass alterstypische Entwicklungsaufgaben (z. B. Erprobung intimer Partnerschaften, Schul- und Berufsausbildung) nicht mehr bewältigt werden können. In diesem Zusammenhang steht das sogenannte *amotivationale Syndr*omm, das mit dem Witz »Kiffen macht gleichgültig? – Mir doch egal« Eingang in das Alltagswissen gefunden hat. Das amotivationale Syndrom wird vor allem bei langanhaltendem Konsum beobachtet. Es bedeutet, dass die Konsumenten und Konsumentinnen in ihrer Persönlichkeitsentwicklung und in ihrem Antrieb eingeschränkt sind, Interesse an Hobbies und/oder an schulischen/beruflichen Entwicklungen verlieren und die Fähigkeit, spontan und schnell Entscheidungen treffen zu können, stark eingeschränkt ist (Scherbaum 2017: 48). Anhand dieser Merkmale hat die WHO eine spezifische Abhängigkeit vom Cannabis-Typ im ICD-10 klassifiziert (▶ Kap. 11). Die Symptome werden aber oftmals von den Betroffenen selbst nicht als quälend, sondern als Ausdruck des eigenen Lebensstils beschrieben (Geschwinde 2013: 77). Andere bewerten das amotivationale Syndrom als Folge der Dauerintoxikation, so dass es nach der Entgiftung behoben sei (Scherbaum 2017: 48).

Cannabisabhängigkeit ist unbestritten eine äußerst schwerwiegende Folge und zeigt sich – wie andere Abhängigkeiten auch – in einem heftigen Suchtmittelverlangen, Vernachlässigung üblicher Aufgaben im privaten wie im beruflichen Leben, aber auch durch Symptome wie Toleranzbildung und Auftreten von Entzugssymptomen. Typische Entzugssymptome sind innere Unruhe, Schlafstörungen, Reizbarkeit, Hitze- oder Kälteschauer sowie verminderter oder gesteigerter Appetit. Die psychischen Beschwerden sind oft so stark, dass die Entwöhnung nicht selbstständig bewältigt werden kann. Demgegenüber ist die körperliche Entzugssymptomatik milder als beim Opiat- oder Alkoholentzug (Scherbaum 2017: 48 f, 76; Geschwinde 2013: 76).

Etwa 80 Prozent der Cannabis-Abhängigen weisen *komorbide psychische Störungen* wie etwa depressive Störungen oder Angsterkrankungen auf. Menschen mit einer schizophrenen Erkrankung konsumieren sehr viel häufiger als die allgemeine Bevölkerung. Zudem verwenden offenbar auch Konsumenten und Konsumentinnen mit schweren Persönlichkeits- und Verhaltensstörungen, wie beispielsweise dem Aufmerksamkeits-Defizit-Hyperaktivitäts-Syndrom (ADHS), in Form einer Selbstmedikation Cannabis-Produkte zur Affekt- und Impulsregulierung (Geschwinde 2013: 78; Hoch et al. 2012: 129 f).

Cannabiskonsum kann bei manchen Personen eine *drogeninduzierte Psychose* auslösen, die einen eigengesetzlichen Verlauf nehmen kann, auch wenn inzwischen eine Cannabisabstinenz erreicht wurde. Cannabiskonsum scheint ein eigenständiger

Risikofaktor im Zusammenhang mit anderen Risikofaktoren für die Entwicklung einer schizophrenen Psychose zu sein (Scherbaum 2017: 49f; Geschwinde 2013: 42; Reichel und Zilker 2009: 92), dies aber nur in äußerst seltenen Fällen (Täschner 2005: 128).

Kognitive Funktionen sind während des Rausches beeinträchtigt (s. o.). Es finden sich aber auch kognitive Defizite in den Bereichen von Aufmerksamkeit, Konzentration und Merkfähigkeit bei regelmäßigem Konsum. Neuere Studienzeigen, dass eine Intelligenzminderung auch noch nach längerer Abstinenz von Cannabis feststellbar ist (Scherbaum 2017: 50).

Weitgehende Einigkeit besteht darin, dass die Wirkungen auf jugendliche Konsumenten und Konsumentinnen sehr viel ausgeprägter und die Risiken einer Abhängigkeitsentwicklung besonders hoch sind, wenn bereits im Jugendalter mit regelmäßigem Konsum begonnen wird (Scherbaum 2017:49; Geschwinde 2013: 78).

Seit ca. 15 Jahren werden die mit dem Cannabiskonsum verbundenen Gesundheitsrisiken zunehmend gravierender eingestuft. Dies hängt damit zusammen, dass sich riskantere Konsummuster entwickeln, der THC-Gehalt der Cannabisprodukte sich kontinuierlich erhöht und die Konsumentenkreise sich ausweiten. Dementsprechend verliert der Typus des selbstidealisierenden »unkonventionellen Freizeitkiffers« an Bedeutung (Geschwinde 2013: 75). Zudem korrespondieren, wie es bislang meist der Fall war, Cannabiskonsum und eine liberale Einstellung nicht mehr unbedingt miteinander. Konsumenten und Konsumentinnen sind heute vielmehr auch in rechtsextremen und gewaltgeneigten Gruppen anzutreffen (ebenda).

3.3 LSD

3.3.1 Hintergrund

LSD (Lysergsäurediethylamid) wird gewöhnlich *halbsynthetisch* aus dem Mutterkornpilz gewonnen (Geschwinde 2013: 97). Es ist das am stärksten wirksame Halluzinogen (Scherbaum 2017: 126; Geschwinde 2013: 110). Auf der Suche nach Medikamenten gegen Migräne und gegen die Parkinson'sche Erkrankung wurde LSD erstmals bei der Firma Sandoz in Basel im Jahr 1938 durch Dr. Hofmann synthetisiert (Scherbaum 2017: 126; Geschwinde 2013: 99). Die psychotropen Wirkungen wurden jedoch erst im Jahr 1943 durch Zufall entdeckt, als Sandoz-Mitarbeiter Dr. Hofmann versehentlich LSD zu sich nahm und es bei diesem ersten ›Trip‹ zu kaleidoskopartig verändernden bunten Halluzinationen und einer Verwandlung akustischer Wahrnehmungen in optische Empfindungen kam (Geschwinde 2013: 100; Scherbaum 2017: 126f).

Im Jahr 1949 wurde LSD durch die Firma Sandoz in den USA eingeführt. Man erhoffte sich zum einen durch die Herstellung von »experimentellen Psychosen« und »Modellpsychosen« nähere Erkenntnisse über die Entstehung der Schizophrenie, zum anderen wurde LSD im Rahmen psychoanalytisch orientierter Psychotherapie eingesetzt (Geschwinde 2013:100; Scherbaum 2017: 127). Zu den Grundgedanken solcher *psychotherapeutischen Versuche* gehörte, dass die Rauscherlebnisse ähnlich wie ein Traum etwas über den Berauschten erfahrbar machen und so einen Zugang zu den unbewussten Konflikten eröffnen (Scherbaum 2017: 127; Geschwinde 2013: 100). Diese Hoffnungen erfüllten sich aber im Wesentlichen nicht, so dass sich der Einsatz in den 1960er Jahren insbesondere in der Psychoanalyse deutlich verringerte.

Danach gab es immer wieder sporadische Ansätze, LSD sowie Ecstasy und Psilocybin therapeutisch zu nutzen. Heute wird der Einsatz von LSD beim sogenannten Clusterkopfschmerz sowie in der Psychotherapie von Krebspatienten im Endstadium diskutiert (Scherbaum 2017: 127; Geschwinde 2013: 101).

Parallel zur therapeutischen Nutzung setzte in den 1950er Jahren in Nordamerika ein starkes Interesse von Armee und CIA an LSD unter dem Aspekt einer »psychochemischen Kriegsführung« ein (Psycho-Kampfstoffe). Es stellte sich aber heraus, dass eine Beherrschbarkeit des Wirkstoffeinsatzes generell nicht erreichbar war (Geschwinde 2013: 101f).

Ausgehend von der LSD-Psychotherapie propagierte die *»Psychedelische Bewegung«* ab 1962 in den USA den LSD-Konsum als Mittel zu einer allgemeinen, unspezifischen »Bewusstseinserweiterung«. Promotor der Bewegung war u. a. Timothy Leary, bis zu seiner Entlassung 1966 Professor für Psychologie an der Harvard-University, der zum »Drogenapostel« wurde, und der Religionsphilosoph Alan Watts, der LSD den sakralen Drogen der amerikanischen Ureinwohner gleichstellte (Geschwinde 2013: 102). »Turn on, tune in, drop out« wurde ein geflügeltes Wort der Hippie- und Flower-Power-Bewegung der 1960er Jahre. Überall machten »head shops« für »acid head's« (»Säureköpfe«, da LSD auch als »acid« bezeichnet wird) auf. Hier konnten die Mittel zum Entfliehen aus der rational-materialistischen Umwelt erworben werden – einer Umwelt, die sich als unfähig zeigte, sich aus den Verstrickungen eines zunehmenden Engagements im Vietnam-Krieg zu lösen. Häufig wurden daher die sich bildende Drogensubkultur und die politische Protestbewegung (insbesondere gegen den Vietnam-Krieg) in dieser Zeit gleichgesetzt (»the only hope is dope«) (Geschwinde 2013: 102).

Mit der Ausbreitung der Substanz häuften sich aber auch unerwünschte Zwischenfälle, z. B. Angstzustände bei psychotischem Erleben. 1967 wurde LSD in den USA verboten (Scherbaum 2017: 127f). In den 1980er Jahren erfuhr LSD eine neue Popularitätswelle. Im Kontext der Entwicklung der Partyszene wurde LSD nun weniger als Hilfsmittel genutzt, um innere Erkenntnisse zu gewinnen, sondern – eher niedrig dosiert – als anregendes Mittel für die Intensivierung von Sinneswahrnehmungen eingesetzt (Scherbaum 2017: 128).

Nachdem in den 1960er und 1970er Jahren im Zeichen relativer materieller Sicherheit in den westlichen Staaten bei gleichzeitig verbreiteter Infragestellung von Autorität ein Bedürfnis nach Beschäftigung vornehmlich mit dem eigenen Erleben und den eigenen Emotionen – ggf. unter Zuhilfenahme von Halluzinogenen – entstanden war, schwächte dieser Trend seit Beginn der 1980er Jahre wieder ab und machte erneut mehr auf die Außenwelt bezogenen Wertvorstellungen Platz. Hiermit dürfte die seitdem zunehmende Bedeutung u. a. von Kokain und Ecstasy als

Drogen korrespondieren, die den Kontakt zu den Mitmenschen verbessern und die Leistungsfähigkeit stimulieren sollen. Dem weiterhin bestehenden Bedürfnis einer Reihe Jugendlicher und Heranwachsender nach intensiver Beschäftigung mit dem eigenen Ich bei gleichzeitigem Angebot »letzter Wahrheiten« scheinen seit Ende der 1970er Jahre zu einem nicht unerheblichen Teil – jedenfalls zeitweise – Jugendsekten entgegengekommen zu sein (Geschwinde 2013: 105).

3.3.2 Substanz und Konsumformen

LSD wird in Deutschland nach wie vor gelegentlich »vor Ort«, meist jedoch in Nachbarländern wie den Niederlanden, in »Underground«-Labors in sehr unterschiedlichen Reinheitsgraden hergestellt. Der internationale Handel auf diesem Teilmarkt ist dementsprechend unbedeutend (Geschwinde 2013: 130). LSD wird fast ausschließlich oral konsumiert, z. B. mittels LSD-getränktem und oftmals bunt bedrucktem Löschpapier. Mit den bunten Aufdrucken versuchen die Hersteller, bei den Nutzern und Nutzerinnen einen Wiedererkennungseffekt herzustellen (Scherbaum 2017: 128 f).

3.3.3 Wirkungsweise

LSD entfaltet seine stärkste Wirkung nach etwa einer Stunde; die Wirkung ist dabei abhängig von der Dosierung. Zu den eher schwachen Effekten bei niedriger Dosierung zählen Euphorie und unkontrolliertes Lachen, Schwierigkeiten bei der Bewegungskoordination und visuelle Psychohalluzinationen. Bei stärkeren Dosierungen bilden die farbigen Psychohalluzinationen eine kaleidoskopartige Landschaft, die ständig in Bewegung bleibt. Der Konsument erlebt eine Aufhebung des Zeit- und Raumgefühls. Die logische Analyse, Aufzeichnungen und Beschreibungen dieser Erlebnisse werden zunehmend schwierig, von den Konsumenten und Konsumentinnen jedoch zum Teil als mystisch bedeutungsvoll oder religiös erleuchtend erlebt. Oftmals können die Halluzinationen nicht mehr von der Realität unterschieden und nicht mehr gesteuert werden. Hierdurch können Panikreaktionen ausgelöst werden, die als ›Horrortrip‹ bekannt sind. Teilweise geht zudem das Ich-Bewusstsein verloren, die Nutzer und Nutzerinnen können sich nicht an die eigene Person oder Identität erinnern (Scherbaum 2017: 130 f; Kuntz 2007: 129 f; Geschwinde 2013: 112–115). Dabei gilt für LSD ebenso wie für Cannabis und Ecstasy, dass die konkrete Wirkung sich auch immer in Abhängigkeit von der eigenen Erwartungshaltung, Stimmung und bestimmten Umgebungsfaktoren entfaltet (Geschwinde 2013: 115).

3.3.4 Risiken und Folgeschäden

LSD bringt für entsprechend veranlagte Personen eine *Psychosegefahr* mit sich, die dann als schizophrene Psychose auch eigenständig weiter verlaufen kann. Weitere anhaltende Folgen des LSD-Konsums können Angststörungen und depressive Störungen sein (Scherbaum 2017: 131). Eine körperliche Abhängigkeitsgefahr besteht nicht, eine psychische Abhängigkeit ist möglich. Aufgrund der tiefgreifenden Veränderungen während des LSD-Rausches möchten die meisten Konsumenten und Konsumentinnen aber LSD nicht im Anschluss an einen Rausch wieder gebrauchen (Kuntz 2007: 130).

3.4 Ecstasy

3.4.1 Hintergrund

Die deutsche Firma Merck erhielt im Jahr 1912 ein kaiserliches Patent auf die Substanz Methylendioxymethamphetamin (MDMA), der Ausgangssubstanz für Ecstasy, über dessen Wirkung und mögliche Anwendungsgebiete zunächst jedoch nichts bekannt war. Weitere Forschungen wurden aus Kostengründen bald eingestellt. Das US-amerikanische Militär interessierte sich in eigenen, geheimen, Forschungsvorhaben in den 1950er Jahren des vorvergangenen Jahrhunderts für MDMA. In den 1970er Jahren wurde Ecstasy durch die US-amerikanischen Psychiater Shuglin und Nichols beschrieben, die einen Einsatz der Substanz in psychotherapeutischen Settings sahen. In den 1980er Jahren wurde MDMA bereits in vielen psychotherapeutischen Praxen in den USA eingesetzt, fand aber auch als Rauschmittel auf Partys zunehmende Beliebtheit. Ecstasy fand seinen Weg zurück nach Europa über amerikanische Touristen auf Ibiza (Daumann und Gouzoulis-Mayfrank 2015: 36). Im Jahr 1985 wurde Ecstasy auch in den USA illegal (ebenda). Seit Mitte der 1990er Jahre sind verschiedene Abkömmlinge des ursprünglichen MDMAs auf dem Markt (ebenda), die, sobald die chemische Struktur identifiziert ist, ebenfalls dem Betäubungsmittelgesetz unterstellt werden.

3.4.2 Substanz und Konsumformen

Ecstasy wird üblicherweise in *Tablettenform* konsumiert. Die Tabletten weisen unterschiedliche Farben und Prägungen auf, die aber keine verlässlichen Hinweise auf ihre Dosierung oder ihre Inhaltsstoffe bieten (Scherbaum 2017: 65; Daumann und Gouzoulis-Mayfrank 2015: 45). Nicht selten finden sich unter gleich aussehenden Tabletten Imitate mit anderen Inhaltsstoffen, allerlei Streckstoffe, aber auch ungestreckte Tabletten mit zum Teil sehr hohen MDMA-Dosen (Daumann und Gouzoulis-Mayfrank 2015: 45).

Es haben sich zwei unterschiedliche Anwendungskontexte entwickelt: Zum einen wird Ecstasy als Partydroge konsumiert, zum anderen in kleineren Gruppen, um den gemeinsamen Umgang vertieft zu erleben (Scherbaum 2017: 65).

3.4.3 Wirkung

Zu den zentralen erwünschten Wirkungen von MDMA zählen Antriebssteigerung, Euphorisierung, Gefühlsintensivierung, insbesondere in Bezug auf Liebe, Zuneigung, Mitgefühl (Scherbaum 2017: 67; Kuntz 2007: 121). Hiermit verbunden sind eine erhöhte Kommunikationsbereitschaft, eine vermehrte Introspektionsfähigkeit und ekstatisch-mystische Verschmelzungserlebnisse bei gleichzeitiger Steigerung des Selbstwertgefühls (Daumann und Gouzoulis-Mayfrank 2015: 68; Kuntz 2007: 121). Jedoch scheinen die psychotropen Effekte auch bei gleicher Dosis und Substanz stark zu variieren (Daumann und Gouzoulis-Mayfrank 2015: 70), wobei der individuellen Erwartungshaltung, Stimmung, aber auch den Umgebungsfaktoren wie etwa der jeweiligen Atmosphäre eine hohe Bedeutsamkeit zukommen (Scherbaum 2017: 66).

3.4.4 Risiken und Folgeschäden

Bereits der Konsum von Ecstasy an sich ist – auch wegen der letztendlich unbekannten chemischen Zusammensetzung der jeweiligen Pillen – mit Risiken für *schwerwiegende körperliche Komplikationen* belastet. So kann es beispielsweise zu einer lebensbedrohlichen Erhöhung der Körpertemperatur kommen. Weitere Folgen des Ecstasykonsums können akutes Leberversagen, Herz-Rhythmus-Störungen, bedrohliche Blutdrucksteigerung, Hirnblutungen sowie epileptische Krampfanfälle sein (Scherbaum 2017: 69; Daumann und Gouzoulis-Mayfrank 2015: 71 ff).

Nach Abklingen des Rausches kommt es bei Konsumenten und Konsumentinnen, die häufig und bereits länger konsumieren, oftmals zu depressiv gefärbten Nachphasen mit Ängstlichkeit, Erschöpfung und Kopfschmerzen bis zu fünf Tagen (Scherbaum 2017: 68).

Eine körperliche Abhängigkeit ist bei Ecstasy wenig wahrscheinlich, jedoch sind Symptome der Postaktphase (s. o.) und Entzugssymptomatik schwer voneinander zu trennen (Hoch et al. 2012: 138; Scherbaum 2017: 69).

Bei Ecstasykonsumenten und -konsumentinnen finden sich zwar vermehrt Symptome wie Depressivität, Ängstlichkeit, Impulsivität, Emotionalität sowie ein generell erhöhtes Beschwerdeniveau; Untersuchungen weisen jedoch darauf, dass psychische Störungen eher als begünstigend für den Konsum zu sehen sind – und nicht umgekehrt (Daumann und Gouzoulis-Mayfrank 2015: 75). Dies schließt aber natürlich nicht aus, dass der Ecstasykonsum dazu beitragen kann, dass psychische Probleme sich durch den Ecstasykonsum verfestigen und verstärken.

Es gilt mittlerweile als gesichert, dass Ecstasykonsumenten und -konsumentinnen unter einer Beeinträchtigung ihrer kognitiven Leistungen leiden; besonders betroffen ist hier das Gedächtnis und das Lernen, während Aufmerksamkeit und Vigilanz weniger betroffen sind. Unklar ist, inwieweit sich die kognitiven Beeinträchtigungen bei Abstinenz zurückbilden können (Daumann und Gouzoulis-Mayfrank 2015: 76 f; Scherbaum 2017: 68).

3.5 Kokain

3.5.1 Hintergrund

Kokain wird aus den Blättern des Kokastrauches gewonnen. Man geht davon aus, dass der Kokastrauch bereits in vorkolumbianischer Zeit, eventuell sogar schon vor 5000 v. Chr. im heutigen Peru als Kulturpflanze angebaut und genutzt wurde. Als heilige Pflanze war er zunächst vornehmlich den Priestern und dem Adel vorbehalten, die die Blätter im Rahmen ritueller Feste konsumierten (Geschwinde 2013: 474; Scherbaum 2017: 108). Zurzeit der Eroberung Perus durch die Spanier war der Konsum allerdings im Volk schon weit verbreitet. Im Umgang mit der Kokapflanze zeigten die Spanier eine Doppelmoral: Auf der einen Seite verboten sie vor ihrem christlichen Hintergrund Anbau und Konsum, auf der anderen Seite wurden Minenarbeiter und Sklaven von den Spaniern sogar mit Kokablättern entlohnt, um so über die gesteigerte Arbeitskraft höhere Profite aus Plantagen und Bergwerken zu erwirtschaften (Geschwinde 2013: 474; Scherbaum 2017: 108).

In der Mitte des 19. Jahrhundert wurde Kokain erstmalig chemisch isoliert und im Jahr 1863 durch die deutsche Firma Merck auf den Markt gebracht. Kokain fand zum einen Verbreitung als Arzneimittel, beispielsweise bei Husten, Depressionen und Entzündungen, aber auch in der Lokalanästhesie. Zum anderen wurde es damals als Zusatzmittel bei Erfrischungsgetränken wie Coca-Cola eingesetzt, wo es auch namensgebend war (Scherbaum 2013: 108; Geschwinde 2013: 474f.).

Sigmund Freud, der selbst auch Kokain konsumierte, empfahl zeitweise Kokain als ein Mittel gegen die Entzugserscheinungen des Morphinismus und beim Alkoholentzug – diese Behandlungsart wurde jedoch sehr schnell wegen Erfolglosigkeit wieder aufgegeben (Geschwinde 2013: 476). Im Ersten Weltkrieg wurde Kokain u. a. zur Steigerung der Risikobereitschaft von deutschen und französischen Jagdfliegern konsumiert, später von Radrennfahrern als Dopingmittel bei der Tour de France eingesetzt (Geschwinde 2013: 475).

Kokain wird als Modedroge häufig mit den 1920er Jahren in Verbindung gebracht. Damals kam Kokain aus den Heeresbeständen des Ersten Weltkrieges, wo es zur Lokalanästhesie eingesetzt wurde, in großen Mengen auf den illegalen Markt. Als »Champagner- und Künstlerdroge« war Kokain in dieser Zeit allerdings weitgehend auf die »Bohème« in Großstädten wie Berlin oder Paris beschränkt. Mit der Wirtschaftsdepression endete diese »Kokain-Welle«. Seit 1925 ist Kokain in Deutschland verboten (Geschwinde 2013: 476f; Thoms 2012: 161).

Kokain geriet ab den 1930er Jahren in Europa und den USA weitgehend in Vergessenheit. Erst ab Mitte der 1970er Jahre war wieder ein Anstieg des Konsums in den USA und wenig später auch in Europa zu beobachten (Geschwinde 2013: 478). Mitte der 1980er Jahre begann mit dem Rauchen konzentrierter Kokainpräparate (Crack, Freebase) eine neue Ära des Kokainmissbrauchs, die durch hohe Konsumdosen, schnellen Wirkungseintritt und ein rasches Einsetzen einer Abhängigkeit gekennzeichnet ist (Thoms 2016: 174).

Heute kann man drei verschiedene Gruppen bzw. Konsumententypen unterscheiden: Eine Gruppe konsumiert vornehmlich in Partykontexten, oft in Kombination oder im Wechsel mit anderen Partydrogen wie z. B. Ecstasy. Darüber hinaus gibt es eine Gruppe, die ausschließlich Kokain konsumiert und dabei schwere Abhängigkeitsformen entwickelt. Kokain hat den Ruf, die Droge für die Aufsteiger, Erfolgreichen, Arrivierten und Starken zu sein. Damit geht die Vorstellung einher, dass der Kokainkonsum in bestimmten Berufsgruppen wie etwa Schauspielern, Schauspielerinnen, Models, Managern bzw. Managerinnen weit verbreitet sei. Dies ist epidemiologisch jedoch nur schwer nachweisbar (Scherbaum 2017: 109; Geschwinde 2013: 506). Verlässliche Aussagen sind auch deswegen nur schwer zu treffen, weil der Kokainhandel in Europa weitgehend abgeschottet und nicht auf den Straßenhandel angewiesen ist (Geschwinde 2013: 469).

3.5.2 Substanz und Konsumformen

Kokain ist ein kristallines Pulver, das meist durch ein Rohr intranasal geschnupft wird. Das Verfahren bedarf einiger Utensilien, die oftmals so gewählt werden, dass sie auf eine Exklusivität der Droge verweisen, wie z. B. Dosierungslöffel aus Gold, zusammengerollte Banknoten als Saugrohr, kostbare Aufbewahrungsbehälter (Scherbaum 2017: 109, 112). Kokain kann zudem über ein Einreiben in die Schleimhäute absorbiert werden. Des Weiteren kann es kann auch gespritzt werden; diese Konsumform ist aber wesentlich seltener verbreitet (Scherbaum 2017: 110 f.).

3.5.3 Wirkungsweise

Je nach Aufnahmeweise tritt die Kokainwirkung innerhalb von Sekunden bis zu wenigen Minuten ein. Es kommt zu einer *euphorischen Grundstimmung* bei innerer Erregung, begleitet von dem Gefühl gesteigerter Energie und Kreativität. Das Schlafbedürfnis ist vermindert, Depressionen werden vertrieben, Belastendes wird zwar nicht verdrängt, verliert aber seine Bedeutsamkeit im Bewusstsein.

Es entsteht das Gefühl, *leistungsfähiger, stärker und intelligenter* zu sein und sich besser konzentrieren zu können. Das Denken ist beschleunigt und assoziationsreich. Die Konsumenten und Konsumentinnen stehen unter dem Eindruck, dass sie bislang schwer lösbare Probleme nun klar durchdenken können. Dabei ist die Fähigkeit zur Selbstkritik deutlich vermindert.

Das soziale Kontaktverhalten ändert sich ebenfalls. Der Rededrang ist gesteigert bei gleichzeitigem *Gefühl geistreicher Schlagfertigkeit*, allerdings meist einhergehend mit abnehmender Fähigkeit zu kritischer Distanz (›Laberdroge‹). Hemmungen, auch sexueller Art, sind bei gesteigertem Selbstbewusstsein bis zur Distanzlosigkeit und Aggressivität vermindert und die euphorische Grundstimmung kann bei als feindselig empfundenen Bewegungen und Reaktionen unvermittelt umschlagen und zu Gewaltdelikten führen (Scherbaum 2017: 114; Geschwinde 2013: 503 ff; Thoms 2012: 164 ff).

3.5.4 Risiken und Folgeschäden

Kokainkonsum ist von *schwerwiegenden körperlichen Risiken* begleitet wie zerebrale Krampfanfälle, Herzinfarkt in Folge Verengung der Herzkrampfgefäße sowie Hirnblutungen (Scherbaum 2017: 115).

Da der Kokainrausch etwa ein bis zwei Stunden mit äußerst unangenehmen Symptomen wie starken depressiven Verstimmungen, Missmut, Antriebsschwäche, vermehrtem Schlafbedürfnis bei gleichzeitiger Unfähigkeit zu schlafen ausklingt, entsteht sehr schnell ein ausgeprägtes Suchtmittelverlangen (Craving). Zudem entwickelt sich schnell eine Toleranz, die eine Dosissteigerung nach sich zieht. Es kann sich ein ausgeprägter Kokainkonsum auch ohne psychotropen Effekt entwickeln, der in einem Zustand völliger Erschöpfung endet (Scherbaum 2017: 116; Geschwinde 2013: 509 f.).

Kokain zählt zu den Drogen, von denen die stärkste Suchtgefahr ausgeht. Neben schweren Depressionen können sich Symptome einer »Kokain-Psychose« wie Realitätsverlust, paranoide und schließlich schizophrenieähnliche Zustände einstellen. Ein erheblicher Teil der Abhängigen leidet unter Verfolgungsängsten und Halluzinationen, insbesondere taktile Mikrohalluzinationen (Scherbaum 2017: 116; Geschwinde 2013: 550 f.).

3.6 Alkohol

3.6.1 Hintergrund

Alkohol hat eine *jahrtausendealte Geschichte* als Nahrungs-, Genuss- und Rauschmittel, die ihren Ursprung in prähistorischen Zeiten hat. Menschen der verschiedensten Kulturkreise haben alkoholische Getränke hergestellt, meist aus Fruchtsäften, Getreideprodukten oder – seltener – aus Honig oder Milchzubereitungen. Um die Wende ins erste nachchristliche Jahrtausend wurde mit der Erfindung der Destillation die Produktion hochprozentiger Alkoholika möglich (Soyka et al. 2008: 2).

Alkohol zeigt hinsichtlich seiner sozialen und gesellschaftlichen Bewertungen und seiner kulturellen Bedeutungen eine äußerst wechselhafte Geschichte. So warnten schon in der Antike u. a. Platon, Cicero, Cato, Seneca, in den biblischen Schriften der Prophet Jeremia und der Apostel Paulus vor den Gefahren des übermäßigen Genusses berauschender Getränke. Menschen, die dem »Trunk verfallen waren«, traf ein moralisches Urteil. Mit verschiedenen Maßnahmen versuchte man, den Alkoholkonsum einzudämmen, jedoch ohne nachhaltigen Erfolg. Viel mehr Erfolg hatten die großen, von Asien ausgehenden Religionen, vor allem der Islam, der Buddhismus und der Hinduismus mit ihrem Verbot des Genusses berauschender Getränke. Diese religiösen Verbote haben entscheidende Verhaltensänderungen unter der Anhängerschaft zur Folge gehabt (Soyka et al. 2008: 3 f.).

In Europa waren im Mittelalter Bier und Wein hingegen die *selbstverständlichen und alltäglichen Getränke* zum Löschen des Durstes und zum Stillen des Hungers. Wasser, das in den Städten meist von minderer Qualität war, wurde nur von sehr armen Menschen getrunken. Daneben schätzte man an den alkoholischen Getränken ihre psychoaktive Wirkung. Der ausgeprägte, kollektive Rausch unter Männern während der mittelalterlichen Trinkgelage ist sprichwörtlich. Es kann davon ausgegangen werden, dass der Alkoholrausch zumindest bei Männern schlicht als ein weiterer, möglicher Bewusstseinszustand – wie z. B. auch Träume – angesehen wurde.

Entscheidende Veränderungen in den Auffassungen über das Trinken, den Rausch und das Trinkverhalten werden mit den Entwicklungen im 15. und 16. Jahrhundert in Verbindung gebracht. Hier setzen sich die von Norbert Elias (2000) beschriebenen »*Prozesse der Zivilisation*« durch und damit einhergehend neue Wahrnehmungsweisen, Verhaltensstandards und Maßstäbe von Nüchternheit und Trunkenheit, die bis heute einflussreich sind (Groenemeyer und Laging 2012: 221–228).

Im Übergang von Mittelalter zur Neuzeit kommt es zu tiefgreifenden Wandlungsprozessen: Prägend sind hier die Urbanisierung mit ihrer fortschreitenden Arbeitsteilung, der kontinuierliche technische Fortschritt, die Durchsetzung und Verbreitung abstrakter Rechts- und Geldbeziehungen und vor allem auch die einsetzende Monopolisierung von Gewalt durch die sich etablierenden städtischen und staatlichen Institutionen. Im Zuge dieser Entwicklungen wachsen die gegenseitigen Abhängigkeiten; es bilden sich »Interdependenzketten«, in die immer mehr Menschen eingebunden sind. Dies erzwingt wiederum eine zunehmende Selbstkontrolle bzw. Selbstdisziplin und bedeutet u. a., dass zwischen spontanem emotionalem Impuls und tatsächlicher Handlung immer stärker ein Zurückhalten dieses Impulses und ein Überdenken der (Rück-)Wirkungen des eigenen Handelns gefordert wird (Elias 2000).

Der Rationalisierungsdruck auf die Individuen bewirkt zum einen die Entwicklung einer »Selbstzwangsapparatur«, das heißt, dass externe Kontrollen nach innen verlagert werden. Damit wird auch Trunkenheit als ein Mangel an Selbstdisziplin und als Verlust der Selbstkontrolle erfahrbar. Andererseits wachsen mit der Verinnerlichung von Zwängen auch spezifische Ängste und innere Spannungen an, die zumindest punktuell ein Ventil suchen: Wird im Mittelalter getrunken, weil die Affekte ungehemmt sind, so wird in der Neuzeit getrunken, um sie zu enthemmen. War das mittelalterliche Gelage eine gemeinschaftliche magische Praxis und soziale Pflicht für Männer, so wird mit der Durchsetzung disziplinärer Zwänge und Tugenden und individualisierter Handlungsorientierungen der Rausch einerseits asozial und zu einer Pflichtverletzung, andererseits erhält er die Funktion der individuellen Entspannung (Groenemeyer und Laging 2012: 221–228).

Zugleich kam es – auch durch die zunehmenden Verfügbarkeiten hochprozentiger Alkoholika durch die Verbreitung preiswerter Destillationsverfahren – zu sehr breiten alkoholassoziierten Verelendungen in proletarischen städtischen Schichten in teilweise epidemischen Ausmaßen.

Vor dem Hintergrund dieser Entwicklungen konnte Benjamin Rush (1745–1813) erstmalig eine *Krankheitskonzeption übermäßigen Alkoholkonsums* entwickeln, die als Vorläufer moderner Alkoholismuskonzeptionen gilt (Groenemeyer und Laging

2012: 228). Diese Konzeptionen können zudem als Prototyp für Suchtkonzeptionen allgemein (unabhängig von der Substanz) gelten und werden in Kapitel 1 »Sucht – eine Erkrankung wie jede andere auch?« differenzierter diskutiert.

3.6.2 Substanz und Konsumformen

Alkohol (C_2H_5OH) ist eine klare, farblose Flüssigkeit, die bei der Vergärung von Zucker entsteht. Alle zuckerhaltigen Nahrungsmittel können dementsprechend als Ausgangsstoff verwendet werden. Zur Alkoholgewinnung können Weintrauben, Getreide, Früchte, Zuckerrohr, Mais oder Kartoffeln verwendet werden.

Der Alkoholgehalt unterscheidet sich stark je nach Art des Getränks. Der Alkoholgehalt von Bier liegt zwischen 4 und 8 Prozent, der von Rotwein zwischen 11,5 und 13 Prozent und hochprozentige Getränke wie z. B. Rum erreichen einen Alkoholgehalt von 45 und mehr Volumenprozenten.

Dieser weitaus höhere Alkoholgehalt kann nur durch Destillationsverfahren erreicht werden. Hierbei wird der Alkohol in speziellen Vorrichtungen erhitzt. Der entstehende Dampf wird aufgefangen und verflüssigt sich bei der Abkühlung wieder.

3.6.3 Wirkungsweise

Alkohol gilt generell als *dämpfende Droge*, auch wenn das Wirkungsspektrum sehr breit und abhängig von der Dosis ist. Wirkt Alkohol in kleinen Mengen eher aktivierend, entspannend und geselligkeitsfördernd, so tritt bei stärkerer Dosierung die dämpfende und zum Teil die bewusstseinsändernde Wirkung hervor (Soyka et al. 2008: 22 f). Dabei kann der Rausch in drei Stadien eingeteilt werden, in denen dann unterschiedliche – auch unerwünschte – Wirkungen zum Tragen kommen:

1. Bei einem leichten Rausch kommt es zu einer verminderten psychomotorischen Leistungsfähigkeit, Enthemmung, vermehrtem Rede- und Tätigkeitsdrang.
2. Bei einem mittleren Rausch kann es zu Euphorie, aber auch zu aggressiver Gereiztheit, verminderter Selbstkritik und explosiven Reaktionsweisen kommen.
3. Ein schwerer Rausch führt zu Bewusstseinsstörungen, Desorientierung, Angst, Erregung, Schwindel, Störung der Bewegungsabläufe, Sprechstörungen, alkoholischem Koma, Tod durch zentral-atemdepressive Alkoholwirkung oder Erstickung (Grosshans et al. 2016: 94 f; Soyka et al. 2008: 163 f).

3.6.4 Risiken und Folgeschäden

Bei unverträglicher Dosierung kann Alkohol zu Aufdringlichkeiten, überschießender Aggression oder – umgekehrt – zu sozialem Rückzug und weinerlichem Selbstmitleid führen. Betrunkensein und soziale Enthemmung sind nicht selten mit Selbstentblößung im wörtlichen wie im übertragenen Sinne verbunden (Kuntz 2007: 111). Die *organischen Langzeitfolgen* sind erheblich und betreffen Leber,

Bauchspeicheldrüse, Magen-Darmtrakt, Herzkranzgefäße und das Muskelsystem. Zu den wichtigsten neurologischen Störungen gehören allgemeine Hirnveränderungen, Wernicke-Korsakow-Syndrom, Alkoholische Kleinhirnatrophie und Schlaganfall (Soyka et al. 2008: 175–218). Die starke Verbreitung der Alkoholabhängigkeit in Deutschland (▶ Kap. 4) weist auf die Gefährdungen, die von der Droge Alkohol ausgehen.

3.7 Heroin

3.7.1 Hintergrund

Heroin ist ein *teilsynthetisches Opiat* (Diacetylmorphin), das auf der Basis eines Inhaltsstoffes der Opiumpflanze, nämlich des Morphin, in verschiedenen chemischen Prozeduren hergestellt wird (Scherbaum 2017: 142). Als Ausgangsstoff der Heroin-Herstellung dient der eingetrocknete Milchsaft des einjährigen Schlafmohns (Geschwinde 2013: 322). Zurzeit stammt mehr als 90 Prozent des weltweit gehandelten Heroins aus Afghanistan. Weitere Länder in der Heroinproduktion waren oder sind die Türkei, Mexiko, Laos, Thailand, Myanmar, Iran, Pakistan sowie Länder in Mittelamerika (Scherbaum 2017: 93). Die Produktion erfolgt in modernen, aber auch in äußerst primitiv eingerichteten sogenannten »Badewannen-Labors« (Geschwinde 2013: 325). Produktion und Vertrieb sind fest in der Hand des weltweit operierenden organisierten Verbrechens (Kuntz 2007: 140), oftmals in enger Verbindung mit illegalem Waffenhandel und der Finanzierung des organisierten Terrorismus (Geschwinde 2013: 338).

Diacetylmorphin wurde unter dem Namen Heroin erstmalig im Jahr 1898 als Medikament gegen verschiedene Krankheiten, insbesondere bei Atemwegserkrankungen, durch den deutschen Pharmakonzern Bayer auf den Markt gebracht. Nachdem das Suchtpotenzial von Heroin erkannt wurde, verlor es seine medizinische Bedeutsamkeit (Kuntz 2007: 140).

In der damaligen Bundesrepublik Deutschland tauchte Heroin im Jahr 1968 über hier stationierte US-Soldaten wieder auf (Geschwinde 2013: 332) und verbreitete sich rasch unter Jugendlichen und jungen Erwachsenen (Geschwinde 2013: 348). Heute ist die Zahl der jährlich neu an Heroinabhängigkeit Erkrankten in Deutschland seit vielen Jahren konstant, eventuell sogar leicht rückläufig (Scherbaum 2017: 93).

3.7.2 Substanz und Konsumformen

Reines Heroin ist weiß, kristallin, geruchlos, es schmeckt bitter und unangenehm. Straßenheroin gibt es in unterschiedlichen Reinheitsgraden und als verschiedene Granulate, von braunem bis zu reinerem weißen Heroin.

Heroin kann oral, intranasal oder intravenös konsumiert werden, wobei die orale Anwendungsart kaum eine Rolle spielt. Bei inhalativem Konsum sind die Risiken für die Gesundheit im Vergleich zum intravenösen Konsum etwas geringer. Die stärkste Wirkung entfaltet Heroin nach intravenöser Injektion (Scherbaum 2017: 93 f).

3.7.3 Wirkungsweise

Charakteristisch für die Kurzzeitwirkung von Heroin ist der »*flash*«, »*kick*« oder »*hit*«, das heißt die unmittelbar nach der Injektion und dem Lösen der Abbindung erfolgende schlagartige Anflutung des Wirkstoffes. Es setzt eine überwältigende Euphorie ein, ein intensives Wohlbefinden, verbunden mit Wärme, Wohlbehagen, vollständiger Sorglosigkeit. Dieser akute Intoxikationszustand kann einige Minuten anhalten (Geschwinde 2013: 375; Scherbaum 2017: 95). Danach setzt ein länger anhaltender Zustand von gleichgültiger Zufriedenheit ein, ein träumerisches Versinken sowie das Gefühl, über den Dingen zu stehen (Kuntz 2007: 141; Scherbaum 2017:95; Geschwinde 2013: 374 ff).

3.7.4 Risiken und Folgeschäden

Eine Heroinüberdosierung kann zur Lähmung der Atmung führen; diese Gefahr erhöht sich bei gleichzeitigem Konsum weiterer sedierender Substanzen oder bei Konsum nach längerer Abstinenz (Scherbaum 2017: 96 f). Als weitere körperliche und soziale Risiken sind seelische und körperliche Auszehrung, Hepatitis-Infektionen bei einem unsterilen intravenösen Gebrauch, eitrige Entzündungen und Abszesse, Beschaffungskriminalität und Prostitution zu nennen (Kuntz 2007: 141). Dabei kann das Ausmaß der sozialen Folgen nicht dem Heroinkonsum per se zugerechnet werden. Vielmehr sind diese auch dadurch bedingt, dass die meisten Heroinkonsumenten keinen legalen Zugang zum Heroin haben.

Der regelmäßige Heroinkonsum führt zu ausgeprägter psychischer und physischer Abhängigkeit mit Toleranzentwicklung, Dosissteigerung und Entzugssymptomatik. Der Substanzkonsum kann dann kein Rauscherlebnis mehr erreichen, sondern zielt auf die Vermeidung der Entzugssymptomatik und damit auf Aufrechterhaltung der Alltagsfunktionen (Scherbaum 2017: 97; Geschwinde 2013: 390 f). Das Entzugssyndrom beginnt ca. sechs bis acht Stunden nach der Beendigung der Heroineinnahme mit Unruhe, Unwohlsein, Reizbarkeit und zeigt sich dann über sieben bis zehn Tage mit Symptomen, die einer schweren Grippe ähneln (Scherbaum 2017: 98). Von den manifest opiatabhängigen Konsumenten und Konsumentinnen gelingt nur einer Minderheit von ca. 20 Prozent die Rückkehr in ein abstinentes Leben (Scherbaum 2017: 97). Daher sind Maßnahmen wie Substitution, Spritzentausch etc. erforderlich, die zur Sicherung von Gesundheit und Lebensqualität bei Abhängigkeit beitragen können (▶ Kap. 8).

Weiterführende Literatur

Daumann, J. & Gouzoulis-Mayfrank, E., 2015, *Amphetamine, Ecstasy und Designerdrogen*, Kohlhammer, Stuttgart.
Geschwinde, T., 2013, *Rauschdrogen: Marktformen und Wirkungsweisen*, 7. Auflage, Springer, Berlin, Heidelberg.
Soyka, M., Küfner, H. & Feuerlein, W., 2008, *Alkoholismus – Missbrauch und Abhängigkeit*, 6. Auflage, Georg Thieme-Verlag, Stuttgart.

4 Die Verbreitung von Alkohol, Drogen, Glücksspielsucht und Internetabhängigkeit

> **☞ Was Sie in diesem Kapitel lernen können**
>
> In diesem Kapitel erfahren Sie die wichtigsten Daten und Fakten zur Verbreitung des Konsums und der Abhängigkeit von Substanzen und zu den neuen Entwicklungen im Bereich der Glücksspielsucht und der Internetabhängigkeit in Deutschland. Dabei wird deutlich, dass Alkohol die am weitesten verbreitete Droge ist – sowohl in Hinblick auf das Konsumverhalten als auch auf Abhängigkeitsentwicklungen. Ansätze der Prävention und der Suchthilfe stützen sich u. a. auf und rechtfertigen sich u. a. durch epidemiologische Daten. Diese sind von daher wichtige Pfeiler in der Begründung, Entwicklung und Beurteilung von Konzepten und Arbeitsansätzen der Sozialen Arbeit in Suchtprävention und Suchthilfe.

4.1 Einleitung

In Deutschland werden Daten zur Verbreitung des Konsums, des riskanten Konsums und der Abhängigkeit von legalen und illegalen Drogen regelmäßig erhoben und ausgewertet. Zudem wird seit einigen Jahren die Entwicklung der Glücksspielsucht und der Internetabhängigkeit epidemiologisch beobachtet.

Durch repräsentative Umfragen, in denen jeweils bis zu 10.000 Personen befragt werden, wird die Risikoverteilung für die gesamte Bevölkerung hochgerechnet. Dies erfolgt zum einen durch die Bundeszentrale für gesundheitliche Aufklärung (BZgA), die seit mehr als 20 Jahren das Konsumverhalten von Jugendlichen und jungen Erwachsenen beobachtet und regelmäßig die Ergebnisse in der »Drogenaffinitätsstudie« veröffentlicht. Das Institut für Therapieforschung (IFT) erforscht seit Jahren im Rahmen des »Epidemiologischen Suchtsurveys« die erwachsene Bevölkerung in Deutschland in Hinblick auf ihr Konsumverhalten und auf mögliche Suchtentwicklungen.

Im jährlich erscheinenden »Jahrbuch Sucht« und im ebenfalls jährlich erscheinenden »Drogen- und Suchtbericht« der Drogenbeauftragten der Bundesregierung werden die wichtigsten Daten, Fakten und Trends übersichtlich aufbereitet und der Fachöffentlichkeit und der allgemeinen Öffentlichkeit regelmäßig zur Verfügung gestellt. Weitere wichtige Quellen sind die jährlich erscheinenden thematischen Schwerpunktberichte von Reitox, dem deutschen Knotenpunkt für die Europäische Beobachtungsstelle für Drogen und Drogensucht. Darüber hinaus führt das Robert Koch-Institut regelmäßig große epidemiologische Untersuchungen zum Gesundheitsstatus durch.

Die erhobenen bzw. geschätzten Zahlen unterscheiden sich durch unterschiedliche Erhebungsmethoden und Klassifikationen zum Teil erheblich, so dass man nur von Schätzwerten ausgehen kann. Es muss wegen Bagatellisierungstendenzen der Befragten von einer Dunkelziffer ausgegangen werden. Zudem werden bestimmte Risikogruppen, wie z.B. Wohnungslose, beispielsweise in telefonischen Bevölkerungsumfragen nur unterdurchschnittlich erreicht. Umso bedeutsamer sind die Daten zu den zeitlichen Trendverläufen.

In diesem Kapitel werden die aktuellen und verfügbaren Daten zur Verbreitung des Konsums und der Substanzabhängigkeit sowie zu den neuen Entwicklungen im Bereich Glücksspielsucht und Internetabhängigkeit in Deutschland dargestellt. Sie sind eine Grundlage für sucht- und drogenpolitische Entscheidungen, die auch das Versorgungssystem der Suchthilfe betreffen können.

Aufgrund jahrzehntelanger Erfahrung und im Zuge des europäischen Integrationsprozesses haben sich für die Erfassung und Beschreibung des riskanten, schädlichen und abhängigen Konsums von legalen und illegalen Substanzen Schlüsselindikatoren herausgebildet, an denen sich auch diese Darstellung orientiert. Im Abschnitt Alkohol werden die Indikatoren bzw. ihre Definitionen erläutert; diese Definitionen (z.B. Lebenszeitprävalenz) sind gleichermaßen anwendbar für andere Substanzen bzw. Suchtformen.

Die Darstellung vermittelt einen Überblick über die Verbreitungsdaten in Deutschland, hebt jedoch die Bedeutsamkeit der am meisten verbreiteten legalen Droge Alkohol und der am meisten verbreiteten illegalen Droge Cannabis durch detailliertere Darstellungen – vor allem in Hinblick auf den Einfluss der sozialen Faktoren wie Geschlecht, Migrationshintergrund und sozio-ökonomischer Status – hervor.

4.2 Alkohol

Es ist nicht einfach, Daten zum riskanten, schädlichen oder abhängigen Alkoholkonsum für aussagekräftige Statistiken zu erheben. Unterschiedliche Parameter des Trinkverhaltens führen im Ergebnis zu jeweils unterschiedlichen Risiken und Schäden. Deshalb wird in den einschlägigen Untersuchungen immer eine Vielzahl von Trinkvariablen erfasst, damit verlässliche Aussagen getroffen werden können. Für diesen Überblick wurden folgende definierte Indikatoren ausgewählt.

> **Wichtige Indikatoren zum Alkoholkonsum**
>
> - Die **Lebenszeit-Prävalenz** des Alkoholkonsums: Sie beschreibt prozentual die Anteile der Personen, die schon mindestens einmal im Leben Alkohol konsumiert haben – ganz unabhängig davon, wie oft und welche Mengen getrunken wurden.
> - Die Verbreitung des **regelmäßigen Alkoholkonsums**, dargestellt in mindestens wöchentlichem Alkoholkonsum in den letzten zwölf Monaten vor der Befragung.
> - Die Verbreitung des Konsums **riskanter Alkoholmengen:** Die konsumierte Alkoholmenge wird über die Häufigkeits- und Mengenangaben zum Konsum sechs verschiedener Getränkesorten auf die letzten zwölf Monate vor der Befragung ermittelt. Die Definition riskanter Alkoholmengen, die sich in den Angaben der Jugendlichen finden, orientiert sich an den Grenzwerten, die für Erwachsene festgelegt wurden. Für Erwachsene ist es gesundheitlich riskant, mehr als 24 Gramm (Männer) bzw. mehr als 12 Gramm (Frauen) Alkohol pro Tag zu trinken. Um negative Effekte durch Alkohol zu verhindern, wird Jugendlichen empfohlen, den Konsum weitgehend zu meiden.
> - Die **30-Tage-Prävalenz des Rauschtrinkens**: Rauschtrinken (im Englischen »binge drinking«) meint den Konsum größerer Mengen Alkohol bei einer Gelegenheit. Unter größeren Mengen sind mindestens vier (bei Frauen) bzw. fünf (bei Männern) Standardgläser Alkohol zu verstehen. Die Befragten geben an, an wie vielen der letzten 30 Tage sie vier bzw. fünf Gläser Alkohol oder mehr hintereinander getrunken haben. Die 30-Tage-Prävalenz des Rauschtrinkens ist der Anteil derjenigen, für die das an mindestens einem der letzten 30 Tage zutrifft.
> - **Alkoholbezogene Störungen nach DSM-IV** schließt sowohl die Menschen mit der Diagnose »Missbrauch« als auch mit der Diagnose »Abhängigkeit« ein (obgleich der DSM-IV durch den DSM-5 abgelöst wurde, wird sich hier weiter darauf bezogen, da die verwendeten Studien noch mit DSM-IV gearbeitet haben).
> - **AUDIT-C** = Alcohol Use Disorder Identification Test-Consumption ist ein international besonders anerkanntes Befragungsinstrument, das Hinweise auf eine Alkoholkonsumstörung gibt (Bush et al. 1998).
> - Der **sozio-ökonomische Status** wurde in den dargestellten Studien anhand eines Indexes bestimmt, in den Angaben zu schulischer und beruflicher Ausbildung, beruflicher Stellung sowie Haushaltsnettoeinkommen einfließen und der eine Einteilung in niedrige, mittlere und hohe Statusgruppen ermöglicht.

4.2.1 Jugendliche und junge Erwachsene

Unter Jugendlichen ist der Konsum von Alkohol weit verbreitet. Tabelle 2 gibt eine Zusammenfassung und einen Überblick der wichtigsten Daten und Fakten des

Alkoholsurveys der BZgA zum Alkoholkonsum von Jugendlichen und jungen Erwachsenen (▶ Tab. 2).

Tab. 2: Alkoholkonsum bei Jugendlichen in Prozent

	Lebenszeitprävalenz		Regelmäßiger Konsum		Rauschkonsum		Riskanter Alkoholkonsum	
	mind. einmal im Leben		mind. einmal pro Woche in den letzten 12 Monaten		letzte 30 Tage, ≥ 5 bzw. 4 alkoholische Getränke zu einer Gelegenheit		> 24 (> 12) Gramm Reinalkohol pro Tag für Jungen (Mädchen)	
Alter	Jungen	Mädchen	Jungen	Mädchen	Jungen	Mädchen	Jungen	Mädchen
12–17	58,4	56,5	10,6	6,6	10,4	11,7	3,3	3,8
18–25	96,1	94,7	40,0	23,3	37,8	27,1	16,9	16,4

Daten aus: Orth und Merkel 2022: 50 ff
Eigene Darstellung

Der Alkoholkonsum zeigt bei fast allen Indikatoren und Altersgruppen ausgeprägte geschlechtsspezifische Unterschiede. Da Jugendliche im Alter von 12 bis 17 Jahren keinen Alkohol selbständig erwerben dürfen, sind zum einen die Zahlen und Fakten in dieser Altersgruppe besorgniserregend ebenso wie die Anteile der Jugendlichen, die sogar nach den Kriterien des riskanten Trinkens für Erwachsene konsumieren.

Des Weiteren untersucht die BZgA in der Drogenaffinitätsstudie, ob der (riskante) Alkoholkonsum auch in einem Zusammenhang mit sozialen Merkmalen oder mit einem Migrationshintergrund steht (vgl. Orth 2016). Soziale Merkmale werden anhand des Schultyps und der Beschäftigtensituation untersucht. Da Menschen mit Migrationshintergrund keine homogene Gruppe darstellen, wurde der Migrationshintergrund nach fünf verschiedenen Herkunftsregionen unterschieden.

Zwischen Schülerinnen und Schülern, die das Gymnasium oder die Gesamt-, Real- oder Hauptschule der Sekundarstufe I besuchen, gibt es nur wenige Unterschiede im Alkoholkonsum (▶ Tab. 3). Jedoch ist das Rauschtrinken bei Hauptschülern und -schülerinnen signifikant stärker ausgeprägt als bei Gymnasiastinnen bzw. Gymnasiasten.

Ein klarer Zusammenhang zeigt sich ebenfalls zwischen Alkoholkonsum und Migrationshintergrund: Der Alkoholkonsum bei Schülerinnen und Schülern der Sekundarstufe I mit Migrationshintergrund Türkei, Asien und Osteuropa ist statistisch signifikant niedriger als bei Schülerinnen und Schülern ohne Migrationshintergrund (▶ Tab. 3).

Bei älteren Befragten entscheidet der soziale Zusammenhang hingegen kaum über den Alkoholkonsum. Einzig auffällig ist, dass der regelmäßige Alkoholkonsum bei Studierenden und Erwerbstätigen stärker verbreitet ist und dass Gymnasiastin-

4 Die Verbreitung von Alkohol, Drogen, Glücksspielsucht und Internetabhängigkeit

nen und Gymnasiasten der Sekundarstufe II weniger konsumieren als andere Gruppen (► Tab. 4).

Auch in dieser Altersgruppe konsumieren die Gruppen mit Migrationshintergrund Türkei, Asien und Osteuropa weniger Alkohol als die Vergleichsgruppen ohne Migrationshintergrund. Westeuropäische Gruppen mit Migrationshintergrund verhalten sich ähnlich den Gruppen ohne Migrationshintergrund. Nur die Regelmäßigkeit des Alkoholkonsums fällt unterschiedlich aus (► Tab. 4).

Tab. 3: Alkoholkonsum nach sozialen Merkmalen und Migrationshintergrund für Schülerinnen und Schüler der Sekundarstufe I in Prozent

	Lebenszeitprävalenz	Regelmäßiger wöchentlicher Konsum	Rauschkonsum
	mind. einmal im Leben	mind. einmal pro Woche in den letzten 12 Monaten	letzte 30 Tage, ≥ 5/4 alkoholische Getränke zu einer Gelegenheit
Gesamt	62,0	6,9	9,0
Soziale Merkmale			
Gymnasium Sek. I (Ref.)	61,3	5,7	8,2
Gesamtschule	51,4	7,8	9,3
Realschule	66,6	8,2	10,6
Hauptschule	60,6	5,0	6,2
Migrationshintergrund			
keiner (Ref.)	64,3	7,2	9,4
Westeuropa	58,4	6,3	8,3
Osteuropa	60,4	6,2	8,2
Türkei/Asien	46,7	4,0	5,1
Sonstige	50,5	9,0	12,1

Daten aus: Orth 2016: 46
Eigene Darstellung

Tab. 4: Alkoholkonsum nach sozialen Merkmalen und Migrationshintergrund für Befragte außerhalb der Sekundarstufe II im Jahr 2015 in Prozent

	Lebenszeitprävalenz	Regelmäßiger wöchentlicher Konsum	Rauschkonsum
	mind. einmal im Leben	mind. einmal pro Woche in den letzten 12 Monaten	letzte 30 Tage, ≥ 5/4 alkoholische Getränke zu einer Gelegenheit
Gesamt	95,3	33,4	38,7
Soziale Merkmale			

Tab. 4: Alkoholkonsum nach sozialen Merkmalen und Migrationshintergrund für Befragte außerhalb der Sekundarstufe II im Jahr 2015 in Prozent – Fortsetzung

	Lebenszeitprävalenz mind. einmal im Leben	Regelmäßiger wöchentlicher Konsum mind. einmal pro Woche in den letzten 12 Monaten	Rauschkonsum letzte 30 Tage, ≥ 5/4 alkoholische Getränke zu einer Gelegenheit
Gymnasium Sek. II (Ref.)	94,0	28,5	38,5
Berufsbildende Schulen	89,9	26,3	33,0
Auszubildende	96,7	32,6	43,1
Studierende	97,1	37,3	38,8
Erwerbstätige	95,9	36,8	38,7
Arbeitslose	89,1	29,7	24,0
Migrationshintergrund			
keiner (Ref.)	97,9	36,3	41,4
Westeuropa	98,8	37,6	40,1
Osteuropa	94,6	25,3	34,9
Türkei/Asien	64,3	8,9	11,2
Sonstige	88,5	32,5	33,8

Daten aus: Orth 2016: 46
Eigene Darstellung

Die BZgA vergleicht die erhobenen Daten auch im Zeitverlauf. Hinsichtlich des zeitlichen Trendverlaufs zeigt sich bei den 12- bis 15-Jährigen durchweg eine positive Entwicklung beim Alkoholkonsum: Es zeigt sich eine Rückläufigkeit der riskanten Formen des Konsums bis zu gänzlichem Verzicht auf Alkohol (ohne Tabelle). Auch bei den 16- bis 17-jährigen männlichen Jugendlichen und 18- bis 25-jährigen Männern gehen im Gegensatz zu den weiblichen Gruppen die Regelmäßigkeit und das Trinken riskanter Mengen seit den Jahren 2010 und 2011 zurück (Orth 2016). Eine weitere positive Entwicklung ist ein Rückgang der alkoholbedingten Krankenhausaufenthalte, die aber immer noch mit mehr als 20 Prozent über denen aus dem Jahr 2005 liegen (ebenda).

4.2.2 Erwachsene

Deutschland gehört im internationalen Vergleich zu den Hochkonsumländern: Bezogen auf die gesamte Bevölkerung der Bundesrepublik Deutschland ergibt sich ein Pro-Kopf-Konsum von 10,2 Litern Reinalkohol je Einwohner:in ab 15 Jahren im Jahr 2019 (John et al. 2022: 36). Der leichte Rückgang im Pro-Kopf-Konsum, der in den letzten 30 Jahren zu beobachten ist (von 1980 bis 2010 um 3,3 Liter), ist dabei aber nicht mehr als eine Folge der demografischen Entwicklung. Je älter die Menschen werden, desto weniger trinken sie im Durchschnitt, und so entwickelt sich die durchschnittliche Trinkmenge entgegengesetzt zum steigenden Durchschnittsalter (Gaertner et al. 2015).

Ein riskanter Alkoholkonsum, der ein erhöhtes Risiko für die Entwicklung alkoholbezogener Störungen anzeigt, wird in Deutschland und international oftmals durch den AUDIT-C Test erfasst. Auch im riskanten Alkoholkonsum zeigen sich deutlich geschlechtsspezifische Unterschiede, die ebenfalls bei den alkoholbezogenen Störungen (▶ Tab. 5; Lehner und Kepp 2015) sichtbar sind. Interessant ist, dass riskantes Trinken mit steigendem sozio-ökonomischem Status zunimmt, alkoholbezogene Störungen jedoch (also eine Suchterkrankung) in Bevölkerungsgruppen mit geringen sozio-ökonomischen Ressourcen weiterverbreitet sind als in sozioökonomisch gut ausgestatteten Bevölkerungsgruppen (Jacobi et al. 2014). Dies scheinbare Paradox erklärt sich so, dass riskanter Konsum – also der Konsum von größeren Mengen Alkohol – auch als ein Ausdruck vorhandener Ressourcen verstanden werden kann (man kann es sich leisten). Damit riskanter Konsum aber zur Sucht wird, müssen weitere (sozio-ökonomische) Belastungen hinzukommen.

Tab. 5: Prävalenz des riskanten Alkoholkonsums gemäß AUDIT-C nach Geschlecht, Altersgruppen und sozio-ökonomischem Status in Prozent

Alter	Sozio-ökonomischer Status					
	Niedrig		Mittel		Hoch	
	Männer	Frauen	Männer	Frauen	Männer	Frauen
18–29	49,7	29,4	55,3	41,0	56,9	26,5
30–44	28,7	15,2	43,1	24,4	36,6	28,8
45–64	36,9	19,3	40,1	23,9	42,5	32,8
65–79	31,6	10,8	34,9	18,9	35,8	32,8
Gesamt	37,3	18,5	43,2	26,3	41,2	30,5

Daten aus: Lehner und Kepp 2015
Eigene Darstellung

Zu den alkoholbezogenen Störungen zählen sowohl Missbrauch als auch Abhängigkeitsstörungen. Im Jahr 2017 zeigten bei den 18- bis 64-Jährigen 5,9 Prozent der Allgemeinbevölkerung eine der beiden Diagnosen. Dabei waren Männer sehr viel stärker betroffen (8,5 Prozent) als Frauen (3,2 Prozent) (▶ Tab. 5; Atzendorf et al. 2019: 582; Rummel et al. 2020:16). Im Zeitverlauf zeigt sich keine Abnahme in der Verbreitung alkoholbezogener Störungen in der Bevölkerung in Deutschland.

Tab. 6: Trends alkoholbezogener Störungen nach DSM-IV bei Erwachsenen im Alter von 18 bis 64 Jahren (12-Monats-Prävalenzen) in Prozent

	Gesamt			Männer			Frauen		
	2006	2012	2017	2006	2012	2017	2006	2012	2017
Missbrauch oder Abhängigkeit	6,2	6,7	5,9	9,8	9,8	8,5	2,6	3,5	3,2

Daten aus: Lehner und Kepp 2015; Atzendorf et al. 2019: 582; Rummel et al. 2020: 16
Eigene Darstellung

4.3 Illegale Drogen

Wie die nachfolgenden Darstellungen zeigen, ist die Verbreitung des illegalen Drogenkonsums im Vergleich zum Konsum von Alkohol relativ gering. Dabei spielt Cannabis unter den illegalen Drogen von der Verbreitung her die mit Abstand größte Rolle. Vor diesem Hintergrund wird für Cannabis eine differenzierte Darstellung nach sozialen Faktoren vorgenommen.

4.3.1 Konsum illegaler Drogen bei Jugendlichen und Erwachsenen

Laut der Drogenaffinitätsstudie aus dem Jahr 2015 haben 7,5 Prozent der Jugendlichen zwischen 12 und 17 Jahren und 15,8 Prozent der 18- bis 25-Jährigen mindestens einmal in den vergangenen zwölf Monaten eine illegale Droge konsumiert (Orth 2016). Das sind laut dem epidemiologischen Suchtsurvey mehr als bei den Erwachsenen im Jahr 2012 (Orth et al. 2015), jedoch weniger als bei den Erwachsenen im Jahr 2018 (Seitz et al. 2019). Sowohl bei den Jugendlichen als auch bei den Erwachsenen ist der männliche Anteil höher als der weibliche. Meistens wird Cannabis konsumiert. Sowohl bei Jugendlichen als auch bei Erwachsenen liegt die 12-Monats-Prävalenz aller anderen erfassten Substanzen unter einem Prozent. Der Cannabiskonsum hat sich gegenüber den Vorjahren bei Jugendlichen leicht erhöht (Orth und Töppich 2015b). Im aktuellen epidemiologischen Suchtsurvey 2018 werden im Gegensatz zu den Vorjahren Heroin und andere Opiate sowie Kokain und Crack zusammengefasst (Seitz et al. 2019: 4; ▶ Tab. 7).

Analog zum Alkoholkonsum (s. o.) hat die BZgA ebenfalls untersucht, inwieweit der Cannabiskonsum bei Jugendlichen durch den sozialen Status und durch einen Migrationshintergrund beeinflusst wird (Orth 2016). Dabei wurde festgestellt, dass es unter den Schülern und Schülerinnen der Sekundarstufe I, also zwischen Gymnasiasten, Gesamt-, Real- oder Hauptschülern und -schülerinnen kaum Unterschiede im Cannabiskonsum gibt. Auch unterscheiden sich die Schüler und Schü-

4 Die Verbreitung von Alkohol, Drogen, Glücksspielsucht und Internetabhängigkeit

Tab. 7: 12-Monats-Prävalenz des Konsums verschiedener illegaler Drogen bei Jugendlichen von 12 bis 17 Jahren und bei Erwachsenen von 18 bis 64 Jahren, Angaben in Prozent

	Drogenaffinitätsstudie 2015 (12 bis 17 Jahre)			Drogenaffinitätsstudie 2015 (18 bis 25 Jahre)			Epidemiologischer Suchtsurvey 2012 (18 bis 64 Jahre)			Epidemiologischer Suchtsurvey 2018 (18 bis 64 Jahre)		
	gesamt	männlich	weiblich	gesamt	männlich	weiblich	gesamt	männlich	weiblich	gesamt	männlich	weiblich
irgendeine illegale Droge	7,5	8,4	6,5	15,8	21,2	10,1	4,9	6,4	3,3	8,3	10,2	6,4
Cannabis	7,3	8,1	6,3	15,3	20,6	9,7	4,5	6,0	3,0	7,1	8,9	5,3
andere Drogen als Cannabis	1,2	1,3	1,1	3,5	4,7	2,3	Nicht erhoben			Nicht erhoben		
Amphetamine	0,3	0,5	0,0	2,0	2,5	1,5	0,7	1,2	0,3	1,2	1,5	0,9
Ecstasy	0,5	0,6	0,5	2,2	3,1	1,1	0,4	9,7	0,1	1,1	1,2	1,0
LSD	0,2	0,2	0,1	0,9	1,5	0,1	0,3	0,5	0,1	0,3	0,5	0,1
Heroin	0,0	0,0	0,0	0,0	0,0	0,0	0,2	0,3	0,1	0,4	0,5	0,4
andere Opiate	Nicht erhoben						0,3	0,4	0,3			
Kokain	0,3	0,1	0,6	1,2	1,8	0,5	0,8	1,3	0,3	1,1	1,4	0,8
Crack	0,0	0,0	0,0	0,0	0,0	0,0	0,1	0,2	0,0			
Schnüffelstoffe/Inhalanzien	0,0	0,0	0,1	0,5	0,8	0,2	0,3	0,5	0,2	0,2	0,4	0,0
Pilze	Nicht erhoben						0,3	0,5	0,1	0,4	0,6	0,2

Tab. 7: 12-Monats-Prävalenz des Konsums verschiedener illegaler Drogen bei Jugendlichen von 12 bis 17 Jahren und bei Erwachsenen von 18 bis 64 Jahren, Angaben in Prozent – Fortsetzung

	Drogenaffinitätsstudie 2015 (12 bis 17 Jahre)			Drogenaffinitätsstudie 2015 (18 bis 25 Jahre)			Epidemiologischer Suchtsurvey 2012 (18 bis 64 Jahre)			Epidemiologischer Suchtsurvey 2018 (18 bis 64 Jahre)		
	gesamt	männlich	weiblich	gesamt	männlich	weiblich	gesamt	männlich	weiblich	gesamt	männlich	weiblich
neue psychoaktive Substanzen	0,2	0,1	0,2	1,4	2,5	0,3	0,2	0,3	0,0	0,9	1,1	0,8

Daten aus: Orth et al. 2015; Orth 2016: 60; Seitz et al. 2019: 4/Eigene Darstellung

lerinnen mit Migrationshintergrund in dieser Hinsicht nicht von denen ohne Migrationshintergrund.

Unter den älteren Jugendlichen außerhalb der Sekundarstufe I zeigt sich ein etwas anderes Bild: Hier bilden mit 45,5 Prozent die arbeitslosen Jugendlichen die Gruppe mit der höchsten Lebenszeitprävalenz für Cannabiskonsum – gegenüber 32,2 Prozent unter den Gymnasiasten. Auch in der 12-Monats-Prävalenz zeigt sich derselbe Trend mit einer Prävalenz von 24,5 Prozent bei arbeitslosen Jugendlichen gegenüber 21,9 Prozent bei den Gymnasiasten. Ebenfalls finden sich in Hinblick auf den Migrationshintergrund in dieser Gruppe Unterschiede: Unter den Befragten, die selbst oder deren Eltern aus einem westeuropäischen Ausland stammen, haben mit 45,8 Prozent mehr Erfahrung mit dem Konsum illegaler Drogen als die Vergleichsgruppe ohne Migrationshintergrund. Die geringste Verbreitung findet der Konsum illegaler Drogen (Lebenszeit- und 12-Monats-Prävalenz) in der Gruppe mit dem Migrationshintergrund »Türkei/Asien« mit 18,8 bzw. 5,5 Prozent.

4.3.2 Klinisch relevanter illegaler Drogenkonsum bei Erwachsenen

Der epidemiologische Suchtsurvey 2018 (Seitz et al. 2019) hat mittels Screening-Verfahren *klinisch relevante Konsummuster* bei Cannabis, Kokain und Amphetamin/Methamphetamin in der Allgemeinbevölkerung zwischen 18 und 64 Jahren untersucht.

Der größte Teil der klinisch relevanten Konsummuster im Bereich illegaler Drogen geht auf Cannabis zurück. Nach Schätzungen des epidemiologischen Suchtsurveys 2018 liegt für 1,2 Prozent der Gesamtbevölkerung zwischen 18 und 64 Jahren klinisch relevantes Konsumverhalten von Cannabis vor. Mit 1,7 Prozent sind Männer häufiger als Frauen (0,7 Prozent) betroffen. Bei 21- bis 24-Jährigen ist der klinisch relevante Cannabiskonsum mit 4,3 Prozent am weitesten verbreitet.

Im Vergleich zu Cannabis ist der geschätzte Anteil von Personen mit klinisch relevantem Kokainkonsum (0,2 Prozent) und Amphetamin/Methamphetaminkonsum (0,3 Prozent) und bezogen auf die 18- bis 64-jährige Allgemeinbevölkerung sehr viel geringer. Geschlechtsunterschiede weisen auf eine höhere Verbreitung des klinisch relevanten Kokainkonsums unter Männern (0,3 Prozent) im Vergleich zu Frauen hin (unter 0,1 Prozent). Bei Amphetamin/Methamphetaminen ist der Frauenanteil (0,3 Prozent) hingegen gleich wie der Anteil der Männer (0,3 Prozent). Mit zunehmendem Alter nimmt die Prävalenz von Kokain- und Amphetaminabhängigkeit in der Bevölkerung deutlich ab.

4.4 Glücksspielsucht

Wie ein problematisches Glücksspielverhalten nosologisch einzuordnen ist, das heißt, ob es sich hier um eine Suchterkrankung handelt oder nicht, darüber herrscht bis heute keine Einigkeit.

Die Autoren des ICD-10 (Dilling et al. 2015) vertreten die Auffassung, dass das Störungsbild »*pathologisches Spielen*« in die Gruppe der Impulskontrollstörung (zusammen u. a. mit der Kleptomanie und Pyromanie) einzuordnen und dementsprechend nicht als Abhängigkeitserkrankung zu verstehen ist. Mit der fünften Edition des Diagnostic and Statistical Manual of Mental Disorders (DSM-5) aus dem Jahr 2013 wurde demgegenüber aber die »*Störung durch Glücksspielen*« und damit die erste »stoffungebundene« Abhängigkeitserkrankung erstmalig in die »Familie« der Suchterkrankungen aufgenommen (Falkai und Wittchen 2015). Deren diagnostische Kriterien gleichen denen der Alkoholabhängigkeit. Diese Uneinigkeit hat zur Folge, dass in der Literatur manchmal von »Störung durch Glücksspiel« und manchmal von »pathologischem Spielen« gesprochen wird – je nachdem welches diagnostische System zugrunde liegt (▶ Kap. 11).

Ungeachtet dessen werden in Deutschland seit einigen Jahren epidemiologische Studien zum Glücksspielverhalten mittels des internationalen Screening-Instruments South Oaks Gambling Screen (SOGS) durchgeführt. Auf dieser Basis werden zum einen Aussagen zur Verbreitung des *pathologischen Glücksspielverhaltens* und zum anderen im Sinne einer vorklinischen Belastung bei geringerer Punktzahl im Screeningtest Aussagen zur Verbreitung des *problematischen Glücksspielverhaltens* getroffen.

Im Jahr 2019 lag die Quote des problematischen Glücksspielverhaltens in der 16- bis 70-jährigen Bevölkerung bei 0,39 Prozent, mit sehr deutlichen geschlechtsspezifischen Unterschieden (männlich: 0,68 Prozent, weiblich: 0,10 Prozent). Ein wahrscheinlich pathologisches Glücksspielverhalten fand sich bei insgesamt 0,34 Prozent der Befragten, ebenfalls mit ausgeprägten Geschlechtsunterschieden (männlich: 0,60 Prozent, weiblich: 0,08 Prozent). Problematisches oder pathologisches Glücksspiel wird am häufigsten bei Männern (1,28 Prozent) beobachtet. Befragte mit mindestens problematischem Spielverhalten präferieren Geldspielautomaten, Glücksspielangebote in der Spielbank und im Internet, zudem Sportwetten. Als Risikofaktoren für problematisches oder pathologisches Glücksspielverhalten gelten ein Lebensalter unter 25 Jahren, männliches Geschlecht, niedriger Bildungsstatus und ein Migrationshintergrund (Banz 2019).

4.5 Internetabhängigkeit

Das Glücksspielen ist derzeit die einzige Störung ohne Substanzbezug, die im DSM-5 den Abhängigkeitserkrankungen zugeordnet wird. Jedoch erfährt auch ein zwanghaftes, nicht willentlich kontrollierbares Spielen von Internetspielen als ein neues Phänomen zunehmende Bedeutung in der Forschung und in der Entwicklung von Behandlungskonzepten (Falkai und Wittchen 2015: 1089): Die Arbeitsgruppe des DSM-5 hat Vorschläge zur Diagnostik der »Störung durch Spielen von Internetspielen« entwickelt, die sich eng an den diagnostischen Kriterien der bereits beschriebenen Suchtstörungen orientieren und empfehlen weitere Forschungen (ebenda). Auf dieser Grundlage bzw. diesem derzeitigen Entwicklungsstand wird mit dem Begriff der *Internetabhängigkeit* in der Forschung operiert. Desgleichen wird das Thema in einer zunehmenden Zahl von Suchthilfeeinrichtungen aufgenommen und bearbeitet. Im kommenden ICD-11 ist das »pathologische Spielen« als eine verhaltensbezogene Sucht aufgenommen.

In den Jahren 2010 und 2011 wurden erstmalig in Deutschland repräsentative Daten zur Verbreitung der Internetabhängigkeit in Deutschland für Jugendliche und junge Erwachsene erhoben und ausgewertet (Rumpf et al. 2011). Die Ergebnisse zeigen eine geschätzte Prävalenz für das Vorliegen einer Internetabhängigkeit von 1,5 Prozent (Frauen: 1,3 Prozent, Männer: 1,7 Prozent).

In der Altersgruppe der 14- bis 24-Jährigen ist die Prävalenz deutlich erhöht, sie steigt auf 2,4 Prozent an. Bei Betrachtung nur der 14- bis 16-Jährigen finden sich 4,0 Prozent Internetabhängige (Frauen: 4,9 Prozent, Männer: 3,1 Prozent). Die auffälligen Mädchen und Frauen (14–24 Jahre) nutzen vorwiegend Soziale Netzwerke im Internet und eher selten Onlinespiele (7,2 Prozent). Die jungen Männer nutzen ebenfalls, aber in geringerer Ausprägung, Soziale Netzwerke (64,8 Prozent), aber häufiger Onlinespiele (33,6 Prozent). Bei Betrachtung der Altersgruppen und der Verteilung innerhalb der Geschlechter ist auffällig, dass in den jungen Altersgruppen die Prävalenzraten der Mädchen die der Jungen übersteigt. Verglichen mit früheren Befunden war dies nicht erwartbar (Rumpf et al. 2011).

4.6 Zusammenfassung

In Deutschland werden die Verbreitung des Konsums und die Entwicklung von Abhängigkeit seit Jahren in repräsentativen Bevölkerungsumfragen untersucht, so dass hier umfassende und belastbare Informationen vorliegen. Es zeigen sich bei fast allen hier dargestellten Substanzen bzw. Suchtformen starke geschlechtsspezifische Unterschiede, die auf eine besondere Vulnerabilität von Jungen und Männern weisen. Alkohol ist die am stärksten verbreitete Droge in Deutschland. Tendenziell ist eine Abnahme der riskanten Konsumformen bei Alkohol zu beobachten, während der Cannabiskonsum an Bedeutung gewinnt. Eine Verteilung der Risiken entlang sozialer Parameter wird bei einzelnen Indikatoren beobachtet. Eine Diskussion dieser Befunde und mit Ergänzung weiterer Daten findet in den entsprechenden Kapiteln (▶ Kap. 6; ▶ Kap. 7; ▶ Kap. 5) statt.

Weiterführende Literatur

Deutsche Hauptstelle für Suchtfragen (Hg.), 2022, *DHS Jahrbuch Sucht 2022*, Pabst Science Publishers, Lengerich.

5 Soziale Ungleichheit und Sucht

> ☞ **Was Sie in diesem Kapitel lernen können**
>
> In diesem Kapitel lernen Sie die empirischen Zusammenhänge zwischen sozio-ökonomischen Faktoren wie Einkommen, Bildung und Erwerbsstatus und Substanzkonsum und Sucht kennen. Sie erfahren, dass es einen starken Zusammenhang zwischen sozio-ökonomische Faktoren und Sucht gibt und Sie werden vertraut gemacht mit den Erklärungen zu diesen Zusammenhängen. Abschließend wird aufgezeigt, welche Schlussfolgerungen sich für eine sozial und gesundheitlich gerechte Gestaltung von Prävention, Beratung, Begleitung und Behandlung hieraus ableiten lassen.

5.1 Einleitung: Soziale Ungleichheit und Gesundheit

Das Konzept der sozial bedingten Ungleichheit von Gesundheitschancen beschreibt den Zusammenhang zwischen sozialen Merkmalen und gesundheitlichen Unterschieden. Dabei bezieht sich der Begriff »soziale Ungleichheit« in der Regel auf Unterschiede nach den Merkmalen des sozialen Status (Bildung, berufliche Stellung, Einkommen). In den vergangenen Jahren wurde in Deutschland häufig nachgewiesen, dass eine geringe Bildung, eine niedrige berufliche Stellung und ein geringes Einkommen häufig und überzufällig mit einem besonders schlechten Gesundheitszustand verbunden sind. Die empirischen Analysen zeigen bei den meisten gesundheitlichen Risiken (z. B. Rauchen, Übergewicht, Lärm und Luftverschmutzung in der Wohnung) eine besonders hohe Belastung in den unteren Statusgruppen. Gesundheitliche Ressourcen (z. B. soziale Unterstützung) sind in dieser Gruppe zudem häufig besonders schwach ausgeprägt. Darüber hinaus lassen sich oftmals auch Hinweise auf eine Benachteiligung der unteren Statusgruppen bei der gesundheitlichen Versorgung finden (Lampert et al. 2016; Mielck und Helmert 2016: 493).

Der empirische Zusammenhang zwischen Sozialstatus und Gesundheit ist aber nicht einfach zu erklären. Im Allgemeinen drehen sich die diesbezüglichen Diskurse um zwei grundlegende Hypothesen: 1) Der sozio-ökonomische Status macht krank bzw. erhält gesund und 2) Der Gesundheitszustand beeinflusst den sozio-ökonomischen Status (▶ Abb. 3).

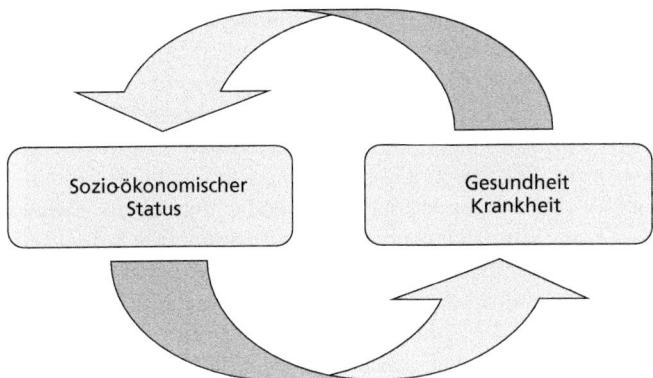

Abb. 3: Sozio-ökonomischer Status und Gesundheit/Krankheit (eigene Darstellung)

Zurzeit fehlt noch ein allgemeines theoretisches Modell, das die komplexen und wechselseitigen Beziehungen zwischen den beiden Modellen sinnvoll integriert (Mielck und Helmert 2016: 506). Auf den aktuellen Wissensstand in Bezug auf das Verhältnis zwischen sozio-ökonomischem Status und riskantem Konsumverhalten bzw. Suchtentwicklung wird weiter unten eingegangen.

Die Lebenslagen von Menschen konstituieren sich aber nicht nur aus der eben beschriebenen *vertikalen sozialen Ungleichheit*. Ebenfalls relevant für Gesundheit und Krankheit sind die sogenannten *horizontalen Merkmale* (wie z. B. Alter, Geschlecht, Familienstand, Nationalität, Migrationshintergrund). Um besonders belastete Bevölkerungsgruppen möglichst genau beschreiben zu können, müssten die vertikalen Merkmale mit den horizontalen Merkmalen kombiniert werden (Mielck und Helmert 2016: 495). Da dies im Rahmen dieses Buches aber nicht leistbar ist, werden in diesem Kapitel die Zusammenhänge im Kontext der vertikalen Ungleichheit thematisiert, während den für Suchterkrankungen wichtigen horizontalen Merkmalen Migration und Geschlecht jeweils eigene Kapitel gewidmet sind.

Kenntnisse über mögliche Zusammenhänge der Parameter zu sozialer Ungleichheit und riskanten Konsummustern und Suchtentwicklung sind von großer Bedeutung, da hieraus Hinweise und Anknüpfungspunkte sowohl für die Prävention als auch für die Beratung, Begleitung und Behandlung von Suchterkrankungen abgeleitet werden können. In diesem Abschnitt wird soziale Ungleichheit durch die Merkmale formaler Bildungsstand, Arbeitslosigkeit und Armut beschrieben.

5.2 Bildung und Sucht

Zusammenhänge zwischen Bildung und Sucht stellen sich bei genauerer Betrachtung als äußerst komplex dar: Es können Zusammenhänge zwischen Bildung und Konsumverhalten, riskanten Konsumformen, Suchtentstehung, Behandlungserfolg und Rückfallrisiko untersucht werden und zudem können diese Zusammenhänge nach einzelnen Substanzen bzw. Suchtformen ausdifferenziert werden. Desgleichen kann das Konstrukt ›Bildung‹ unterschiedlich operationalisiert werden.

Bislang gibt es kaum Studien, die umfassend untersuchen, inwieweit Bildung einen Risiko- bzw. Schutzfaktor bei der Entstehung von Substanzabhängigkeit darstellt und welchen Einfluss der Bildungsstand auf den Verlauf einer Suchterkrankung und hinsichtlich eines Behandlungserfolges und Rückfallrisikos hat. Die bislang vorliegenden und hier kurz vorgestellten Einzelstudien weisen aber alle in eine gemeinsame Richtung: Je höher der formale Bildungsgrad eines Menschen ist, desto unwahrscheinlicher ist es, dass sich eine Suchterkrankung entwickelt und desto besser sind die Rehabilitationschancen bei einer vorhandenen Suchtstörung (Brand et al. 2015).

In der Drogenaffinitätsstudie der Bundeszentrale für gesundheitliche Aufklärung (BZgA) wurde festgestellt, dass Hauptschüler und -schülerinnen signifikant häufiger Rauschtrinken praktizieren als Gymnasiasten und Gymnasiastinnen (Orth und Töppich 2015a; ► Kap. 4). Die Ergebnisse dieser Studie stehen in Übereinstimmung mit der Untersuchung von Richter und Hurrelmann (2004), die feststellten, dass vor allem riskanter Konsum und Hochkonsum des Alkohols stärker mit einem geringeren Bildungsniveau assoziiert sind, während höhere Bildung zwar mit regelmäßigem, aber moderatem Konsum korreliert.

Bildung scheint jedoch nicht nur mit Substanzkonsum im Allgemeinen in einem engen Zusammenhang zu stehen, sondern auch mit der Art der konsumierten Substanz, dem Behandlungserfolg und dem Rückfallrisiko. Es gibt Hinweise darauf, dass Personen mit niedriger formaler Bildung stärker zur Entwicklung von Störungen aufgrund des Konsums illegaler Substanzen neigen und dass der Bildungsstand unmittelbare Auswirkungen auf den Behandlungserfolg und das Rückfallrisiko hat: Eine Untersuchung unter den Klienten und Klientinnen der ambulanten und stationären Suchthilfe in Deutschland zeigte, dass diese im Vergleich zur Allgemeinbevölkerung einen niedrigeren Bildungsstand aufweisen. Innerhalb der Klientinnen und Klienten waren bei Personen mit höherem Bildungsgrad häufiger Hauptdiagnosen im Bereich legaler Substanzen zu finden. Ein hohes Bildungsniveau ist zudem mit besseren Behandlungsergebnissen und geringeren Behandlungsabbrüchen verbunden (Brand et al. 2015).

Zusammengefasst sprechen die vorliegenden Befunde für einen *negativen Zusammenhang zwischen formalem Bildungsniveau und Substanzabhängigkeit.*

5.3 Armut und Sucht

Deutschland gehört zu den reichsten Ländern der Erde und trotzdem beträgt die Armutsquote 16,2 Prozent. Das bedeutet, dass rein rechnerisch 13,8 Millionen Deutsche arm sind. Als arm gelten alle Personen, die in Haushalten leben, die weniger als 60 Prozent des mittleren Einkommens aller Haushalte erzielen. Dieses lag im Jahr 2021 bei einem Paar ohne Kinder bei 1.721 Euro monatlich (Der Paritätische Gesamtverband 2022).

Henkel (2010) beschreibt in einer Überblicksarbeit zusammenfassend die Ergebnisse verschiedener Studien zu den Zusammenhängen von Armut und Tabakkonsum, Armut und Alkoholkonsum und Armut und Konsum von illegalen Drogen. Bei allen Substanzen zeigen sich übereinstimmend Zusammenhänge, die auf eine *enge Verbindung von Armut und Sucht* schließen lassen: So gibt es kontinuierliche Anstiege der Raucherquoten von den Wohlhabenden zu den Armen, die derart ausgeprägt sind, dass sie für den größten Anteil der frühzeitigen Sterblichkeit in der Armutsbevölkerung verantwortlich sind. Beim Alkoholkonsum zeigt sich ein zweigeteiltes Bild: Je niedriger das Einkommen bzw. der sozio-ökonomische Status ist, desto höher ist sowohl der Anteil der suchtkranken Menschen als auch der Anteil der abstinent lebenden Menschen. Dabei werden die Abstinenzdifferenzen nicht nur auf die Einkommensunterschiede zurückgeführt. Die geringen Abstinenzraten in sozio-ökonomisch besser ausgestatteten Bevölkerungsgruppen erklären sich vor allem über sozio-kulturelle Differenzen. Hier kommt die Bedeutsamkeit des Alkohols als geselligkeitsförderndes Genussmittel und als Statussymbol zum Tragen (man kann es sich leisten). Der Konsum illegaler Drogen ist besonders eng mit Armut assoziiert. Menschen, die Arbeitslosengeld II (ALG II) beziehen – und somit in Armut lebende Arbeitslose –, haben in Relation zu Nicht-Arbeitslosen ein dreifach höheres Risiko, Drogen zu konsumieren. In einer weiteren Längsschnittstudie konnte darüber hinaus ein signifikanter Einfluss der sozialen Lage auf die Entwicklung einer Cannabisabhängigkeit nachgewiesen werden.

Prekäre Lebenslagen wie Einkommensarmut sind aber nicht nur Risikofaktoren für den Einstieg in problematische Substanzkonsummuster, sondern ebenfalls relevant beim Ausstieg aus der Sucht. Menschen in diesen Lebenslagen fällt es besonders schwer, ihre Sucht selbst zu überwinden bzw. die nach Behandlung erreichte Alkohol-, Opiat- oder Tabakabstinenz dauerhaft aufrechtzuerhalten. Zudem verschärft der Konsum psychoaktiver Substanzen oft die Armutslage, weil er viel Geld kostet, das dann für die Finanzierung anderer vitaler Dinge (Ernährung, Gesundheit, Bildung) nicht mehr zur Verfügung steht.

Der Zusammenhang zwischen Armut und Sucht ist eng und er zeigt sich in verschärfter Form bei Menschen, bei denen Armut und Verelendung existenzielle Bedrohungen annimmt: In den Drogenszenen der größeren Städte und unter den rund 41.000 Wohnungslosen, die in Deutschland ohne Unterkunft auf der Straße leben (Bundesarbeitsgemeinschaft Wohnungslosenhilfe 2021), weisen 55 Prozent eine Alkoholabhängigkeit auf (Schreiter et al. 2020: 1025 f.). Hier sind in den vergangenen 20 Jahren Verbesserungen erreicht worden, vor allem für Abhängige illegaler Drogen. Der Paradigmenwechsel von der prohibitiv-abstinenzorientierten hin zur akzeptierenden Drogenhilfe – einhergehend mit dem Aufbau niedrigschwelliger Hilfen, die Substitutionstherapien z. B. mit Methadon bis hin zur heroingestützten Behandlung von besonders belasteten Opiatabhängigen einschließen –, konnte hier viele Verbesserungen erreichen (▶ Kap. 8).

5.4 Arbeitslosigkeit und Sucht

Die Arbeitslosenquote in Deutschland beträgt aktuell 5,3 Prozent. Im Jahr 2018 betrug der Jahresdurchschnittswert der Arbeitslosenquote rund 5,2 Prozent und erreichte damit den niedrigsten Wert seit dem Jahr 1991, jedoch konnte im Kontext der Corona-Pandemie im Jahr 2020 ein Anstieg auf 5,9 Prozent verzeichnet werden. Seitdem ist der Jahresdurchschnittswert der Arbeitslosenquote erneut rückläufig (Bundesagentur für Arbeit 2019; Bundesagentur für Arbeit 2022).

Arbeitslose sind im Vergleich zu Erwerbstätigen vermehrt von Gesundheitsproblemen, insbesondere von Schlafstörungen, depressiven Störungen, Angsterkrankungen und Suchtmittelkonsum betroffen. Hinsichtlich der gesundheitlichen Folgen von Arbeitslosigkeit sind Geschlechterdifferenzen dokumentiert, wobei sich bei Männern in der Regel ein engerer Zusammenhang zwischen Arbeitslosigkeit und Gesundheit zeigt als bei Frauen (Robert Koch-Institut 2014: 157).

Die gesundheitsbezogenen Risiken nehmen mit der Dauer der Arbeitslosigkeit, steigendem Alter und sinkendem sozio-ökonomischen Status zu. Verschärft wird die Situation Erwerbsloser – nicht zuletzt aufgrund verminderter finanzieller Mittel – durch geringere Gesundheitsressourcen und ein eher risikoreiches Gesundheitsverhalten (Deutscher Gewerkschaftsbund 2010).

Diese allgemein gesundheitsbezogenen Zusammenhänge zeigen sich auch, wenn lediglich das Risiko einer Suchterkrankung in den Blick genommen wird: Eine Auswertung der Leistungsdaten aller AOK-Versicherten, die in den Jahren 2007 bis 2012 in ambulanter oder stationärer medizinischer Behandlung waren, konnte nachweisen, dass bei den Personen, die ALG II empfangen, im Vergleich zu Kurzzeitarbeitslosen und Erwerbstätigen Suchtprobleme – unabhängig von Alter und Geschlecht – sehr viel verbreiteter sind. Bei insgesamt 10,2 Prozent der ALG-II-Bezieherinnen bzw. -beziehern wurde eine Suchtdiagnose gemäß ICD-10 diagnostiziert. Bei ALG-I-Empfangenden betrug diese Diagnoserate 6,3 Prozent und bei Erwerbstätigen 3,7 Prozent (Henkel und Schröder 2015).

Die erhöhten Risiken von arbeitslosen Menschen bilden sich auch in der Inanspruchnahme von Angeboten der Suchthilfe ab. Fast jeder dritte Klient bzw. jede dritte Klientin (30,5 Prozent im Jahr 2020) in ambulanten Suchthilfeeinrichtungen ist erwerbs- oder arbeitslos. Unter den Klienten und Klientinnen aus stationären Einrichtungen ist es sogar jede/r zweite (49,4 Prozent im Jahr 2020) (Institut für Therapieforschung 2021a; Institut für Therapieforschung 2021b). Das bedeutet eine erhebliche Abnahme im Vergleich zu den Vorjahren, es ist jedoch noch nicht geklärt, ob dies im Kontext der Corona-Pandemie zu sehen ist.

Innerhalb der Suchthilfeklientel weisen Arbeitslose schlechtere psycho-soziale Parameter auf als Klienten, die im Erwerbsleben stehen: Arbeitslose zeigen nach Abschluss einer erfolgreichen Rehabilitationsmaßnahme schlechtere Werte in Bezug auf Lebenszufriedenheit, Coping, Selbstwirksamkeit und Selbstsicherheit im Vergleich zu erwerbstätigen Klienten und Klientinnen. In der Folge ereignen sich Rückfälle bei Erwerbslosen wesentlich häufiger, früher nach dem Behandlungsende und in exzessiveren und gravierenderen Formen als bei Erwerbstätigen (Kipke et al. 2015).

Auch in weiteren, suchtunspezifischen Parametern zeigen arbeitslose Klienten und Klientinnen sehr viel höhere Belastungslagen als Erwerbstätige: Der Anteil der *Alleinlebenden* liegt unter arbeitslosen Klienten und Klientinnen deutlich höher als bei erwerbstätigen Klienten und Klientinnen. Damit fehlen diesen Klienten und Klientinnen eine wichtige Ressource und ein mögliches soziales Korrektiv. Eine *prekäre Wohnsituation* findet sich unter den arbeitslosen Klienten und Klientinnen dreimal häufiger als bei den erwerbstätigen Klienten und Klientinnen. Der Anteil der Klienten und Klientinnen *ohne Hochschul- oder Berufsausbildung* ist unter den arbeitslosen Klienten und Klientinnen fast doppelt so hoch wie unter den erwerbstätigen, was insbesondere bei Klienten und Klientinnen mit einer Hauptdiagnose »illegale Substanzen« der Fall ist. Etwa die Hälfte der arbeitslosen Klienten und Klientinnen (ambulant und stationär) berichtet über *problematische Schulden*, wobei der Großteil weniger als 10.000 Euro Schulden hat (Kipke et al. 2015).

Henkel (2011a) fasst auf der Basis eines internationalen Literaturreviews die Zusammenhänge von Arbeitslosigkeit und Sucht folgendermaßen zusammen:

Zusammenhänge von Arbeitslosigkeit und Sucht

- Riskanter Alkoholkonsum, Alkoholabhängigkeit, Tabakkonsum, der Gebrauch von Medikamenten und von illegalen Drogen ist unter Arbeitslosen stärker verbreitet als unter Erwerbstätigen.
- Chronisches Suchtverhalten führt häufig zum Verlust des Arbeitsplatzes und verringert zugleich die Perspektive auf ein Beschäftigungsverhältnis.
- Arbeitslosigkeit ist ein signifikanter Risikofaktor für die Entwicklung riskanter Konsummuster und Suchterkrankungen. Das schulisch-berufliche Qualifizierungsniveau ist bei einem hohen Anteil Suchtkranker, die sich in Behandlung befinden, gering – was bereits für sich genommen ein bedeutender Risikofaktor für Arbeitslosigkeit ist.
- Substanzabhängige, die nach der Suchtbehandlung arbeitslos bleiben, sind sehr viel stärker als Erwerbstätige gefährdet, rückfällig zu werden (Henkel 2011a).

5.5 Diskussion und Schlussfolgerungen für Prävention, Beratung, Begleitung und Behandlung

In den vorausgegangenen Abschnitten wurden die bislang bekannten empirischen Zusammenhänge von Bildung und Sucht, von Armut und Sucht sowie von Arbeitslosigkeit und Sucht dargestellt. Zusammenfassend zeigt sich eindrücklich, dass riskante Konsummuster und Suchtrisiken mit den zur Verfügung bzw. nicht zur Verfügung stehenden Ressourcen in allen diesen drei Bereichen eng korrelieren. Dabei muss auch von sich gegenseitig verstärkenden Wechselwirkungen und Dynamiken ausgegangen werden: So hat z. B. Bildung Einfluss auf den Erwerbsstatus eines Menschen und damit indirekt auf eine Suchtentwicklung. Bildung ist darüber hinaus aber auch direkt und unabhängig vom Erwerbsstatus mit Suchtrisiken verbunden.

Die Zusammenhänge zwischen Bildung und Sucht, Armut und Sucht, Arbeitslosigkeit und Sucht betten sich ein in ein äquivalentes Bild in Hinblick auf die Zusammenhänge von Bildung und Gesundheit, Armut und Gesundheit, Arbeitslosigkeit und Gesundheit, wobei eine Ausnahme beobachtet werden konnte: Abstinenzraten finden sich auch zu einem relativ hohen Anteil bei einkommensschwachen Menschen.

Doch auch wenn die empirische Befundlage relativ eindeutig und konsistent ist, so sind die Erklärungen für diese Zusammenhänge durchaus unterschiedlich.

Das generell niedrigere Bildungsniveau von Personen in Suchthilfeeinrichtungen – im Vergleich zur Allgemeinbevölkerung – und auch die Bildungsunterschiede innerhalb der Hauptdiagnosegruppen wird erklärt über ein allgemeines, mit *steigendem Bildungsniveau höheres Gesundheitsbewusstsein*, das einen protektiven Faktor für den Umgang mit Substanzen darstellt (Brand et al. 2015). Damit wird angenommen, dass Menschen mit einem niedrigeren Bildungsniveau generell einem höheren Risiko des Substanzmissbrauchs und der Substanzabhängigkeit ausgesetzt sind. Ein anderer Erklärungsansatz geht dahin, dass Unterschiede im Inanspruchnahmeverhalten die gefundenen Unterschiede im Bildungsniveau erklären. Dann würden Personen mit einem höheren Bildungsstand aufgrund einer besseren Problemeinsicht und/oder einem unterstützenden Umfeld und/oder einer stärkeren Angst vor Stigmatisierung an anderen Stellen (z. B. ärztliche oder psychotherapeutische Behandlung) Hilfe suchen und von daher im Suchthilfesystem unterrepräsentiert sein. Eine Repräsentativerhebung zur Bekanntheit und Inanspruchnahme der ambulanten Suchthilfe in Hessen wies jedoch darauf hin, dass die Schulbildung keine Auswirkungen auf die Inanspruchnahme der Suchthilfe hat. Es zeigte sich sogar eine zunehmende Akzeptanz von Suchthilfeeinrichtungen mit steigendem Schulniveau (ebenda).

Die hohen Raucherquoten bei Menschen aus unteren Einkommensschichten finden sich bereits bei Kindern und Jugendlichen. Als wesentliche Gründe werden hier armutsbedingte Beeinträchtigungen bei der Bewältigung jugendtypischer Entwicklungsaufgaben gesehen und die »soziale Vererbung« des Rauchens in Familien. Von Armut betroffene Kinder haben mit Abstand am häufigsten rauchende Eltern (Henkel 2010).

Für die stärkere Verbreitung der *Alkoholabhängigkeit in den unteren Einkommensschichten* werden im Wesentlichen zwei Erklärungen vorgeschlagen: Zum einen entwickeln sich psycho-soziale Probleme in Folge der Armut, die die Herausbildung problematischer Alkoholkonsummuster begünstigen (z. B. Selbstwertverletzungen, Gefühle des Ausgegrenztseins, finanzieller Stress, familiäre Konflikte) und zum anderen finden selektive Effekte statt, die darin bestehen, dass Suchtkranke durch Arbeitsplatzverlust, Haftstrafen, Verschuldung u.a.m. überproportional häufig in Armut geraten (Henkel 2010).

Die *gesundheitlichen Nachteile von Arbeitslosen* werden häufig ebenfalls an psychosozialen Belastungen in Folge der Arbeitslosigkeit festgemacht. Hier werden der damit verbundene Einkommensverlust, der mit deutlich verringerten Handlungs- und Entscheidungsmöglichkeiten einhergeht, der Verlust arbeitsplatzgebundener Zeitstrukturen und beruflicher Funktionen, der Verlust sozialer Kontakte und Netzwerke und der Verlust von sozialem Prestige genannt. Diese Belastungslagen werden durch eine mögliche Stigmatisierung der Arbeitslosigkeit weiter verstärkt. Arbeitslosigkeit und bereits die Bedrohung der Arbeitsplatzsicherheit können daher als Stress auslösende Lebensereignisse angesehen werden (Robert Koch-Institut 2014: 157).

Zusammenfassend zeigt sich, dass Substanzkonsum und Suchtentwicklung durch die sozio-ökonomische Lage der Konsumenten und Konsumentinnen stark geprägt sind. Die Zusammenhänge vermitteln sich vermutlich über ein geringeres Gesundheitsbewusstsein, im Kontext der Bewältigung von jugendtypischen Entwicklungsaufgaben und im Zusammenhang der Bewältigung von Problemen und Stress, die oftmals mit Armut und Arbeitslosigkeit einhergehen (▶ Kap. 2). Zugleich wirkt sich Sucht auch negativ verstärkend auf die sozio-ökonomische Lage aus, so dass hier von sich gegenseitig verstärkenden Wechselwirkungsprozessen gesprochen werden kann.

Barsch (2007: 219) verweist in diesem Kontext darauf, dass bei Substanzkonsum und Suchtentwicklung nicht nur materiell und finanziell limitierte Zugangsmöglichkeiten wirksam sind, sondern dass der Konsum psychoaktiver Substanzen sich auch immer über *kulturelle Normen* vermittelt:

> »In den Blick zu nehmen sind auch die kulturellen Codes, die als feines Geflecht von Leitlinien und Tabus auch die Vorstellungen von Begehrlichkeiten reglementieren und auf diese Weise in den sozialen Bezügen Klarheit und Orientierung darüber schaffen, was erwünscht und zu tun ist, mit welchen Verhaltensmustern man in bestimmte soziale Milieus integriert wird und welche Verhaltensstile über kurz oder lang zum Ausschluss führen. Auch über Drogenkonsum werden Gemeinschaften hergestellt und gefestigt und gleichzeitig soziale Distinktionen geschaffen: Zwischen Armen und Reichen, zwischen Herrschenden und dem Volk, zwischen Regionen, zwischen Religionen, Altersgruppen, Subkulturen, Geschlechtern. In dem, was mit wem an Drogen konsumiert wird, finden soziale Ordnungen und Zugehörigkeiten ihren konkreten, leibhaftigen und sinnlich erfahrbaren Ausdruck. Verhaltensritualisierungen des Konsums psychoaktiver Substanzen erzeugen und reproduzieren soziale Gruppengefüge.«

Von daher sind schlussfolgernd für die Konzeptualisierung und Gestaltung von Prävention, Beratung, Begleitung und Behandlung nicht nur die eben diskutierten sozio-ökonomischen Faktoren in den Blick zu nehmen, sondern auch die kulturellen Aufladungen des Gebrauchs psychoaktiver Substanzen. Diese spielen eine wirkmächtige Rolle in den subjektiven Wahrnehmungen und Handlungen der Konsumenten und Konsumentinnen und wurden von Thiersch als subjektive Deutungs- und Handlungsmuster beschrieben (▶ Kap. 2). Der Erfolg von Prävention, Beratung, Begleitung und Behandlung wird auch immer davon abhängig sein, inwieweit diese Angebote sich als anschlussfähig an die subjektiven Deutungs- und Handlungsmuster von Menschen zeigen.

Die dargestellten Ergebnisse machen deutlich, wie wichtig es ist, zu wissen, welche Gruppen von Menschen besonderen Belastungen ausgesetzt sind, um die spezifischen Bedarfe der jeweiligen Zielgruppen zu kennen. Es zeigt sich, dass bislang die Menschen, die durch schlechteren Bildungsstand, Armut und Arbeitslosigkeit besonderen Belastungen in unserer Gesellschaft ausgesetzt sind, auch ein höheres Suchtrisiko tragen und von Prävention und den Angeboten der Suchthilfe in Beratung, Begleitung und Behandlung weniger profitieren können.

Eine gelingende Suchtprävention setzt aber unabdingbar voraus, dass die bekannten Risikogruppen gut erreicht werden. Das bedeutet im vorliegenden Fall, dass Präventionsmaßnahmen in den Institutionen angeboten werden, zu denen die betreffenden Menschen ohnehin häufig Kontakt haben, damit der Zugang möglichst *niedrigschwellig* erfolgt. Dieses Kriterium erfüllen die Schulen – und hier insbesondere Hauptschulen und berufsvorbereitende Klassen etc. – aufgrund ihres hohen Anteils an Risikogruppen: den von niedriger formaler Bildung, von Armut und Arbeitslosigkeit betroffenen oder bedrohten Kindern und Jugendlichen (Brand et al. 2015; Henkel 2010). Neben den bekannten Anforderungen an eine zeitgemäße und effektive Suchtprävention (▶ Kap. 9) unterstreichen die vorliegenden Befunde die Notwendigkeit von Maßnahmen, die gerade bei Menschen mit geringerem formalen Bildungsniveau über die Wirkmechanismen und Risikofaktoren des Substanzkonsums aufklären und die dazu beitragen können, die Risikowahrnehmung zu erhöhen und damit das Risiko für Substanzkonsum und -abhängigkeit zu vermindern (Brand et al. 2015).

Diese Anforderungen können aber nur dann wirksam umgesetzt werden, wenn sie von einer *entsprechenden Präventionspolitik* getragen und gefördert werden, die der sozialen Ungleichheit in der Verteilung der Suchtproblematik Rechnung trägt. Präventive Maßnahmen müssen von daher in ihrer Schwerpunktsetzung den sozialen Gradienten in der Verbreitung der Suchtprobleme entsprechen, das heißt verstärkt auf die benachteiligten Bevölkerungsgruppen ausgerichtet sein und sich daran messen lassen, inwieweit sie tatsächlich zu einer Verringerung der sozialen Ungleichheit in der Suchtproblematik beitragen (Henkel 2010).

Auch für die Arbeitsfelder von Beratung, Begleitung und Behandlung gilt für einen verbesserten Zugang und für eine verbesserte Erreichbarkeit das Prinzip der *Niedrigschwelligkeit*, das heißt das Erfordernis, bereits Erkrankte möglichst frühzeitig an den Orten zu erreichen, an denen sie sich aufhalten.

Hierbei geraten zunächst die Institutionen der medizinischen Erstversorgung (Allgemeinkrankenhäuser, Arztpraxen) in den Blick, da von Armut betroffene Menschen in Folge ihrer häufigeren Betroffenheit von Krankheiten überproportional diese Einrichtungen in Anspruch nehmen. Henkel und Schröder (2015) schlagen demzufolge vor, dort flächendeckend Angebote in Form von Früherkennung, Aufklärung, Beratung und Kurzintervention zu implementieren, die sich in entsprechenden Modellprojekten bereits als effizient erwiesen haben. Dies gilt ebenfalls für die beiden Hauptkontaktstellen für Menschen, die von Armut und Arbeitslosigkeit betroffen sind: die Arbeitsagenturen und vor allem die für ALG-II-Bezieher und -Bezieherinnen zuständigen Jobcenter. Doch müssten die dazu erforderlichen organisatorischen und konzeptionellen Infrastrukturen erst noch aufgebaut bzw. erheblich verbessert werden (ebenda; ▶ Kap. 8).

Darüber hinaus scheint es dringend erforderlich, die Behandlung und hier insbesondere die *Rückfallprävention von suchtkranken Menschen*, die von niedriger formaler Bildung, von Armut und Arbeitslosigkeit betroffen sind, zu überdenken bzw. weiter zu entwickeln. Zum einen können spezifische Aufklärungs- und Bildungsangebote sowie Psychoedukation für Klienten und Klientinnen mit niedrigem Bildungsstand zu einer Verbesserung ihrer Situation in der Suchthilfe beitragen, indem sie das Bewusstsein für die Risiken und Folgen des Substanzkonsums stärken (Brand et al. 2015).

Zum anderen und vor allem sollten die *lebensweltlichen Aspekte* in der Behandlung und Nachsorge stärker zum Tragen kommen: Kipke et al. (2015) empfehlen eine beträchtlich intensivere Förderung von aktiven Bewältigungsstrategien während der Rehabilitationsmaßnahmen, zudem verstärkte Freizeitaktivitäten und eine bessere soziale Integration. Darüber hinaus sollten die betroffenen Menschen sehr viel mehr Unterstützung in Nachsorgeeinrichtungen und ggf. in Selbsthilfegruppen erfahren. Diese Maßnahmen sollten speziell für die Klienten und Klientinnen intensiviert werden, die während der Behandlung rückfällig werden, die eine höhere Anzahl von vorangegangenen Entgiftungsbehandlungen hinter sich haben, sowie für langzeitarbeitslose Klienten und Klientinnen.

Des Weiteren sollte der *Reintegration in den Arbeitsmarkt* eine deutlich stärkere Bedeutung während der Rehabilitation zukommen, da diese einen außerordentlich starken protektiven Faktor darstellt. Hierfür sind gut funktionierende Schnittstellen zwischen Arbeitsagentur und Suchtrehabilitation sowie vor allem zwischen Jobcenter, Suchtberatungsstellen, Schuldnerberatungsstellen und Suchthilfesystem erforderlich. Auch Frühinterventionen, die speziell auf das Setting »Schule, Ausbildungsplatz, Berufsberatung« zugeschnitten werden, könnten sich als hilfreich erweisen. Dazu wären intensivere Anstrengungen und Kooperationen von Suchthilfeeinrichtungen, Sozialämtern, Jugendhilfe, Jobcentern und Arbeitsagenturen nötig (Kipke et al. 2015; Henkel und Schröder 2015; ▶ Kap. 8). Dabei ist aber zu berücksichtigen, dass für manche Klienten und Klientinnen der Suchthilfe eine Reintegration in den Arbeitsmarkt eher unwahrscheinlich ist und sich die Rehabilitation dann eher auf die anderen, o. g. Schwerpunkte, konzentrieren sollte.

Alle diese Maßnahmen zielen auf eine Optimierung des Versorgungssystems, vor allem unter der Maßgabe, dass die Menschen, die am stärksten benachteiligt sind, besser erreicht werden, und dass sie die Hilfen erhalten, die ihren tatsächlichen Bedarfen entsprechen. Doch all diese Maßnahmen werden nicht die erwünschten nachhaltigen Effekte zeigen können, wenn sie nicht in eine *entsprechende Sozial-, Arbeitsmarkt- und Bildungspolitik* eingebettet sind, die die Bildungschancen der unteren Einkommensschichten erhöht, die soziale Ausgrenzungen in Arbeitslosigkeit und Armut verhindert bzw. die Menschen wieder aus der Armut herausführt.

Weiterführende Literatur

Henkel, D. (Hg.), 2008, *Arbeitslosigkeit und Sucht: Ein Handbuch für Wissenschaft und Praxis*, Fachhochschulverlag, Frankfurt am Main.
Henkel, D., 2010, Sucht und Armut: Epidemiologische Zusammenhänge und präventive Ansätze, *Public Health Forum*, 18, 67, 35–37.
Kastenbutt, B. (Hg.), 2014, *Soziale Ungleichheit und Sucht: Ursachen, Auswirkungen, Zusammenhänge*, Lit, Berlin.

6 Geschlecht und Sucht

> ☞ **Was Sie in diesem Kapitel lernen können**
>
> In diesem Kapitel lernen Sie die empirischen Zusammenhänge von Geschlecht, Substanzkonsum und Sucht kennen. Es zeigt sich, dass fast alle Parameter des Substanzkonsums und der Suchtentwicklung geschlechtsspezifisch ausgeprägt sind und traditionelle Rollenvorstellungen reflektieren. Angemessene Hilfen, die Mädchen und Jungen, Frauen und Männer tatsächlich erreichen und effektive Unterstützung bieten, müssen deswegen geschlechtsspezifisch ausrichtet sein. Sie erfahren, welche Zugänge und Hilfen für Mädchen und Frauen und welche für Jungen und Männer geeignet sind.

6.1 Einleitung: Gender, Gender Mainstreaming und Sucht

Die Kategorie Gender als *soziale Konstruktion von Weiblichkeit und Männlichkeit* durchdringt unsere Erfahrungs- und Lebenswelten in allen Dimensionen. Gender verweist – im Gegensatz zum biologischen Geschlecht Sex – auf die soziale, gesellschaftliche und kulturelle Konstruktion der Geschlechterrollen und das Verhältnis der Geschlechter zueinander: Das soziale Geschlecht wird erlernt, hergestellt und verändert. Dabei wird Gender zunehmend nicht als starre Verhaltenszuschreibung und -rolle verstanden, sondern der eigene, aktive Anteil an der Herstellung von Geschlechtlichkeit im Alltagshandeln von Menschen betont (Doing Gender).

Geschlechtsspezifische Unterschiede sind nicht nur in sozialen Bereichen wirksam, sondern sie finden sich auch in fast allen Feldern von Gesundheit und Krankheit. Sie betreffen beispielsweise das Körperbewusstsein ebenso wie Krankheitshäufigkeiten, Krankheitsverhalten, Krankheitsausprägungen, Inanspruchnahme von gesundheitlichen Dienstleistungen und die Prognose (Babitsch et al. 2016: 639–657).

Die geschlechtsspezifische Perspektive in der Suchtarbeit wurde von Frauen, beeinflusst durch die Frauenbewegung der 1970er Jahre, eingebracht, die die als begrenzt wahrgenommenen Entwicklungsmöglichkeiten von Frauen in der Beratung und Therapie kritisierten. Anschließende Studien und Untersuchungen fragten danach, wie sich weibliche Suchtentwicklung, weibliche Suchtverläufe und Ausstiegsprozesse darstellen und wie sich diese zu den weiblichen Gender-Schemata verhalten. Dabei zeigte sich, dass neben den biologischen Faktoren insbesondere die durch Geschlechterrollen, durch Geschlechterstereotype und die durch die geschlechtliche Identität geprägten Erfahrungen und Lebenssituationen den Konsum psychoaktiver Substanzen und die Risiken einer Substanzabhängigkeit prägen. Insofern stellen der Gebrauch psychoaktiver Substanzen und mögliche Suchtentwicklungen in all ihren Dimensionen ein geschlechtsgeprägtes Phänomen dar.

Geschlechterdifferenzen umfassen dabei den gesamten Drogenentwicklungsverlauf vom Einstieg bis zum Ausstieg. Vor dem Hintergrund dieser Eindrücke entstanden in den 1980er Jahren neue Einrichtungen und Angebote in der Suchthilfe, die auf verschiedene Weise versuchten, den weiblichen Spezifika gerecht zu werden. Insgesamt entwickelten sich drei Kontexte, die in ihrer grundlegenden Struktur bis heute in der Suchthilfe vorfindbar sind:

1. Bewusste Integration frauenspezifischer Aspekte in traditionellen Frauenkliniken,
2. frauenspezifische Angebote (z. B. Frauengruppen) in Beratungs- und Therapieeinrichtungen für Frauen und Männer,
3. neue, feministisch orientierte Angebote ausschließlich für Frauen (Schwarting 2016: 50 ff).

In den 1990er Jahren entstand das politische Instrument des Gender Mainstreaming, mit dem einige Aspekte der Frauensuchtarbeit nun auch in Form von politischen Leitvorstellungen unterstützt werden. Die Idee des Gender Mainstreaming wurde erstmalig im Jahr 1985 durch die dritte Weltfrauenkonferenz der Vereinten Nationen auf internationaler Ebene verbreitet, ohne dass der Begriff als solcher damals schon verwendet wurde. Gender Mainstreaming verlangt als eine organisationsbezogene Strategie die Berücksichtigung der Ausgangsbedingungen und der Auswirkungen auf die Geschlechter bei allen politischen Entscheidungen aller Ressorts und Organisationen – von der Planung bis zur Überprüfung von Maßnahmen – mit dem Ziel, eine Gleichstellung der Geschlechter

1. auf der Ebene der Nutzer und Nutzerinnen und Betroffenen,
2. auf der Ebene der Leitung und der Mitarbeiter und Mitarbeiterinnen und
3. auf der strukturellen Ebene zu erreichen (Zenker 2005).

Die Gleichstellung der Geschlechter ist im Sinne des Gender Mainstreaming keine zusätzliche Aufgabe, kein Add-on, sondern querschnittlich angelegt. 1995 verpflichteten sich die Vereinten Nationen, 1996 die Europäische Union und 1999 die Bundesregierung, Gender Mainstreaming als Leitprinzip und prozessorientierte Querschnittsaufgabe zu fördern. Im Juni 2003 beschloss das damalige Bundeskabinett den Aktionsplan Drogen und Sucht. Ein Ziel dieser Agenda war u. a. die Umsetzung des Gender Mainstreaming in der Sucht- und Drogenpolitik und -arbeit (ebenda).

6.1 Einleitung: Gender, Gender Mainstreaming und Sucht

Dass auch Männer ein zu untersuchendes soziales Geschlecht haben, das Einfluss auf ihren Umgang mit psychoaktiven Substanzen nimmt bzw. das auch im Kontext des Substanzkonsums hergestellt und zur Darstellung gebracht wird, wurde erst zu Beginn des zweiten Jahrtausends aufgegriffen. Die Thematisierung der Zusammenhänge von »Männer-Rausch-Drogenkonsum-Sucht«, also eine Thematisierung des männlichen Alkohol-/Drogenkonsums im Kontext ihrer sozio-kulturellen Geschlechtskonstruktion mit all ihren Widersprüchen, Belastungen und gesundheitlichen Folgen hatte es bis dato kaum gegeben (Stöver 2009: 15) und entsprechende Forschung und Literatur findet sich nach wie vor nur vereinzelt.

In der jüngeren Vergangenheit mehren sich die Hinweise, dass das Konzept der eindeutigen Geschlechtsschemata sich aufweicht und dass Geschlechtsidentitäten zunehmend an Eindeutigkeit, Geradlinigkeit und Widerspruchsfreiheit verlieren. Eine Angleichung von Mädchen und Frauen an männliche Suchtverhaltensweisen und Suchtentwicklungen kann über viele psychoaktive Substanzen hinweg beobachtet werden, und diese Konvergenz zeigt sich als ein internationaler Trend, dass sich die Geschlechterunterschiede in allen Parametern eher verringern als zunehmen (Degenhardt et al. 2008). Zudem entwickelt sich das dritte Geschlecht zunehmend als feste Kategorie.

Die sogenannte Genderlücke wird zunehmend kleiner und sie ist z. B. an dem zunehmenden Tabak- und Alkoholkonsum junger Mädchen in Deutschland ablesbar, der sich seit einigen Jahren dem der Jungen immer stärker angleicht. Zurückgeführt wird diese Entwicklung auf die veränderten sozialen Rollen von Frauen, deren Lebensentwürfe – und damit Verhaltensweisen – sich denen der Männer stetig annähern (Zenker 2005).

Hat sich damit das Geschlecht als Strukturkategorie erledigt und sind gar die Anforderungen an eine geschlechtersensible oder geschlechtergerechte Suchtarbeit obsolet geworden? Auch wenn sich die geschlechtsbezogenen Differenzen eher verringern als vergrößern, so durchdringt die Kategorie Gender doch nach wie vor jede Dimension der Suchtentwicklung und des Suchtgeschehens, wie nachfolgend aufgezeigt werden wird. Zudem bleiben vermutlich Geschlechterrollen bestimmend für Wahrnehmung und Handeln, auch wenn sich die Inhalte der Rollenvorschriften wandeln und z. B. Aggression auch für Mädchen ein zunehmend legitimiertes Mittel der Interessensdurchsetzung wird. Das Wissen um Geschlechterrollen, Stereotype und Geschlechtsunterschiede ist demnach eine wesentliche Voraussetzung, um Präventions- und Hilfeangebote zielgruppengerecht und -sensibel gestalten zu können und damit nicht nur deren Akzeptanz und Zugänglichkeit, sondern auch deren Wirksamkeit zu erhöhen.

Doch nach wie vor ist die Entwicklung von Genderkompetenz und Gender Mainstreaming im Arbeitsfeld der Suchtkrankenhilfe eine bislang nur teilweise eingelöste Hypothek, wie ebenfalls nachfolgend deutlich werden wird.

Nichtsdestotrotz bietet das Wissen um die tendenzielle Verkleinerung des Gender-Gaps auch die Aufforderung, Verhaltensweisen beider Geschlechter – jenseits von bekannten Stereotopyen und traditionellen Rollenmustern – in den Blick zu nehmen und sich nicht nur auf die vertrauten Muster zu konzentrieren (Vogt 2007: 252).

6.2 Substanzkonsum, Suchtentwicklung und Lebensrealitäten unter genderspezifischer Perspektive

Der Gebrauch von psychoaktiven Substanzen und die Entwicklung von Störungsbildern im Zusammenhang mit dem Substanzkonsum zeigen über alle Substanzen hinweg geschlechtsspezifische Ausprägungen. Ausgehend von empirischen Daten zu geschlechtsbezogenen Unterschieden beleuchtet dieser Abschnitt, welche spezifischen Bedeutungen die Kategorie Gender für den Konsum psychoaktiver Substanzen sowie die damit verbundenen Auswirkungen und Herausforderungen hat. Neben den epidemiologischen Daten zum Konsum von psychoaktiven Substanzen und zu problematischen Konsummustern werden die motivationalen, psycho-sozialen und sozio-kulturellen Hintergründe und Funktionen, die verschiedenen Risiken des Substanzkonsums sowie die Ausstiegsbedingungen geschlechtsbezogen in den Blick genommen. Die vorfindbaren Unterschiede und Gemeinsamkeiten werden im Schlussabschnitt diskutiert.

6.2.1 Konsumerfahrungen und klinisch relevante Konsummuster

Epidemiologische Studien zeigen übereinstimmend, dass nicht nur die Konsumerfahrungen, sondern auch der riskante Konsum und klinisch relevante Konsumformen – mit Ausnahme der Amphetamine und des Medikamentenkonsums – unter Jungen und Männern stärker verbreitet sind als unter Mädchen und Frauen (▶ Kap. 4).

Beim Alkoholkonsum dominieren über alle Parameter hinweg die Männer: 17,0 Prozent der Männer zeigen riskanten Alkoholkonsum (definiert als mehr als 24 Gramm Alkohol pro Tag) gegenüber 13,4 Prozent der Frauen (definiert als mehr als zwölf Gramm Alkohol pro Tag). Dabei trinken Männer mehr Bier und Spirituosen, während Frauen Wein bevorzugen. Die Unterschiede zwischen den Geschlechtern fallen in Hinblick auf das Rauschtrinken (definiert als fünf oder mehr alkoholische Getränke an einem Tag) noch deutlicher aus: Während 22,1 Prozent der Männer im letzten Monat ein oder drei Mal Rauschtrinken und 13,7 Prozent vier Mal oder häufiger Rauschtrinken praktizierten, taten dies lediglich 10,6 bzw. 4,1 Prozent der Frauen. Klinisch relevante Konsummuster im Kontext des Alkoholkonsums weisen 28,3 Prozent der Männer und 9,6 Prozent der Frauen auf (Piontek et al. 2016a).

Im Zusammenhang mit dem Konsum illegaler Drogen ist ebenfalls eine ausgeprägte Dominanz der Männer zu beobachten: Während 1,4 Prozent der Männer aus der Allgemeinbevölkerung einen klinisch relevanten Cannabiskonsum aufweisen, war dies lediglich bei 1,0 Prozent der Frauen der Fall. Klinisch relevanten Kokaingebrauch weisen 0,2 Prozent der männlichen Bevölkerung auf und 0,1 Prozent der weiblichen Bevölkerung. Nur bei den Amphetaminen einschließlich Crystal Meth zeigt sich das entgegengesetzte Bild: Während hier 0,2 Prozent der Männer eine klinisch relevante Diagnose zeigen, war dies bei 0,3 Prozent der Frauen der Fall (Piontek et al. 2016b).

Im Kontext des klinisch relevanten Medikamentengebrauchs dominieren mit 6,0 Prozent unter den Frauen und 4,5 Prozent unter den Männern ebenfalls die Frauen (Piontek et al. 2016c). Essstörungen finden sich ebenfalls sehr viel häufiger bei Frauen als bei Männern (Zenker 2005).

Diese Zusammenhänge können nicht nur bei Erwachsenen, sondern auch schon bei Jugendlichen festgestellt werden. Die aktuelle Drogenaffinitätsstudie der Bundeszentrale für gesundheitlichen Aufklärung belegt deutliche Geschlechtsunterschiede für den Konsum von Alkohol und den Konsum illegaler Substanzen. Wie in der erwachsenen Allgemeinbevölkerung lassen sich für fast alle Indikatoren höhere Werte bei den männlichen Jugendlichen und jungen Erwachsenen beobachten (Orth 2016).

Dabei unterscheiden sich männliche und weibliche Jugendliche im Alter von zwölf bis 17 Jahren im Alkoholkonsum vor allem hinsichtlich der Konsumintensität. Bei männlichen Jugendlichen ist – wie bei den Erwachsenen – neben dem regelmäßigen Konsum das Rauschtrinken weiterverbreitet als bei weiblichen Jugendlichen. Die Geschlechtsunterschiede setzen sich im Erwachsenenalter fort. Junge Männer im Alter von 18 bis 25 Jahren trinken häufiger, mehr gesundheitlich riskante Mengen und praktizieren eher Rauschtrinken als die weiblichen Befragten dieser Altersgruppen.

Der Konsum illegaler Drogen wird von Cannabis bestimmt. Etwa jeder zehnte Jugendliche (9,7 Prozent) und jeder dritte junge Erwachsene (34,5 Prozent) hat schon einmal Cannabis konsumiert. Die Erfahrung mit dem Konsum anderer Substanzen fällt deutlich geringer aus. In der Gruppe der jungen Erwachsenen geben etwa vier Prozent an, schon einmal Ecstasy, Amphetamin oder psychoaktive Pflanzen konsumiert zu haben. Der Anteil der männlichen Befragten, die schon einmal eine illegale Droge konsumiert haben, ist höher als der der weiblichen Befragten.

Der Anteil Jugendlicher, die schon einmal Cannabis konsumiert haben, ist im Vergleich zu 2011 wieder etwas angestiegen. In der Gruppe der weiblichen Jugendlichen ist der Anstieg signifikant stärker ausgeprägt und gilt als ein Merkmal der oben angesprochenen Konvergenzen im Konsumverhalten der Geschlechter (Orth 2016).

Zusammenfassend zeigen die epidemiologischen Daten, dass sowohl Konsumerfahrungen, insbesondere aber ein häufiger und regelmäßiger Konsum illegaler Substanzen und damit eher riskante Konsumformen, unter Jungen und Männern deutlich stärker verbreitet sind als unter Mädchen und Frauen. Aktuelle Studien nehmen zwar unter den soziodemografischen Merkmalen »divers« als eine Auswahlmöglichkeit auf wie beispielsweise im Alkoholsurvey 2021 (Orth und Merkel 2022). Jedoch sind diese Stichproben zu klein, um zu gesicherten Aussagen diesbezüglicher Prävalenzen zu kommen.

6.2.2 Biografische Hintergründe und Einstieg in den Substanzkonsum

Bernard (2016: 23) geht vor dem Hintergrund einzelner, qualitativer Studien von genderspezifischen Prägungen in Hinblick auf die Motivlagen des Substanzkonsums – insbesondere in Hinblick auf den Einstiegskonsum – aus: Der Einstieg in den Drogenkonsum findet bei Frauen eher im Zusammenhang mit einem *drogenkonsumierenden Partner* statt, bei Männern hingegen eher im Zusammenhang mit einer *Peergroup*. Zudem steht der Beginn des Drogenkonsums bei Frauen eher im Zusammenhang mit negativen Erlebnissen und psychischen Belastungen und weist insofern eine stärkere *problemorientierte Motivationslage* auf. Darüber hinaus sind abhängige Frauen oftmals stärker *biografisch vorbelastet* als Männer: Sie sind häufiger mit einem oder zwei suchtbelasteten Elternteilen aufgewachsen, waren häufiger in einer stationären Einrichtung der Kinder- und Jugendhilfe untergebracht und haben häufiger physische und sexuelle Gewalt und weitere belastende Ereignisse im Leben erfahren (ebenda). Die Traumatisierungsrate ist bei Alkohol- und Drogenabhängigen entgegen der Allgemeinbevölkerung um das 5- bis 15-fache erhöht. Frauen sind dabei deutlich häufiger betroffen als Männer (Lüdecke 2010a: 12–15).

Die Hamburger Basisdatendokumentation des Jahres 2014 aus 59 überwiegend ambulanten Sucht- und Drogenhilfeeinrichtungen ergab, dass 36 Prozent der Frauen sexuelle Gewalterfahrungen erlebt hatten (Männer: sechs Prozent). Demgegenüber haben 37 Prozent der Männer und 13 Prozent der Frauen häufiger schon selbst einmal Gewalt gegenüber anderen Menschen ausgeübt. Von anderen schwer belastenden Lebensereignissen berichten 81 Prozent der Frauen und 67 Prozent der Männer (Martens und Neumann-Runde 2014).

6.2.3 Lebensrealitäten: Gesundheitliche und psychische Belastungen, Traumatisierung, Gewalt, Kriminalisierung und Drogenmortalität

Drogenkonsumierende Frauen sind *stärker von gesundheitlichen Belastungen betroffen* als drogenkonsumierende Männer; dabei ist die Opiatklientel die mit Abstand am stärksten belastete Gruppe. So fanden sich beispielsweise in einer Untersuchung in der Frankfurter Straßen-Drogenszene bei Frauen eine durchschnittliche Anzahl von berichten Symptomen von 2,3 gegenüber 1,0 bei Männern. Dabei handelte es sich vor allem um Erkältungskrankheiten, Herz-Kreislauf-Probleme, Probleme mit Lungen/Bronchien, Magen-Darmprobleme, Abszesse.

HIV und Hepatitisinfektionen gehören zu den gravierendsten gesundheitlichen Risiken des illegalen Drogenkonsums. Beschaffungsprostitution und der intravenöse Konsum gelten hier als zentrale Risikofaktoren. Obgleich allgemein der Anteil der Männer unter den HIV-Infizierten bei 82 Prozent liegt, sind unter den Drogenkonsumentinnen bzw. -konsumenten Männer und Frauen zu fast gleichen Teilen von HIV betroffen (Bernard 2016: 29–33).

Noch deutlicher als bei den gesundheitlich-körperlichen Belastungen fallen die Geschlechtsunterschiede *für psychische Belastungen* aus: Untersuchungen in den

Drogenszenen in Hamburg zeigte, dass 43 Prozent der Frauen erheblich von psychischen Belastungen betroffen sind, demgegenüber sind es bei den Männern 31,5 Prozent – eine Tendenz, die sich in einer Untersuchung in Frankfurt bestätigte. Die psychischen Belastungen zeigen sich in erheblichen Ängsten, Depressivität und Suizidalität (Bernard 2016: 30).

Die Häufigkeit einer komorbiden *Posttraumatischen Belastungsstörung* (PTBS) wird bei Personen mit alkoholbezogenen Störungen in den meisten Studien mit 15 bis 30 Prozent angegeben, wobei Frauen sehr viel höhere Raten aufweisen als Männer. Bei vielen Betroffenen lassen sich Zusammenhänge zwischen den Folgen traumatischer Erfahrungen und dem fortgesetzten Alkoholkonsum nachvollziehen. Der Konsum von Alkohol und anderen psychoaktiven Substanzen stellt dann oft eine Bewältigungs- oder sogar eine Überlebensstrategie dar (Stubenvoll et al. 2015).

Sowohl männliche als auch weibliche Jugendliche und Erwachsene, die eine Suchtproblematik entwickelt haben, unterliegen allgemein einem erhöhten Risiko, *Opfer von Gewalt* zu werden. Die Gewalt findet statt sowohl im häuslichen Umfeld als auch im sozialen Nachraum, desgleichen erhöht sich das Risiko, Gewalt durch Fremde zu erleiden, erheblich. Frauen sind im Vergleich zu Männern höheren Risiken ausgesetzt, den größeren Schaden oder die schwereren Verletzungen davon zu tragen (Vogt 2016: 105).

Eine Belastung durch *Kriminalisierung* betrifft vor allem die Konsumenten und Konsumentinnen von illegalen Drogen. Sie resultiert im Wesentlichen direkt aus dem Betäubungsmittelgesetz (BtMG), mit dem die Herstellung, der Besitz, Erwerb, Handel und die Weitergabe illegaler Substanzen strafbewehrt sind. Indirekte Folge ist die Beschaffungskriminalität, das heißt Delikte, die zur Finanzierung illegaler Drogen begangen werden. Dabei zeigen sich die leichteren Formen der Beschaffungskriminalität (z. B. Hehlerei, Betrug) und die Beschaffungsprostitution als vornehmliche weibliche Strategie der Drogenbedarfsdeckung, während die Finanzierung über schwere Beschaffungsdelikte (Einbruch, Raub) und der Drogenhandel zu den eher typisch männlichen Beschaffungsmustern zählen (Bernard 2016: 26).

Männer tendieren eher zu den illegalen Wegen der Drogenfinanzierung. Delikte der Rauschgiftkriminalität (dazu zählen alle Straftaten nach dem BtMG und die direkte Beschaffungskriminalität, z. B. der Diebstahl von Betäubungsmitteln aus Apotheken) werden überwiegend von männlichen Tatverdächtigen begangen. So lag unter den Tatverdächtigen aller Rauschgiftdelikte im Jahr 2018 der Frauenanteil bei ca. 13 Prozent, bei den Delikten im Zusammenhang von Handel und Schmuggel betrug der Frauenanteil im Jahr 2014 zehn Prozent (Bundeskriminalamt BKA 2016: 141; Bundeskriminalamt BKA 2019: 5). Dabei bilden die Daten des Bundeskriminalamtes nur den spezifischen Ausschnitt der Drogenkriminalität ab, der in die Aufmerksamkeit der strafrechtlichen Kontrolle gerät. Jedoch werden die hier ablesbaren Tendenzen in Bezug auf das Geschlechterverhältnis in der Kriminalisierung durch die Daten der Suchtkrankenhilfestatistik (Patienten bzw. Patientinnen mit Auflagen) und Insassen im Strafvollzug (statistisches Bundesamt) weitgehend gestützt.

Demgegenüber finanziert ein erheblicher Teil der Frauen ihren Drogenkonsum im Rahmen der Beschaffungsprostitution, die wiederum oftmals mit (erneuter) physischer und sexueller Gewalterfahrung einhergeht (Bernard 2016: 27).

Vergleichbar mit der Kriminalisierung lässt sich ebenfalls in Bezug auf drogenbedingte Todesfälle eine sehr deutliche Überrepräsentanz von Männern feststellen: Ihr Anteil unter den Drogentoten lag im Jahr 2016 bei 84 Prozent (Drogen- und Suchtbericht der Bundesregierung 2016: 65).

6.2.4 Zugang zum Hilfesystem und Ausstiegsprozesse

Die Ausstiegsbedingungen und Ausstiegswege weisen ebenfalls eine geschlechterdifferente Ausprägung auf: Die Chancen, aus einem drogenbezogenen Leben auszusteigen, werden für Männer besser beurteilt als für Frauen, u. a. deswegen, weil Männer häufiger eine *»drogenfreie« Partnerin* haben, die sie in ihrem Ausstieg unterstützt. Der Ausstieg von Frauen ist demgegenüber erschwert, weil sie häufig einen drogenkonsumierenden Partner haben, der sie nicht nur nicht unterstützt, sondern auch ihre Ausstiegsprozesse behindert – dies zeigte beispielsweise eine Untersuchung, bei der 23 Prozent der Männer und 55 Prozent der Frauen mit einer Partnerin bzw. einem Partner mit einem Suchtproblem zusammenlebte (Bernard 2016: 35). Die ungünstigere soziale Situation der Frauen bezieht sich aber nicht nur auf ihre Partnerschaft, sondern schließt auch weitere unterstützende soziale Netzwerke ein (Bernard 2016: 36).

Des Weiteren ist in Hinblick auf die *berufliche Integration* die Lage von suchtkranken Frauen schlechter als die der Männer, was ebenfalls ihre Ausstiegschancen verschlechtert: Obgleich Frauen eine etwas bessere Schulbildung als Männer aufweisen (Brand et al. 2015) ist die Arbeitslosenquote über alle Substanzklassen und einschließlich Glücksspielsucht unter den Frauen, die in ambulanter oder stationären Einrichtungen der Suchthilfe sind, höher als bei Männern (Braun et al. 2017). 49,5 Prozent der Männer mit der Hauptdiagnose Alkohol waren gegenüber 45,5 Prozent der Frauen erwerbstätig, im Bereich Opioide waren es 24,7 Prozent gegenüber 19,7 Prozent und im Bereich Cannabis 36,8 Prozent gegenüber 26,5 Prozent bei den Frauen (ebenda).

Mutterschaft gilt als weiteres wesentliches geschlechtsspezifisches Hindernis für die Inanspruchnahme von professioneller Hilfe: Wenngleich bei Frauen durch eine Schwangerschaft und anstehende Mutterschaft oftmals eine hohe Motivation zum Ausstieg aus der Drogenbindung entsteht, müssen Drogenkonsumentinnen, die eigene Kinder haben, doch immer auch professionelle Interventionen bezüglich der Kinderfürsorge und einer möglichen Kindeswohlgefährdung befürchten (Bernard 2016: 38).

Gerade Frauen bewegen sich oftmals in einer *Isolierungsspirale* und haben Sucht als Überlebensstrategie bei Gewalterfahrung und Traumatisierung entwickelt. Suchtmittel helfen, sich emotional zu distanzieren, die Gefühle abzuspalten, sich zu beruhigen und unmittelbar zu entlasten. Diese gegenseitigen Verstärkungen und Wechselwirkungen führen nicht selten zu einem tiefen Gefühl der Ausweglosigkeit. Hilfeangebote, die insbesondere auch Frauen erreichen wollen, müssen ganz besonders die Bedeutung der Sicherheit als Dimension der positiven Bewältigung im Fokus haben. Dabei spielt die bindungssensible Haltung der Fachkräfte und der Aufbau stabiler sozialer Beziehungsnetzwerk offenbar eine besondere Rolle

(Gahleitner und Tödte 2015). So muss auch das vergleichsweise geringe Angebot an geschlechtssensiblen frauenbezogenen Hilfen als wesentliche Zugangsschwelle zum professionellen Hilfesystem gesehen werden (Bernard 2016: 37).

Darüber zählt die Stigmatisierung, die abhängige Frauen noch stärker als abhängige Männer trifft, als eine weitere Barriere für die Inanspruchnahme von Hilfen.

6.2.5 Konsummotive, Konsumverhalten und Suchterleben im Spiegel der Geschlechterrollen

Im obigen Abschnitt konnte herausgearbeitet werden, dass es unter den Geschlechtern ausgeprägte Unterschiede in den Konsummotiven, den bevorzugten Substanzen, den Lebensrealitäten und Suchterkrankungen – das heißt in den Einstiegswegen, Ursachen, Verläufen und Ausstiegsfaktoren – existieren, die eine geschlechtersensible Betrachtung, Beratung und Behandlung erfordern. Die geschlechterdifferenzierte Analyse offenbart die sozio-kulturellen Aufladungen von Geschlecht und Geschlechterverhältnissen, aber auch die gesellschaftlichen Zuschreibungen, Bewertungen und Diskriminierungen von Substanzkonsum und Sucht. Dabei finden Wirkungszusammenhänge vermutlich in mehreren Richtungen statt: Geschlechterrollen beeinflussen Substanzkonsum, Suchtentwicklung und Lebensrealitäten; aber Substanzkonsum wird auch aktiv eingesetzt, um Geschlecht herzustellen und zu inszenieren. Bislang fehlen noch Arbeiten, die Menschen, die sich dem dritten Geschlecht zuordnen, in diese Analysen mit einbeziehen.

Motivationslagen und Funktionalitäten des Substanzkonsums sind ein Schlüssel, um Substanzkonsum und eventuelle Suchtentwicklung zu verstehen (▶ Kap. 2), und diese zeigen sich unter den Geschlechtern durchaus unterschiedlich.

Der Konsum von legalen und illegalen Drogen und insbesondere Rauscherfahrungen scheinen in männlichen Lebenskonzepten eine herausragende Rolle zu spielen als ein Mittel, Stärke zu demonstrieren, als ein Symbol der Grenzüberschreitung und der aktiven Risikosuche. Die Anforderungen des tradierten Männlichkeitsbildes von Stärke, Unverwundbarkeit, Vitalität, Tatendrang und externer Erfolgssuche können unter dem Einfluss von Alkohol und Drogen besser bedient und zugleich aktiv hergestellt werden. Riskante Konsummuster und -stile zeigen sich als Männlichkeitsrituale des aktiven Aufsuchens von Gefahrexposition und Gefahrbewältigung, die nach wie vor für viele Männer zum ›richtigen Mann‹ dazuzugehören scheinen (Ernst und Stöver 2012).

Gerade den exzessiven und berauschenden Konsumformen kommen damit starke Funktionen für Männer zu. Rauschgefühle induzieren ein Erleben von Antriebssteigerung, von Großartigkeit und einem »Über-sich-selbst-hinaus-Wachsen«, das den tradierten Vorstellungen von Männlichkeit Rechnung trägt (Vogt 2007).

Für Frauen hingegen scheint der Konsum von Alkohol und illegalen Drogen zunächst in einem anderen, geradezu konträren Verhältnis zu der tradierten Geschlechtsrolle zu stehen. Der riskante oder exzessive Substanzkonsum, insbesondere von illegalen Substanzen, zeigt sich eher als ein Protestsymbol gegenüber traditionellen Rollenvorschriften, als ein Zeichen von Grenzüberschreitung und des Opponierens. Die legalen Suchtformen hingegen (Schmerz-, Schlaf-, Beruhigungsmittel, Essstörungen), die unter Frauen stärker verbreitet sind als unter Männern, stehen eher als sozial unauffällige Verhaltensstrategien im Dienste der traditionellen Rollenanforderungen. Sie dienen der Anpassung an Schönheitsnormen, dem Funktionieren in und dem passiven Ertragen von belastenden und überfordernden Lebenslagen. Ebenfalls konform mit dem tradierten Rollenbild von Frauen läuft der Drogenkonsum als Beziehungsmedium (Einstieg über bereits konsumierende Partner) und als Problemlösemittel (stärkere biografische Belastungslagen/Traumatisierungserfahrungen von Frauen). Substanzkonsum und Suchtverhalten bei Mädchen und Frauen zeigen sich damit ambivalent und können sowohl als Beitrag zum Funktionieren innerhalb der vorgegebenen Rollenerwartungen gedeutet werden, aber auch als Zeichen des Geschlechtsrollenprotests (Ernst und Stöver 2012).

Da drogenkonsumierende Frauen stärker von den gesellschaftlichen Verhaltenserwartungen abweichen als drogenkonsumierende Männer, sind sie in der Folge auch stärkeren Stigmatisierungen ausgesetzt als Männer. Dies kann wiederum Selbstwertgefühl und Selbstvertrauen der Frauen beeinträchtigen und damit weitere Entwicklungen noch stärker einengen (Bernard 2016: 24).

Zusammenfassend zeigt sich ›Mann-Sein‹ und ›Männlich-sein-Wollen‹ im tradierten Sinne als ein starker Risikofaktor für die Entwicklung riskanter Konsummuster und Abhängigkeit bei Alkohol und den illegalen Drogen – mit Ausnahme der Amphetamine. Frauen scheinen durch die weiblichen Rollenvorgaben eher geschützt – aber sie zeigen eine stärkere Vulnerabilität gegenüber sozial unauffälligeren Süchten wie z. B. einer Medikamentenabhängigkeit. Werden die traditionellen Rollenschemata von Frauen durch bestimmte Formen des Substanzkonsums durchbrochen, erweisen sich diese Frauen psycho-sozial als besonders hoch belastet und sie zeigen dann wiederum typisch weibliche, das heißt eher internalisierende Bewältigungsstrategien, wie z. B. bei der Finanzierung des Drogenkonsums durch Prostitution statt durch den männlich dominierten Drogenhandel. Männer mit Suchtverhalten weisen demgegenüber in den psycho-sozialen Bereichen oftmals etwas mehr Ressourcen (z. B. eine geringere Erwerbslosenquote) als Frauen auf; ungeachtet dessen sind ihre Risiken, im Kontext ihres Konsums strafrechtlich auffällig zu werden und zu versterben, ungleich höher als die der Frauen.

6.3 Gender Mainstreaming in der Suchthilfe

6.3.1 Programm und Umsetzung

Die geschlechtsspezifischen Ausprägungen von Suchtentwicklung und -erkrankung gehören heute zu den elementaren Wissensbeständen der Fachkräfte in der Suchthilfe, und eine Betrachtung und Analyse und Ausgestaltung der Suchthilfe unter dem Aspekt der Geschlechtergerechtigkeit zählt zu den fachlichen Ansprüchen in der Suchthilfearbeit. Die beiden großen Fachverbände der Suchthilfe in Deutschland, die Deutsche Hauptstelle für Suchtfragen (DHS) (Hüllinghorst 2005) und der Fachverband Drogen und Suchthilfe e. V. (fdr) (Zenker et al. 2005) haben bereits in den Jahren 2004 und 2005 Positionspapiere und Expertisen herausgegeben, die genauer beschreiben, wie Geschlechtergerechtigkeit im Sinne des Gender Mainstreaming (s. o.) in der Suchthilfe konkret umgesetzt werden kann und soll. Eine Studie der Gesellschaft für Forschung und Beratung im Gesundheits- und Sozialbereich (Fogs) im Jahr 2014 hat in Nordrhein-Westfalen untersucht, inwieweit Gender Mainstreaming zehn Jahre nach Veröffentlichung der Positionspapiere in der Suchthilfe faktisch umgesetzt ist. Nachfolgend werden die Papiere der Fachverbände zusammengefasst skizziert und mit den Ergebnissen der Fogs-Studie kontrastiert, um so einen Eindruck von den Umsetzungsmöglichkeiten und dem tatsächlichen Umsetzungsstand des Gender Mainstreaming in der Suchthilfe in Deutschland zu vermitteln.

Das Grundsatzpapier der DHS ist weitgehend und umfassend und es unterstreicht deutlich die Notwendigkeit einer Nutzung von Gender Mainstreaming. Dabei wird einleitend darauf verwiesen, dass die Umsetzung von Gender Mainstreaming sich immer auch an den gegebenen Voraussetzungen vor Ort orientieren müsse, und die im Papier genannten Vorgaben des Gender Mainstreaming sich dementsprechend nur als Leitlinien und Eckpunkte verstehen können. Auch Männer und Frauen sind keine homogenen Gruppen. Eine Zielgruppenspezifität, das heißt eine Differenzierung innerhalb der Geschlechter (z. B. gemäß der jeweiligen Bedürfnisse, Notwendigkeiten und Kompetenzen und ihren lebensweltlichen, sozialen und kulturellen Kontexten) soll unbedingt erhalten bleiben bzw. aufgebaut werden. Die Kategorie Gender lässt demnach nicht die Bedeutsamkeit anderer Kategorien hinfällig werden.

Vor dem Hintergrund der oben dargelegten Geschlechtsunterschiede werden für alle Bereiche der Suchthilfe (Prävention, Beratung, Behandlung, Nachsorge) eine Konkretisierung der Konzepte des Gender Mainstreaming und eine entsprechende Verankerung von Maßnahmen gefordert. Dabei werden insbesondere folgende Problembereiche hervorgehoben:

1. Verbesserung des Zugangs von Frauen zu der professionellen Suchthilfe,
2. Verbesserung der Therapiechancen für Frauen,
3. Verbesserung des Wissenstandes zu geschlechtsbezogenen Themen.

Für die konkrete Bearbeitung soll eine Vielzahl von Aufgaben in Angriff genommen werden.

Ebene der Angebote für Mädchen und Frauen, Jungen und Männer

- Ermittlung geschlechterspezifischer Bedürfnisse suchtkranker Patientinnen und Patienten in Beratung und Therapie,
- Abbau von Schwellen und Ermöglichung des Zugangs für Frauen und Männer zu den Angeboten der Suchtkrankenhilfe,

- Integration zielgruppenspezifischer Angebote (z. B. für Eltern und deren Kinder oder für schwangere Drogenabhängige) in das ambulante und stationäre Setting,
- Entwicklung geschlechtsdifferenzierter Angebote für Mädchen und Jungen,
- Entwicklung einer männerspezifischen Suchtarbeit, die entsprechend der frauenspezifischen Suchtarbeit gesellschaftliche Strukturen und ihre Auswirkungen auf Individuen analysiert und in die Praxis einbezieht,
- Koordination und Vernetzung mit geschlechterspezifischen Angeboten und mit Hilfeangeboten außerhalb des Suchthilfesystems,
- Förderung einer geschlechtssensibilisierenden Öffentlichkeitsarbeit.

Ebene der Institution

- Geschlechterdifferenzierte Daten und Fraqeraster zur Klärung der Sachlage,
- Sensibilisierung von Mitarbeitern und Mitarbeiterinnen der Suchthilfe und Selbsthilfe,
- Nutzung von Konsultationsinstrumenten,
- Überprüfung der Wirksamkeit vorhandener Konzepte und Qualitätssicherung geschlechterspezifischer Angebote,
- Erweiterung von Einrichtungskonzepten um geschlechterspezifische Handlungsansätze und schließlich
- Bereitstellung von Ressourcen für die Umsetzung von Gender Mainstreaming.

Wissenschaftliche Ebene

- Förderung geschlechterspezifischer klinischer, medizinsoziologischer und epidemiologischer Forschung,
- Förderung des Wissenstransfers zwischen Forschung und Praxis (Hüllinghorst 2005).

In der im Jahr 2005 erscheinenden Expertise des Fachverbandes Drogen und Rauschmittel (fdr) »Gender Mainstreaming in der Suchthilfe« (Zenker et al. 2005) wird explizit an die Anliegen des DHS-Papiers angeknüpft und ebenfalls die Bedeutsamkeit einer querschnittlichen Verankerung der geschlechtsspezifischen Perspektive in der Suchthilfe herausgestellt.

Im Jahr 2013 gibt das Land Nordrhein-Westfalen (NRW) eine umfassende Untersuchung in Auftrag, die zum Ziel hat, eine differenzierte »Gender-Analyse« der Suchthilfeangebote sowohl im stationären als auch im ambulanten Setting vorzunehmen. Die Untersuchung nimmt mit Rückgriff auf den Gender Mainstream-Ansatz die Organisation der jeweiligen Einrichtung mit ihren Beschäftigten, aber auch die konkreten Angebote bzw. Produkte für die Zielgruppen in den Blick (Schu et al. 2016). Im Mittelpunkt der Untersuchung steht eine Vollerhebung in allen Einrichtungen der Suchthilfe und Selbsthilfe in NRW, dazu werden ergänzend Experteninterviews durchgeführt. Die Untersuchung ergibt, dass Gender Mainstreaming als organisationales Prinzip in der Suchthilfe in NRW bislang wenig

Berücksichtigung findet. So prüfen beispielsweise weniger als zehn Prozent der Einrichtungen ihre Konzeptionen bzw. Strukturen auf Gender-Aspekte. Zwar werden die Daten der Klienten und Klientinnen häufig geschlechtsbezogen erfasst (vor allem da, wo es der Kerndatensatz vorsieht), aber nur 25 Prozent der Einrichtungen nutzen diese Daten für die Steuerung und Optimierung der Hilfen. In 24 Prozent der Einrichtungen sind Verantwortliche für die o. g. Aufgaben benannt (QM-Beauftragte, Leitung), in 13 Prozent der Einrichtungen gibt es Frauen-, Männer- oder Genderbeauftragte. In der Selbsthilfe gibt es Frauen-, aber (fast) keine Männerbeauftragten.

Deutlich besser sieht es bei der Umsetzung gendersensibler Ansätze in der konkreten Arbeit mit den Klientinnen und Klienten aus. Dabei haben im Allgemeinen die stationären Einrichtungen Gender Mainstreaming stärker umgesetzt als die ambulanten Einrichtungen. So bieten 25 Prozent der stationären Einrichtungen Gruppen ausschließlich für Mädchen und Frauen und ausschließlich für Jungen und Männer an gegenüber 16,8 Prozent und 9,2 Prozent der ambulanten Einrichtungen für Mädchen und Frauen bzw. Jungen und Männer.

Im Rahmen der Anamnese fragen 25 Prozent der stationären Einrichtungen systematisch nach genderbezogenen Themen und 51,7 Prozent der stationären Einrichtungen fragen nach genderbedeutenden Ereignissen/geschlechtsbezogenen Traumatisierungen, während dies in den ambulanten Einrichtungen nur 26 Prozent bzw. 13,9 Prozent der Einrichtungen tun.

Eine Thematisierung der Rollen von Mann bzw. Frau in Hinblick auf das Konsumverhalten und die Suchtentwicklung findet bei den stationären Einrichtungen zu 48,3 Prozent bzw. 43,3 Prozent statt, bei den ambulanten Einrichtungen zu 29,5 Prozent bzw. 30,1 Prozent.

Zusammenfassend kann festgestellt werden, dass Gender Mainstreaming als institutionsbezogenes Instrument bislang nur ansatzweise umgesetzt wird. Gendersensibles Arbeiten ist sehr viel weiterverbreitet, aber noch kein flächendeckender Ansatz. In den Experteninterviews wurde zudem deutlich, dass das Thema Gender Mainstreaming zurzeit eher an Relevanz und Aufmerksamkeit verliert und zunehmend wieder als Sonder- und Zusatzaufgabe verstanden wird (Schu et al. 2016).

6.3.2 Gendersensible Suchtprävention und Suchtarbeit

Die vorausgegangenen Ausführungen zeigen die hohe Relevanz geschlechterdifferenter Zugänge in der Suchtprävention und Suchtarbeit. Im Folgenden soll deswegen besonders hervorgehoben werden, welche thematischen Schwerpunkte und welche methodischen Zugänge und Schwerpunkte sich in der Suchtprävention und Suchtarbeit als besonders bedeutsam entwickelt haben. Besondere Beachtung findet dabei die Diskussion um geschlechtshomogene bzw. geschlechtsheterogene Gruppenkonstellationen.

Unter der Gender-Perspektive sind für die Prävention ebenso wie für die Begleitung, Beratung und Betreuung die gleichen Themenbereiche relevant. Dazu zählt allgemein eine Auseinandersetzung mit Geschlechtsrollenzuschreibungen und deren Implikationen für den Umgang mit dem anderen Geschlecht, für die Ausprägungen und Präferenzen von ›typisch männlichem‹ und ›typisch weiblichem‹ Risikoverhaltensweisen, aber ebenso für die jeweiligen geschlechtsspezifischen Ressourcen. Indem die Geschlechterverhältnisse, die Normen und Erwartungen, die daraus für Frauen gelten, thematisiert werden, kann eine Reproduktion der Machtverhältnisse deutlich und verhindert werden (Gahleitner 2016: 128). Von besonderer Relevanz für Frauen sind zudem die Themen sexuelle Gewalt, Beziehungsverhalten und Selbstsicherheit.

Für Männer hingegen sind von besonderer Bedeutung Fragen zum Gruppendruck, zu Väterbildern, Gewalterfahrungen als Opfer und/oder als Täter und zur Berufsorientierung (Ernst und Stöver 2012).

Neben den geschlechtsdifferenten thematischen Ausrichtungen müssen aber auch die methodischen Zugänge in den Blick genommen werden: Gesprächsgruppen schließen eher an weibliche Bedürfnisse an, demgegenüber müssen für Männer eher strukturiertere Zugänge und Formen entwickelt werden (Ernst und Stöver 2012). In US-amerikanischen Studien wurde beispielsweise für alkoholabhängige Männer nachgewiesen, dass sie in den strikten 12-Schritte-Gruppen der Anonymen Alkoholiker (AA) gute Therapieergebnisse – bezogen auf das Ziel Suchtmittelfreiheit – erreichen, während Frauen hingegen wenig von den eher rigiden AA-Gruppen profitieren können. Eine Ursache für diese geschlechtsspezifisch unterschiedliche Wirkung von AA-Gruppen wird in deren Betonung einer mangelnden Einflussmöglichkeit auf die Sucht (▶ Kap. 1) gesehen (Zenker 2005). Für Frauen sind demgegenüber eher solche Gruppen wirksam, in denen Gefühle thematisiert und bearbeitet werden und in denen die Stärkung von Selbstbewusstsein und Selbstwirksamkeit im Vordergrund steht (ebenda).

Sowohl in geschlechtshomogenen als auch in geschlechtsheterogenen Gruppen und Konstellationen liegen spezifische Entwicklungs- und Lernpotenziale für Männer und Frauen in der Suchtprävention wie auch in allen anderen Kontexten der Suchthilfe (Überlebenshilfen, Substitution, Beratung, Behandlung etc.), so dass optimalerweise beide Optionen zur Verfügung stehen. Jedoch muss die Infrastruktur einer Einrichtung in jedem Fall die Intimsphäre von Klientinnen und Klienten sichern und Schutz bieten vor sexuellen Übergriffen und Mobbing (z. B. in Anlaufstellen, Injektionsräumen etc.).

Geschlechtshomogene Gruppen gewähren besonderen Schutz und Sicherheit und sie eröffnen damit die Möglichkeiten, sich Verletzungen und Kränkungen zu nähern, diese zu reflektieren, zu integrieren und neue Verhaltensweisen zu erproben. Dies spielt eine besondere Rolle bei traumatisierten Frauen (Gahleitner und Tödte 2015). Ein vergleichbarer Erfahrungshintergrund fördert den gegenseitigen Austausch, gerade weil viele Themen im weiblichen Suchtgeschehen scham- und angstbesetzt sind. Zudem können geschlechtshomogene Gruppen auch typische Rollen eher bestätigen und dadurch die Stärken, die in diesen Rollen liegen, bewusst nutzen – wie z. B. bei Alkoholikerinnen und Alkoholikern mit spätem Suchtbeginn (Zenker 2005).

Demgegenüber können genderübergreifende Angebote die Geschlechterverhältnisse ›in Echtzeit‹ thematisieren um gegenseitiges Verstehen, achtungsvollen Dialog und Handlungsfähigkeit und gegenseitiges Lernen im konkreten Erleben zu fördern.

In Deutschland gibt es mittlerweile zahlreiche frauenspezifische Angebote und Einrichtungen, die an der Verbesserung und spezifischen Ausrichtung von Suchtprävention und Suchthilfe entlang der Bedürfnisse von Frauen arbeiten. Die Internetplattform belladonna (www.belladonnaweb.de) bietet Informationen rund um das Thema Frau und Sucht und bündelt verschiedene frauenspezifische Angebote aus dem deutschsprachigen Raum. Die Auseinandersetzung um das Thema ›Mann und Sucht‹ steht demgegenüber immer noch zurück. Jedoch hat die Koordinationsstelle Sucht des Landschaftsverbandes Westfalen-Lippe einen diesbezüglichen Diskurs für Deutschland eröffnet. In diesem Kontext ist ein »Leitfaden zur männerspezifischen Sucht- und Drogenarbeit – Handlungsempfehlungen für die Praxis« entstanden, der Anregungen zur Implementierung männerspezifischer Ansätze in der Suchthilfe gibt. Darüber hinaus hat die Landeszentrale für Gesundheit in Bayern einen Reader »Männlichkeiten und Sucht« im Jahr 2012 herausgegeben, nachdem im Jahr 2009 ein Manual mit dem gleichen Titel von Stöver, Bockhold und Vosshagen erschienen ist.

Zusammenfassend kann gesagt werden, dass die Berücksichtigung geschlechtsspezifischer Unterschiede bzw. Gemeinsamkeiten aufgrund der vorliegenden Daten und Fakten in allen Feldern von Suchtprävention und Suchtarbeit zu einer Selbstverständlichkeit werden sollte. Eine geschlechtersensible Suchtprävention und Suchtarbeit stellt sicher, dass Frauen und Männer trotz unterschiedlicher Erfahrungen und Bedürfnisse gleichberechtigt behandelt werden und gleichermaßen ernst genommen und unterstützt werden. Dabei ist die Entwicklung von Zugangswegen bzw. der Abbau von Barrieren ebenso zentral wie die Ausgestaltung der Angebote der Suchthilfe selbst.

Weiterführende Literatur

Jacob, J. & Stöver, H. (Hg.), 2009, *Männer im Rausch: Konstruktionen und Krisen von Männlichkeiten im Kontext von Rausch und Sucht*, Transcript-Verlag, Bielefeld.

Heinzen-Voß, D. & Stöver, H. (Hg.), 2016, *Geschlecht und Sucht: Wie gendersensible Suchtarbeit gelingen kann*, Pabst Science Publishers, Lengerich.

Tödte, M. & Bernard, C. (Hg.), 2016, *Frauensuchtarbeit in Deutschland: Eine Bestandsaufnahme*, Transcript-Verlag, Bielefeld.

7 Migration und Sucht

> ☞ **Was Sie in diesem Kapitel lernen können**
>
> In diesem Abschnitt werden Sie zunächst mit den allgemeinen Konzepten zu Multi-, Inter- und Transkulturalität als grundlegende Orientierung für die Arbeit mit Menschen mit Migrationshintergrund in der Suchthilfe vertraut gemacht. Sie erfahren im Anschluss, welche spezifischen Belastungslagen, aber auch welche Ressourcen bei Menschen mit Migrationshintergrund in Hinblick auf eine Suchtgefährdung und -erkrankung vorliegen. Menschen mit Migrationshintergrund werden bislang noch nicht ausreichend von der Suchthilfe erreicht. Die aktuellen Anforderungen und Konzepte der inter- und transkulturellen Öffnung von Einrichtungen der Suchthilfe werden Ihnen vermittelt und gelungene Beispielsprojekte vorgestellt.

7.1 Einleitung: Migrationshintergrund, Multi-, Inter- und Transkulturalität

Suchtarbeit und Suchtprävention stehen vor der Herausforderung einer vielfältigen und heterogenen Klientel. Doch auch wenn kulturelle Unterschiede die Lebensrealitäten und -wahrnehmungen prägen – Menschen mit Migrationshintergrund können ebenso von Sucht und Suchtgefährdung betroffen sein wie Menschen ohne Migrationshintergrund. Jedoch sind Zugänge zu Angeboten von Suchtprävention und Suchthilfe für Menschen mit Migrationshintergrund oftmals und in mannigfacher Weise behindert. Und kommt es zu einer Inanspruchnahme, dann profitieren Menschen mit Migrationshintergrund in geringerem Maße von diesen wie die ohne. Viele Akteure haben sich in den vergangenen Jahren auf den Weg gemacht, um Menschen mit Migrationshintergrund besser zu erreichen und um passende Angebote zu konzipieren. Dieses Kapitel vermittelt das Grundlagenwissen für eine inter- bzw. transkulturelle Ausrichtung von Angeboten der Suchtprävention und Suchthilfe und berichtet im Anschluss über gelungene Praxisprojekte.

7.1.1 Menschen mit Migrationshintergrund

Deutschland ist vielfältig: 22,3 Millionen Menschen und damit ein Fünftel der hier lebenden Menschen haben einen Migrationshintergrund im weiteren Sinn (Statistisches Bundesamt 2022). Im Mikrozensus wird seit dem Jahr 2005 das Merkmal »mit Migrationshintergrund« erhoben, und dieser etwas sperrige Begriff hat sich in der Alltagssprache bereits eingebürgert. Im Rahmen des Mikrozensus wird Migrationshintergrund wie folgt definiert:

> **Migrationshintergrund (nach Mikrozensus)**
>
> »Eine Person hat einen Migrationshintergrund, wenn sie selbst oder mindestens ein Elternteil die deutsche Staatsangehörigkeit nicht durch Geburt besitzt.«
>
> Die Definition umfasst dabei im Einzelnen folgende Personen:
>
> - zugewanderte und nicht zugewanderte Ausländerinnen und Ausländer,
> - zugewanderte und nicht zugewanderte Eingebürgerte,
> - (Spät-)Aussiedlerinnen und Aussiedler,
> - Personen, die die deutsche Staatsangehörigkeit durch Adoption durch einen deutschen Elternteil erhalten haben
> - mit deutscher Staatsangehörigkeit geborene Kinder der vier zuvor genannten Gruppen (Statistisches Bundesamt 2019: 4).

Aufgrund von Änderungen in der Methodik des Mikrozensus-Fragebogens, wird ab 2017 in Migrationshintergrund im engeren Sinn (Migrationsmerkmale der Eltern lagen nur vor, wenn diese im gleichen Haushalt mit der befragten Person lebten) oder im weiteren Sinn (Migrationsmerkmale der Eltern werden unabhängig von der Wohnsituation erhoben und so kann das Merkmal »Migrationshintergrund« der befragten Personen weitreichender erfasst werden) unterschieden (Statistisches Bundesamt 2022: 5 f).

Die Kategorie »mit Migrationshintergrund« ist aber nicht unumstritten, zum einen, weil manche Personengruppen, wie z. B. die Vertriebenen des Zweiten Weltkrieges und ihre Nachkommen, trotz Migrationserfahrung nicht eingeschlossen sind. Zum anderen wird kritisiert, dass der Begriff »mit Migrationshintergrund« eine Homogenität suggeriert, die real nicht gegeben ist. Dies wird nachfolgend an den Merkmalen Migrationserfahrung, Ausländer, Herkunftsland, Alter und Milieu veranschaulicht.

So waren im Jahr 2021 unter den vom Mikrozensus erfassten 22,3 Millionen Personen mit Migrationshintergrund im weiteren Sinn ca. 14 Millionen Personen mit *eigener Migrationserfahrung*, und unter diesen befanden sich wiederum 8,9 Millionen Ausländerinnen und Ausländer. Also wiesen 8,3 Millionen Personen keine eigene Migrationserfahrung auf. Unter diesen wiederum sind 1,7 Millionen Ausländerinnen und Ausländer. Der Anteil derjenigen mit deutscher Staatsangehörigkeit ist in der Gruppe »ohne eigene Migrationserfahrung« somit entscheidend höher (Statistisches Bundesamt 2022: 38).

Auch in Hinblick auf die Herkunftsländer zeigt sich eine große Diversität: Die größte Gruppe bilden hier Menschen mit türkischer Herkunft mit 2,7 Millionen, Polen mit 2,2 Millionen, Russland mit 1,3 Millionen, Italien mit 0,9 Millionen und Rumänien mit ca. einer Million (Statistisches Bundesamt 2022: 65).

In den jüngeren Altersgruppen sind die Anteile der Personen mit Migrationshintergrund sehr viel höher und erreichen bei den unter Fünf-Jährigen mehr als ein Drittel (Statistisches Bundesamt 2022: 38). Darüber hinaus variiert der Anteil der Menschen mit Migrationshintergrund innerhalb Deutschlands beträchtlich: In den östlichen Bundesländern (ohne Berlin) liegt er bei 9,0 Prozent, in den westlichen Bundesländern zwischen 18,7 Prozent (Schleswig-Holstein) und 35,6 Prozent (Baden-Württemberg). Zudem gilt generell, dass mit der Gemeindegröße auch der Anteil der Menschen mit Migrationshintergrund steigt (Statistisches Bundesamt 2022: 39, 44).

Eine weitere Dimension der Heterogenität unter Menschen mit Migrationshintergrund in Deutschland hat die Sinus-Studie aufgezeigt. Sie konnte deutlich machen, dass die Gruppe der Menschen mit Migrationshintergrund nach ihren Wertesystemen verschiedenen Milieus zuzuordnen sind und diese in Bezug auf ihre Alltagswelten, Werteorientierungen, Lebensziele, Wünsche und Zukunftserwartungen stark differieren. Die Unterschiede innerhalb der Migranten- bzw. Migrantinnen-Milieus sind letztendlich größer und facettenreicher als – pauschal betrachtet – die Unterschiede zwischen deutschen und migrantischen Milieus (Sinus Sociovision 2007).

Von daher gibt es ebenso wenig ›die Menschen mit Migrationshintergrund‹ wie ›die Menschen ohne Migrationshintergrund‹. Diese Begriffe können in der Tat die Vielfalt und Heterogenität innerhalb der beiden Gruppen verdecken, die immer mitgedacht werden sollte. Grundsätzlich geht es aber darum, dass Menschen, die einen Migrationshintergrund mitbringen, trotzdem alle Möglichkeiten haben sollten, an unserer – gemeinsamen – Gesellschaft zu partizipieren. Unter diesem Gesichtspunkt erweist sich das Merkmal »mit Migrationshintergrund« als nützlich, wenn es um das Erkennen von Benachteiligungen und Diskriminierung z. B. in der gesundheitlichen Versorgung geht. Nur nach grundlegender Analyse lassen sich diese – beispielsweise durch passgenaue Förderung oder gezieltes Empowerment – bekämpfen.

7.1.2 Multi-, Inter- und Transkulturalität

Seit den 1950er Jahren, in denen die damalige Bundesrepublik Deutschland Gastarbeiter anwarb, haben sich verschiedene Begriffe gebildet, mit denen auch Konzepte und Vorstellungen verbunden wurden, wie fremde Kulturen und einheimische Kulturen zueinanderstehen und miteinander umgehen sollten. Mit dem zunächst aufkommenden Begriff des ›Multikulti‹ waren die Vorstellungen eines friedlichen Nebeneinanders der Kulturen verbunden, die aber alsbald verworfen wurde. Mit dem ›Leitkultur‹-Begriff der 1990er Jahre sollte darauf hingewiesen werden, dass ein gesellschaftlicher Wertekonsens entscheidend für ein gelingendes Miteinander fremder Kulturen und Ethnien ist. Der heute häufig verwendete Begriff der *Interkulturalität* wird ähnlich verwendet wie der Begriff der *Multikulturalität*: Beide Begriffe bzw. dahinterstehenden Konzepte gehen meist von jeweils abgegrenzten, nebeneinander bestehenden und in sich homogenen Wertesystemen aus, die eng an Nationalitäten oder Ethnien gekoppelt sind. Demgegenüber wird mit dem Konzept der *Transkulturalität* versucht, sich von solchen Begrenzungen zu lösen, die der Anlehnung an den klassischen Kulturbegriff geschuldet sind: Angesichts einer globalen Mobilität und Vernetzung könne nicht mehr von isolierten Kulturen ausgegangen werden, die sich entgegenstehen, sondern nur noch von in sich durchmischten und verflochtenen Systemen – sowohl auf gesellschaftlicher als auch auf individueller Ebene.

Die Beantwortung der Frage, wie gedeihlich sich das Zusammenleben hier in den nächsten Jahren bei weiter steigendem Anteil der Bevölkerungsgruppe mit Migrationshintergrund gestaltet, wird maßgeblich auch davon abhängen, welches Kulturkonzept prägend sein wird für die gesellschaftliche Entwicklung. Auch die Ausgestaltung sozialer Dienste wie der Suchthilfe ist immer direkt oder indirekt bestimmten Kulturkonzepten verpflichtet (s. u.).

7.2 Suchtgefährdung und Suchtentwicklung bei Menschen mit Migrationshintergrund

Die multifaktorielle Genese einer Suchterkrankung umfasst individuelle, soziale und biologische Faktoren, die eine Suchterkrankung auslösen und bedingen können, die sich aber auch schützend auswirken können (▶ Kap. 2).

Ein Migrationshintergrund gehört dabei ebenfalls zu den Faktoren, die entscheidenden Einfluss auf die Gesundheit ausüben können – und dies ebenfalls sowohl im positiven wie auch im negativen Sinne. Im Allgemeinen weisen aber Menschen mit Migrationshintergrund eine schlechtere gesundheitliche Verfassung auf. Dieser Zusammenhang bleibt sogar auch dann noch bestehen, wenn sozio-ökonomische Einflüsse in der Datenanalyse ausgeschlossen werden (Rommel et al. 2015). Das bedeutet, dass der schlechtere Gesundheitszustand von Menschen mit Migrationshintergrund nicht nur über deren geringe sozio-ökonomische Ressourcen erklärt werden kann.

Wie erklärt sich diese besondere Vulnerabilität der Menschen mit fremdkulturellen Wurzeln, und welche Konsequenzen hat dies für Prävention, Beratung und Behandlung in der Suchthilfe? Der sich oftmals über mehrere Generationen erstreckende Migrations- und Akkulturationsprozess bringt – je nach Herkunft, Verlauf, genaueren Umständen und Folgen – eine Vielzahl von Anforderungen und Belastungslagen für Migranten und Migrantinnen mit sich.

Zum einen kann der Migrationsprozess selbst – gerade in Fällen von unfreiwilliger Migration oder Flucht – mit erheblichen Belastungen und Traumatisierungen verbunden sein. Ankommen und Leben im Zielland bedeutet in der Regel neben dem geografischen Ortswechsel oftmals einen tiefgreifenden Wechsel der bislang bekannten physischen, psychischen, sozialen und kulturellen Lebensverhältnisse. Die physischen Veränderungen können Klima, Hygieneverhältnisse, Ernährungsgewohnheiten oder auch neuartige Krankheiten umfassen. Die sozialen Veränderungen, die mit einer Migration einhergehen, ziehen häufig Brüche in bisherigen sozialen Beziehungen nach sich. Die kulturellen Veränderungen hängen auch immer vom Kulturunterschied zweier Orte ab und zeigen sich oftmals auch als widersprüchliche Werte- und Orientierungssysteme im Herkunfts- und Zielland. Aber auch die Einstellung der Aufnahmegesellschaft zur Einwanderung bzw. zu den Migranten und Migrantinnen ist von zentraler Bedeutung. Diese können von Gastfreundschaft und Sympathie bis zu offener Ausgrenzung und Diskriminierung reichen. Als negative Folgen eines Migrationsprozesses können sich Kommunikationsprobleme, Diskriminierungserfahrungen, Isolation und nicht erfüllte Hoffnungen zeigen (Salman 2008).

Vor diesem Hintergrund verwundert nicht, dass sich prekäre Lebenslagen, die in engem Zusammenhang mit gesundheitlicher Benachteiligung stehen, bei Menschen mit Migrationshintergrund häufiger finden. Neben den hohen psycho-sozialen Belastungen, die mit Migration oftmals einhergehen, stellt auch der im Vergleich niedrigere sozio-ökonomische Status der Bevölkerungsgruppe mit Migrationshintergrund gegenüber der Bevölkerung ohne Migrationshintergrund ein weiteres erhebliches Gesundheitsrisiko dar. Prekäre Lebenslagen, die in vielen Fällen zu Abhängigkeit von staatlichen Leistungen führen, werden begünstigt durch Arbeitsverbote, fehlende oder niedrige Bildungsabschlüsse und in Deutschland nicht anerkannte formale Qualifikationen, aber auch Diskriminierung aufgrund der Herkunft (Rommel et al. 2015).

Wenig systematisches Wissen liegt über die salutogenetischen Aspekte in Hinblick auf die Bevölkerungsgruppe mit Migrationserfahrung vor. In manchen Feldern (z. B. Alkoholkonsum bei Jugendlichen, s. o.) hängt eine verstärkte Resilienz vermutlich vor allem mit einem stärkeren familiären Zusammenhalt, engeren sozialen Netzen und traditionelleren und religiösen Wertorientierungen zusammen. Vermutlich hat auch die hierarchisch-patriarchale Prägung der Wertesysteme positive Auswirkungen auf das Konsumverhalten: In noch viel stärkerem Maße kollidiert Suchtmittelkonsum von Frauen und Jugendlichen mit den tradierten Rollen der Geschlechter und Generationen, was zu einer größeren Zurückhaltung beim Konsum führen und somit vor den negativen Folgen riskanten Konsums schützen kann. Dieser Healthy-Migrant-Aspekt scheint sich aber mit zunehmender Aufenthaltsdauer oder auch mit der zweiten Generation abzuschwächen bzw. ganz zu verlieren.

7.2.1 Der Migrationsprozess aus stresspsychologischer Perspektive

Aus stresspsychologischer Sicht stellen die o. g. Veränderungen, die mit einer Migration einhergehen, kritische, stressauslösende Lebensereignisse dar. Stressoren sind Anforderungen aus der internen und externen Umwelt, die das bio-psycho-soziale Gleichgewicht des Menschen stören und das psychische und physische Wohlbefinden negativ beeinflussen. Langanhaltende Stressoren, die die Bewältigungskapazitäten eines Menschen überschreiten, können mögliche Ursachen für eine Suchtentwicklung sein (▶ Kap. 2). Slutzki (2016) hat ein stresstheoretisch orientiertes Phasenmodell der Migration entwickelt, das die migrationsspezifischen Belastungen in die Phasen der Migration aufschlüsselt und Ansatzpunkte für mögliche, phasenspezifische Interventionen bietet. Jede Phase zeichnet sich durch eine eigene Phänomenologie, typische Konflikte und eigene Bewältigungsmodalitäten aus. Nach Slutzki (2016) kann die psychologische Auseinandersetzung mit der Kultur des Aufnahmelandes im Zuge des Migrationsprozesses mehrere Generationen andauern. Betroffene Migranten und Migrantinnen sind folglich in allen Generationen Stressoren ausgesetzt, die dann durch den Konsum von psychoaktiven Substanzen kompensiert werden können. Das Modell erhebt Anspruch auf universale Gültigkeit, auch wenn Migrationsprozesse de facto äußerst divers sind.

Der Migrationsakt beginnt nach Slutzki (2016) bereits mit der *Vorbereitungsphase*, in der sich zur Migration Entschlossene mental mit der bevorstehenden Migration auseinandersetzen. Es werden dabei kognitive Schemata gebildet, die häufig positive Erwartungen und Bilder, Abwägungen über die Chancen und Risiken der Migration und Erwartungen und Annahmen über den Verlauf der Migration und der Situation im Aufnahmeland beinhalten. Der weitere Verlauf des Migrationsprozesses hängt auch entscheidend davon ab, inwieweit hier realistische, also erreichbare Ziele antizipiert wurden (▶ Abb. 4).

Im Aufnahmeland angekommen, wird das Verlassene häufig übertrieben negativ bewertet, das Neue nicht selten übertrieben positiv erlebt. Slutzki (2016) bezeichnet diese Situation als eine *Phase der Überkompensation*. Die Folge ist meist, dass diese Bilder nicht lange aufrechterhalten werden können, da sie den realen Verhältnissen nicht standhalten.

In der nachfolgenden *Phase der Dekompensation* wird nun versucht, die innere Balance aus diesem Konflikt wiederherzustellen. Diese Phase ist sehr bewegt und belastet mit Konflikten, Symptomen und Problemen. Die Hauptanforderung besteht darin, eine neue Realität zu gestalten und sowohl die Kontinuität der Familie zu erhalten als auch ihre Anpassungsfähigkeit an die neue Umwelt. Migranten und Migrantinnen, deren Migration in dieser Phase extrem ungünstig verläuft, können im Sinne einer dysfunktionalen Belastungsverarbeitung leicht zu Klienten und Klientinnen der Dienste und der Fachkräfte der Suchthilfe werden. Im Sinne der Integration und Vermeidung von negativen Folgen wie Suchterkrankungen wäre ein früherer Kontakt in der Phase der Überkompensation angezeigt. Hier sind noch nicht so viele negative Erfahrungen gesammelt worden, und die Motivation zur

7 Migration und Sucht

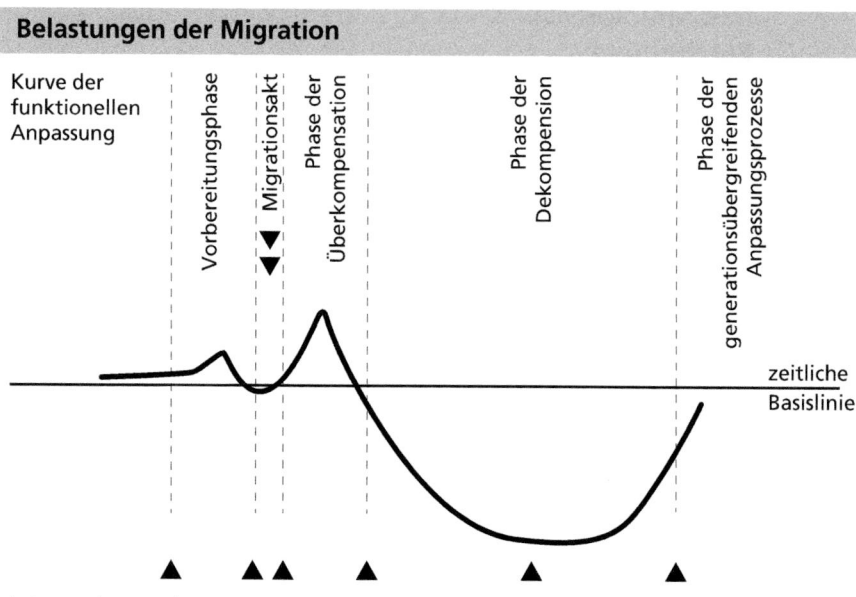

Abb. 4: Phasen der Migration (aus: Sluzki, Carlos E., 2022, Psychologische Phasen der Migration und ihre Auswirkungen, in: M. Klosinski, S. Castro Núñez, C. Oestereich und T. Hegemann (Hg.), Handbuch Transkulturelle Psychiatrie, 134–150, Psychiatrie-Verlag, Köln, hier S. 137)

Integration seitens der Betroffenen ist noch stärker ausgeprägt. Deshalb sind Prävention und Aufklärung in der Phase der Überkompensation nötig.

Eine Verzögerung des familiären Anpassungsprozesses wird dann besonders sichtbar, wenn eine neue Generation im Aufnahmeland heranwächst, die sich mit den Normen und Gebräuchen, Sitten, Werten und Lebensstilen der Aufnahmegesellschaft stärker identifiziert als die Eltern. Es können intensive Konflikte entstehen hinsichtlich der Werte, Normen und Haltungen. Diese Situation nennt Slutzki (2016) die *Phase der generationsübergreifenden Anpassungsprozesse*. Die Widersprüche zwischen den von der Herkunftsfamilie und -kultur übernommenen Bewältigungsstrategien einerseits und den zum Teil gegensätzlich gegenüberstehenden definierten Spielregeln in weiten Bereichen der außerfamiliären Welt andererseits münden dann häufig in delinquenten Verhaltensweisen.

Zusammenfassend kann gesagt werden, dass Hilflosigkeits- und Ohnmachtsgefühle entstehen können, wenn die Ressourcen und Bewältigungsstrategien nicht ausreichen, um die äußeren, mit der Migration einhergehenden Anforderungen zu bewältigen. Im negativen Fall wird der Versuch unternommen, diese Gefühle mit Substanzkonsum zu kompensieren bzw. sich selbst mit psychoaktiven Substanzen zu ›behandeln‹.

7.2.2 Epidemiologische Zusammenhänge von Migrationshintergrund und Suchtgefährdung

Ungeachtet der hohen Plausibilität dieser Darstellung sind jedoch bislang nur sehr eingeschränkte Aussagen zu einem *empirischen Zusammenhang von Migrationshintergrund und Suchtgefährdung und Suchtentwicklung* möglich: Zum einen ist die Bevölkerung mit Migrationshintergrund sehr heterogen (s. o.), zum anderen ist das Zusammenspiel aller Faktoren, die eine Suchterkrankung begünstigen oder auch verhindern können, sehr komplex. Die empirische Datenlage zum Zusammenhang von Suchtentwicklung und Migrationshintergrund ist in Deutschland und international bislang noch sehr begrenzt.

Insgesamt ergeben die vorliegenden Daten jedoch Hinweise auf Unterschiede im Suchtmittelgebrauch zwischen deutschen und nichtdeutschen Staatsangehörigen bzw. bei Menschen mit und ohne Migrationshintergrund (▶ Kap. 4). So gilt beispielsweise als gesichert, dass Jugendliche mit Migrationshintergrund Türkei, Asien und Osteuropa weniger Alkohol und Cannabis konsumieren als Jugendliche ohne Migrationshintergrund aus Deutschland oder anderen westeuropäischen Ländern (Orth und Töppich 2015a; Orth und Töppich 2015b). Beim Alkoholkonsum finden sich erhebliche Unterschiede nach Religionszugehörigkeit: Muslimische Jungen und Mädchen konsumieren weniger als Jungen und Mädchen anderer Religionszugehörigkeit. Der geringere Drogenkonsum unter Jugendlichen mit Migrationshintergrund ist vor allem auf den geringeren Konsum unter den Mädchen und jungen Frauen zurückzuführen (Razum et al. 2008: 56).

Mit zunehmender Aufenthaltsdauer in Deutschland nimmt jedoch die Häufigkeit des Alkoholkonsums zu. Es gibt Hinweise darauf, dass eine hohe soziale Integration in die Peergroup den Alkoholkonsum von türkischen Jugendlichen begünstigt, während bei deutschen Jugendlichen eher ein psychosomatischer Beschwerdedruck den Alkoholkonsum fördert. Weder der durchschnittlich niedrigere Konsum noch seine absehbare Angleichung bei längerer Aufenthaltsdauer in Deutschland an das inländische Niveau lässt aber Rückschlüsse auf das Potenzial für Suchterkrankungen zu (Razum et al. 2008: 56 f.).

Auch der Konsum illegaler Drogen scheint mit zunehmender Aufenthaltsdauer bzw. bei Kindern und Enkeln zugewanderter Personen zuzunehmen, ist aber meist unter Deutschen weiterverbreitet als unter altersgleichen ausländischen Staatsangehörigen. Informationen zum Suchtmittelkonsum in höheren Altersgruppen fehlen bisher ebenso wie Daten, die bezüglich der Herkunft stärker differenzieren. Sie liegen nur für einzelne Problembereiche vor (ebenda).

Die Daten zu Suchterkrankungen basieren überwiegend auf Behandlungs- und Kriminalitätsstatistiken mit nur eingeschränkter Aussagekraft. Jedoch mehren sich aus der Praxis die Hinweise, dass die Suchtproblematik unter Menschen mit Migrationshintergrund zunimmt (Kimil und Salman 2010).

So kann über die Frage, ob unter Menschen mit Migrationshintergrund höhere Erkrankungshäufigkeiten für bestimmte Suchterkrankungen vorliegen als unter Deutschen, derzeit nur spekuliert werden. Allerdings unterstreichen die Daten aus der Diagnosestatistik von psychiatrischen Landeskrankenhäusern bzw. aus der

Falldatei Rauschgift die Notwendigkeit einer Aufarbeitung dieser Thematik (Razum et al. 2008: 54–59).

Doch auch wenn die empirische Datenlage noch sehr unzureichend ist, so kann doch zusammenfassend konstatiert werden, dass ein *spezifischer Bedarf an sozialen Dienstleistungen* in der Suchthilfe für Menschen mit Migrationshintergrund vorliegt. Menschen mit Migrationserfahrungen sind vielfältigen Belastungen ausgesetzt, die die Bewältigungskapazitäten und Netzwerke überfordern können. Zu den Belastungen zählen oftmals der Migrationsprozess und die Migrationsfolgen selbst, die unterprivilegierte soziale Lage im Ankunftsland, innerfamiliäre Kulturkonflikte und eine Auseinandersetzung mit Vorurteilen und Fremdenfeindlichkeit.

7.3 Menschen mit Migrationshintergrund in der Suchthilfe

Daten zum problematischen Konsum und zur Suchtbelastung der Bevölkerungsgruppe mit Migrationshintergrund sind, wie oben gezeigt wurde, bislang nur punktuell vorhanden.

Weitere Hinweise auf die Suchtbelastung und damit verbundenen Lebensrealitäten der Menschen mit Migrationshintergrund geben die Suchthilfestatistiken, auch wenn diese nur einen selektiven Ausschnitt der Menschen mit Migrationshintergrund und ihrer Suchtbelastung beschreiben können.

7.3.1 Anteil der Menschen mit Migrationshintergrund in der Suchthilfe

Eine spezielle Auswertung der deutschen Suchthilfestatistik in Hinblick auf den Anteil der Menschen mit Migrationshintergrund erfolgte erstmals im Jahr 2011. An dieser Erhebung waren 778 ambulante und 166 stationäre Einrichtungen beteiligt (Künzel et al. 2013).

Der Anteil der Klienten mit Migrationshintergrund, die 2011 in den an der Deutschen Suchthilfestatistik teilnehmenden ambulanten Einrichtungen behandelt wurden, beträgt insgesamt 16,8 Prozent (n = 39.218) und liegt damit unter dem Anteil der Menschen mit Migrationshintergrund in der Gesamtbevölkerung (▶ Abb. 5).

Wie die Studie weiterhin zeigt, unterscheidet sich die Gruppe der Menschen mit Migrationshintergrund von der Gesamtgruppe hinsichtlich der sozio-demografischen und sozio-ökonomischen Merkmale, der konsumierten Substanzen, der Zugangswege und Behandlungsverläufe.

So ist in der Gruppe der Menschen mit Migrationshintergrund der *Männeranteil* sehr viel höher und die Klientinnen und Klienten mit Migrationshintergrund sind

7.3 Menschen mit Migrationshintergrund in der Suchthilfe

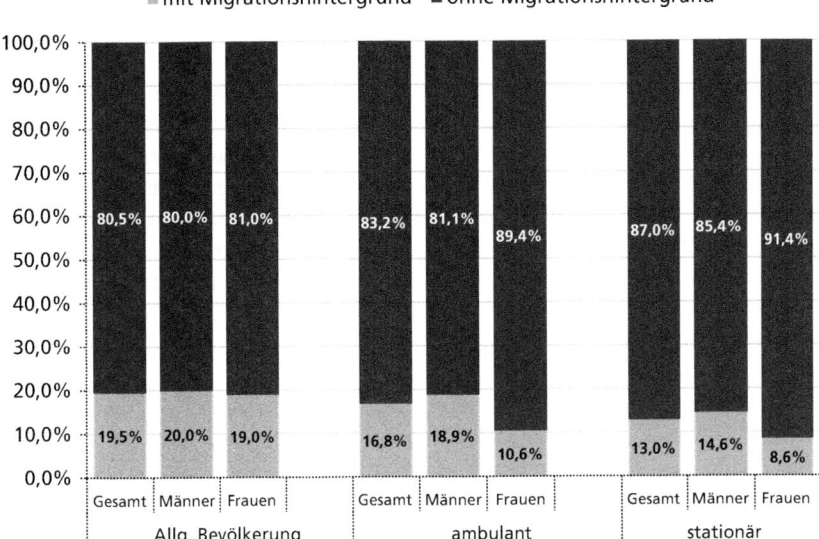

Abb. 5: Anteile von Personen mit Migrationshintergrund in der Allgemeinbevölkerung und in der Klientel von ambulanter und stationärer Suchtbehandlung (Daten aus Künzel et al. 2013: 3, eigene Darstellung)

im Durchschnitt einige Jahre jünger als die Gesamtgruppe der Klientinnen und Klienten. Klientinnen und Klienten mit Migrationshintergrund leben *weniger häufig selbstständig* (das heißt entweder zur Miete oder in einer eigenen Wohnung bzw. in einem eigenen Haus) als Klientinnen und Klienten der Gesamtgruppe. Dementsprechend leben mehr Klientinnen und Klienten mit Migrationshintergrund bei anderen Personen, aber auch der Anteil derer, die in *Justizvollzugsanstalten/im Maßregelvollzug* leben oder in Sicherungsverwahrung sind, ist ungefähr doppelt so hoch wie in der Gesamtgruppe.

In Hinblick auf *Ausbildung und Erwerbstätigkeit* sind Menschen mit Migrationshintergrund in einer schlechteren Lage als die Gesamtgruppe der Klientinnen und Klienten: Diejenigen mit Migrationshintergrund haben häufiger keinen Schulabschluss und häufiger einen Hauptschulabschluss als die Gesamt-Klientengruppe. Klientinnen und Klienten mit Migrationshintergrund haben darüber hinaus seltener eine abgeschlossene Berufsausbildung (ambulant und stationär) als die Klientinnen und Klienten insgesamt. Klienten und Klientinnen mit Migrationshintergrund waren vor Behandlungsbeginn seltener erwerbstätig als die Klientinnen und Klienten insgesamt.

Auch in Hinblick auf die *konsumierten Substanzen* können Unterschiede zwischen Menschen mit Migrationshintergrund und der Gesamtklientel beobachtet werden: Alkohol und insbesondere Opioide sind hauptsächlich die Substanzen, aufgrund derer Klienten und Klientinnen mit Migrationshintergrund behandlungsbedürftige Störungen entwickelt haben (ambulant und stationär).

Für Klienten mit Migrationshintergrund liegt das *Alter* bei Störungsbeginn bei Alkohol sehr viel niedriger als bei den Klienten insgesamt. Bei den übrigen Substanzen gibt es keine nennenswerten Unterschiede. Zu der Frage, wie viele Menschen mit Migrationshintergrund Probleme mit stoffungebundenen Süchten entwickeln, liegen bislang wenige gesicherte Erkenntnisse vor. Vor allem das *Glücksspiel* ist aber in den vergangenen Jahren verstärkt in den Fokus geraten. Bei Klientinnen und Klienten mit der Diagnose Spielsucht stellte eine Untersuchung in Bayern fest, dass der Anteil der Menschen ohne deutsche Staatsangehörigkeit (Menschen mit Migrationshintergrund gemäß o. g. Definition wurden nicht erfasst) in der ambulanten Behandlung und Beratung im Jahr 2012 bei 27 Prozent lag (Braun et al. 2014; ▶ Kap. 4).

Hinsichtlich der *Zugangswege* zeigt sich, dass in die ambulante Behandlung Klientinnen und Klienten mit Migrationshintergrund häufiger durch Justizbehörden/Bewährungshilfe oder durch ärztliche bzw. psychotherapeutische Praxen vermittelt werden als die Klientinnen und Klienten der Gesamtgruppe (Künzel et al. 2013).

Menschen mit Migrationshintergrund *beenden die ambulante Behandlung* zu einem ähnlich hohen Anteil planmäßig wie die Klientinnen und Klienten der Gesamtgruppe. Im stationären Bereich ist der Anteil der planmäßigen Beender unter den Patienten bzw. Patientinnen mit Migrationshintergrund geringer als unter den Patienten und Patientinnen der Gesamtgruppe (72 Prozent vs. 79 Prozent). Klienten mit Migrationshintergrund (ambulant und stationär) weisen ein etwas schlechteres Behandlungsergebnis auf als die Klienten der Gesamtgruppe.

Zusammenfassend lässt sich sagen, dass Menschen mit Migrationshintergrund in den Einrichtungen der Suchthilfe *unterrepräsentiert* sind. Ihre sozio-ökonomische Lage ist etwas schlechter im Vergleich zu der Gesamtgruppe der Klienten und Klientinnen; der Beratungs- und Behandlungserfolg ist etwas geringer.

7.3.2 Zugangsbarrieren für Menschen mit Migrationshintergrund in der Suchtprävention und Suchthilfe

Gaitanides hat bereits im Jahr 2001 eine Übersicht vorgelegt, in der die Zugangsbarrieren zu sozialen Diensten von Menschen mit Migrationshintergrund systematisch dargestellt werden (Gaitanides 2001) und die später von Penka (2013) sowie Schu und Martin (2016) erweitert und spezifiziert wurden. Dabei finden sich Hemmnisse sowohl von Seiten der Menschen mit Migrationshintergrund als auch von Seiten der Einrichtungen und Mitarbeitenden. Nachfolgende Tabelle fasst die zentralen Aspekte zusammen (▶ Tab. 8).

Zusammenfassend kann gesagt werden, dass die Gründe für die geringe Inanspruchnahme von gesundheitsförderlichen Leistungen durch Menschen mit Migrationshintergrund äußerst heterogen sind: *Informations- und Kommunikationsdefizite* spielen eine ebenso große Rolle wie *Unterschiede in Krankheitsverständnis* und Nutzungsverhalten sowie *nicht ausreichende interkulturelle Kompetenzen* bei den Fachkräften. *Aufenthalts- und Versicherungsstatus* können ebenfalls eine wichtige Rolle spielen. Bedeutsam ist auch der Faktor *Geschlecht*: Traditionelle Rollenvorstellungen können sich negativ auf die Akzeptanz und Inanspruchnahme von Leistungen auswirken, wenn gendersensible bzw. männer-/frauenspezifische Angebote fehlen.

Tab. 8: Zugangsbarrieren für Menschen mit Migrationshintergrund

Barrieren von Seiten der Menschen mit Migrationshintergrund	Barrieren von Seiten der Mitarbeiter und Mitarbeiterinnen der sozialen Dienste
Mangelhafter Informationsstand über institutionelles Angebot	Mangelhafter Informationsstand über soziale und kulturelle Hintergründe
Sprachlich-kulturelle Verständigungsprobleme	Sprachlich-kulturelle Verständigungsprobleme
Institutionenangst, Misstrauen und Angst vor juristischen Konsequenzen	Ignorierung der (sozio-) kulturell bedingten Zugangsprobleme
(Familien-)Ehre, Scham	Überbetonung der kulturellen Unterschiede/kulturalistische, defizitäre Sichtweise
Angst vor Stigmatisierung	Angst vor dem Fremden, Kompetenzverlustangst, Angst vor Überlastung
Ressentiments gegenüber psychosozialen, reflexiven Methoden	Ethnozentrisches, mittelschichtsorientiertes Beratungs- und Behandlungssetting
Befürchtung von Vorurteilen bzw. von Mangel an Akzeptanz und Wertschätzung	Fehlende (sozio-)kulturelle Akzeptanz
Christlicher Tendenzbetrieb	Leugnung kultureller Differenz: »Wir behandeln alle gleich«
Inkompetenzvermutungen	Einschränkung an Angebotswahrnehmung durch Gesetze wie z. B. das Asylbewerberleistungsgesetz
Unterschied von Sozialisierungsprozessen in Bezug auf Substanzkonsum im Herkunftsland gegenüber Deutschland einschließlich rechtlichem Status von Substanzen	Fehlende Kenntnisse über Suchtverständnis im Herkunftsland der Menschen mit Migrationshintergrund

Eigene Zusammenstellung nach Gaitanides 2001, Penka 2013, Schu und Martin 2016, Lorenz et al. 2021

Exkurs: Erklärungsmodelle und Deutungsmuster zur Abhängigkeit und zum Hilfesystem bei Jugendlichen mit Migrationshintergrund

Versorgungseinrichtungen der Suchthilfe werden durch Menschen mit Migrationshintergrund nur vermindert in Anspruch genommen (s. o.). Verschiedene Zugangsbarrieren, wie z. B. die Sprachbarriere oder die Angst vor aufenthaltsrechtlichen Konsequenzen, wurden dafür verantwortlich gemacht (s. o.). Darüber hinaus kann eine verminderte Inanspruchnahme auch damit zusammenhängen, dass bei

Migrantinnen und Migranten anders gelagerte Erklärungsmodelle für Abhängigkeitserkrankungen und Wahrnehmungen von Hilfesystemen zu finden sind. Diese Hypothese wurde in einer qualitativen Studie mit Aussiedlern aus der ehemaligen Sowjetunion, Migranten und Migrantinnen aus der Türkei und einheimischen Deutschen geprüft (Heinemann et al. 2007). Die Ergebnisse bestätigen die Annahme kultureller Unterschiede in den Erklärungsmodellen abhängigen Verhaltens und in der Wahrnehmung des Hilfesystems, und diese können wie folgt zusammengefasst werden:

Kulturelle Unterschiede in den Erklärungsmodellen abhängigen Verhaltens

- Jugendliche aus Staaten der ehemaligen Sowjetunion erachten – im Gegensatz zu einheimischen Jugendlichen – ein Gespräch bei einem Problem mit Suchtstoffen als wenig sinnvoll, ebenso wie die Konsultation eines Arztes.
- Jugendliche aus Staaten der ehemaligen Sowjetunion konnotieren den Drogenkonsum negativer als einheimische Jugendliche (z. B. durch engere Assoziationen mit den Begriffen ›Schande‹ und ›asozial-sein‹), trotzdem wird bei Drogenproblemen eher nicht die Notwendigkeit gesehen, Hilfe aufzusuchen.
- Jugendliche Aussiedler und türkische Jugendliche bringen im Vergleich mit deutschen Jugendlichen das Phänomen des Kontrollverlustes (nicht ohne die jeweilige Substanz leben können) eher nicht mit dem Krankheitsbild Sucht in Verbindung, das Phänomen der »psychischen Abhängigkeit« wird von türkischen Jugendlichen eher nicht einer stoffgebundenen Suchterkrankung zugeordnet.
- Jugendliche Aussiedler befürchten noch stärker als deutsche Jugendliche bei einer Suchterkrankung stigmatisiert und ausgegrenzt zu werden.
- Jugendliche Aussiedler haben eine stärkere ablehnende Haltung gegenüber der Psychiatrie als einheimische Jugendliche.
- Jugendliche Aussiedler sehen zum Teil auch exzessiven Alkoholkonsum eher als normal an und tolerieren ihn als eine Art ›Charakterschwäche‹.
- Ansprechpartner bei Suchtproblemen ist bei jugendlichen Aussiedlern eher das informelle Umfeld, da hier weniger Diskreditierung befürchtet wird.
- Das Wort ›Alkoholiker‹ ist für jugendliche Aussiedler eher eine schlimme Beschimpfung.
- Von einer Behandlung wird von jugendlichen Aussiedler eher eine medizinische Behandlung (Tabletten, Spritzen, Infusionen) erwartet, psychotherapeutische Maßnahmen werden eher abgelehnt.

Zusammenfassend wird offensichtlich, dass in den *Erklärungsmodellen* und *Deutungsmustern zur Abhängigkeit und zum Hilfesystem* für jugendliche Aussiedler zum einen gravierende Zugangsbarrieren zum Suchthilfesystem liegen können und diese darüber hinaus auch zu Kommunikationsproblemen im Beratungsprozess führen können. So können Passivität und ein Widerstand gegen die Preisgabe von persönlichen Hintergründen und Informationen irrtümlicherweise als ein Mangel an der Bereitschaft mitzuarbeiten gedeutet werden. Zudem ist anzunehmen, dass oftmals die Erwartungen, mit denen jugendliche Aussiedler in den Beratungsprozess kommen, nicht erfüllt werden.

Prävention sollte sich hierauf einstellen und in zielgruppenspezifischen Programmen das Thema der vermeintlichen Stärke im Umgang mit Suchtmitteln und der Unabhängigkeit von Hilfe thematisieren. Darüber hinaus sollte dem Misstrauen, das insbesondere die Migranten und Migrantinnen aus der ehemaligen Sowjetunion dem hiesigem Hilfesystem und behördlich wirkenden Institutionen entgegenbringen, mit verstärkter Aufklärung begegnet werden.

Eine Integration des Wissens über die unterschiedlichen, oben angesprochenen Erklärungsmodelle zur Sucht und zum Hilfesystem in die präventive Arbeit sowie in die Beratung und Behandlung kann Zugangsbarrieren abbauen, Compliance und Patientenzufriedenheit erhöhen und Behandlungserfolge verbessern. Die Beschäftigung des Suchthilfesystems mit transkulturellen Aspekten erscheint allerdings nicht nur für die betroffenen Migranten und Migrantinnen hilfreich, sondern kann auch allgemein innovative Impulse auf Prävention und Beratungsformen ausüben und den Blick für gesellschaftliche, kulturelle und individuelle Differenzen schärfen (Heinemann et al. 2007).

7.4 Inter- und transkulturelle Öffnung in der Suchthilfe und Suchtprävention

Um eine bessere Erreichbarkeit und die Bereitstellung von zielgruppenadäquaten Angeboten für die Prävention und Beratung/Therapie in der Suchthilfe sicherzustellen, sind unter den Begriffen der »kultursensiblen«, »transkulturellen« oder »interkulturellen« Arbeit in den vergangenen Jahren eine Reihe von Handlungsempfehlungen vorgeschlagen worden (z. B. Schu und Martin 2016; Landschaftsverband Westfalen-Lippe 2014; Büro für Suchtprävention der hamburgischen Landesstelle für Suchtfragen 2014). Allen Vorschlägen ist gemein, dass eine Verbesserung von Zugang und Angeboten für Menschen mit Migrationshintergrund als eine querschnittliche Herausforderung – vergleichbar dem Gender Mainstreaming (▶ Kap. 6) – an die gesamte Einrichtung und nicht etwa als eine Sonderaufgabe oder als ein Sonderdienst gesehen wird.

7.4.1 Dimensionen der inter- und transkulturellen Öffnung

Dabei werden für die konkrete Umsetzung verschiedene Dimensionen adressiert, die hier zusammengefasst dargestellt werden.

1. Eine inter- oder transkulturelle Öffnung einer Einrichtung der Suchthilfe und Suchtprävention braucht eine *explizite Träger- bzw. Leitungsentscheidung*. Die

trans-/interkulturelle Ausrichtung einer Einrichtung ist Teil der Organisationsentwicklung und erfordert eine Verankerung in den Strukturen der Institutionen (z. B. Leitbild, Konzeption, Qualitätssicherung) und Top-down-Prozesse.
Gleichwohl kann nur ein möglichst breiter Konsens unter den Leitungskräften und Mitarbeitern und Mitarbeiterinnen zu einer erfolgreichen Umsetzung führen. Die Einrichtung einer entsprechenden Steuerungsgruppe ist ein gutes Instrument, um die trans-/interkulturelle Öffnung einer Einrichtung in Gang zu setzen und zu begleiten.
2. Der Aufbau bedarfsgerechter Zugangswege und Angebote beginnt mit der *Bedarfsanalyse in der Region*, die die Bedürfnisse der Betroffenen in den Blick nimmt. Dabei sind sowohl die kommunalen Statistiken relevant als auch Gespräche mit Schlüsselpersonen aus den entsprechenden kulturellen Gruppen vor Ort. Sie liefern wichtige Informationen hinsichtlich effektiver Zugangswege und Angebote.
3. *Vernetzung und Kooperation auf Augenhöhe* mit Migrantenorganisationen und Hilfesystemen hilft, Zugangsbarrieren in beiden Richtungen zu vermindern und Angebote adäquat auszugestalten. Gegenseitige Wertschätzung und Akzeptanz und ein Verzicht auf ›Expertentum‹ ist dabei essenziell.
4. *Gezielte Personalentwicklung* in der Breite ist unabdingbar, da inter-/transkulturelles Arbeiten keine Spezialaufgabe ist. Die Fachkräfte einer Einrichtung müssen über ein Grundverständnis von kultureller Vielfalt und Migrationsprozessen verfügen. Interkulturelle Kompetenz sollte durch regelmäßige Weiterbildung gefördert werden. In der Zusammensetzung von Fachkräfteteams sollte auf Vielfalt geachtet werden, und es sollten Menschen mit Migrationshintergrund gezielt angeworben werden. Ein Migrationshintergrund eines Mitarbeiters sollte als eine wertvolle Ressource betrachtet werden.
5. *Zielgruppenspezifische Zugänge* eröffnen sich durch Informationsmaterialien, Formulare und eine Homepage in den entsprechenden Sprachen. Die Zusammenarbeit mit den entsprechenden zielgruppenspezifischen Medien fördert ebenfalls den Zugang. Übersetzung und Gestaltung erfolgt am besten mit Beratung durch Menschen mit Migrationshintergrund. Eine diversitäts- und kultursensible Außendarstellung kann Barrieren für alle senken.
6. Die bestehenden Angebote müssen einer *Überprüfung unterzogen werden, inwieweit sie den Anforderungen nach kultureller Offenheit und Sensibilität* Rechnung tragen. Schlüsselpersonen aus Migrantenverbänden können wertvolle Hinweise geben bei der Überprüfung der bestehenden Angebote. Bislang haben sich niedrigschwellige Angebote wie offene Sprechstunden für Menschen mit Migrationshintergrund, muttersprachliche Angebote, aufsuchende Arbeit und Peer-to-Peer-Ansätze als hilfreich gezeigt.
7. Inter-/transkulturelle Arbeit zeigt sich auch in gelingender *Kommunikation und personenzentrierter Beziehungsgestaltung*. Zu bedenken ist immer ein kulturell geprägtes Suchtverständnis und kulturell geprägte Vorstellungen des Hilfesystems. Besondere Berücksichtigung sollte deswegen auf die Klärung von Auftrag, Ziel und Rahmenbedingungen des Hilfeprozesses gelegt werden. Außerdem ist auf eine verständliche Sprache zu achten.

8. *Eine Kultur des Willkommens* sollte gezielt aufgebaut werden. Dazu zählen nicht nur die o. g. Übersetzungen der wichtigsten Informationsmaterialien. Auch Medien wie eine Weltkarte oder ein Globus eröffnen die Möglichkeit, das Herkunftsland zu zeigen und die Migrationsgeschichte zu erzählen. Sie vermitteln darüber hinaus Interesse und Wertschätzung und helfen, wirklich miteinander in Kontakt zu kommen.

Zusammenfassend wird deutlich, dass Angebote für Menschen mit Migrationshintergrund keine spezialisierten Angebote sind, sondern dass Inter- und Transkulturalität als ein querschnittliches Qualitätsmerkmal betrachtet werden muss. Zugleich wird sichtbar, dass die Entwicklung von inter-/transkultureller Kompetenz auch ein ›Mehr‹ an Ressourcen erfordert, die durch Kostenträger und Versorgungsverantwortliche bereitgestellt werden müssen.

Trotz der Bedeutsamkeit des Merkmals »Migrationshintergrund« soll aber nicht in Hintergrund treten, dass die ethnische oder nationale Herkunft nicht isoliert, sondern im Kontext von Geschlecht, sexueller Orientierung, physischen Fähigkeiten, Religion, Weltanschauung sowie Alter betrachtet werden muss.

7.4.2 Models of Good Practice

In den vergangenen Jahren wurden verschiedene Praxisansätze erprobt, um Menschen mit Migrationshintergrund besser zu erreichen und ihnen adäquate Hilfen bereitzustellen. So hat z. B. das Bundesministerium für Gesundheit in den Jahren von 2009 bis 2012 ein Fördervorhaben aufgelegt, in dem ein breites Spektrum an Projekten unterstützt wurde: Die entwickelten und evaluierten Ansätze wurden in ambulanten und stationären Einrichtungen durchgeführt, sie richteten sich an Gefährdete und Abhängige, an Konsumenten und Konsumentinnen unterschiedlicher Substanzen sowie unterschiedlicher Herkunft (https://www.bundesgesundheitsministerium.de/fileadmin/Dateien/5_Publikationen/Drogen_und_Sucht/Berichte/Kurzbericht_TransVer_Berlin.pdf). Die Evaluationsergebnisse und Schlussfolgerungen dieses Modellprojektes spiegeln sich in den Punkten 1 bis 8 des Abschnitts »Dimensionen der inter- und transkulturellen Öffnung in der Suchtprävention und Suchtarbeit«.

Ein weiteres, aktuelles Projekt in Hamburg mit dem Titel »Herkunft – Ankunft – Zukunft« erprobt ebenfalls neue Zugangswege (Büro für Suchtprävention der hamburgischen Landesstelle für Suchtfragen 2014). Das Projekt hat eine kultursensible und muttersprachige Vermittlung von Informationen zu Sucht und zum Hamburger Suchthilfesystem in die jeweiligen Communities zum Ziel und wird von ehrenamtlichen Keypersons getragen. Die Suche nach geeigneten Keypersons erfolgt über eine Ausschreibung. Die Keypersons erhalten dann in qualifizierten Schulungen Wissen über den Aufbau des Suchthilfesystems, über rechtliche Aspekte beispielsweise zum Betäubungsmittelgesetz sowie Informationen über die Wirkung und Verbreitung relevanter psychoaktiver Substanzen. Darüber hinaus werden Institutionen und Ansprechpartner und Ansprechpartnerinnen vorgestellt, Moderationstechniken beschrieben, methodische Hinweise für die Gestaltung von kultursensiblen Info-Veranstaltungen gegeben und diese individuell besprochen und geplant. Die Keypersons geben dann das erworbene Wissen in von ihnen selbstständig durchgeführten muttersprachigen Info-Veranstaltungen weiter, z. B. in Kulturvereinen, Elterncafés, Jugendgruppen, Kirchen, Moscheen, sozialen Einrichtungen, Beratungsstellen und Migrationsdiensten, aber auch auf Spielplätzen oder im heimischen Wohnzimmer. Im Jahr 2012 fanden Veranstaltungen in 13 verschiedenen Sprachen statt, es werden pro Jahr ca. 400 bis 500 Personen erreicht. Eine Würdigung des Engagements erfolgt durch die Verleihung von Zertifikaten.

Weiterführende Literatur

 Koch, E., Müller, M. J. & Schouler-Ocak, M. (Hg.), 2013, *Sucht und Migration*, Lambertus, Freiburg im Breisgau.

8 System der Suchtkrankenhilfe

> ☞ **Was Sie in diesem Kapitel lernen können**
>
> In diesem Abschnitt lernen Sie das komplexe Versorgungssystem der Suchthilfe in Deutschland kennen. Ausgehend von ihren grundlegenden Leitbildern und Paradigmen werden Ihnen die grundlegenden Strukturen und Angebote vorgestellt und einige der aktuellen strukturellen Versorgungsprobleme aufgezeigt.

8.1 Einleitung

Das Arbeitsfeld Suchthilfe und Suchtprävention hat in den vergangenen Jahren für Fachkräfte der Sozialen Arbeit erheblich an Bedeutung gewonnen. Dies resultiert auch aus einer starken Zunahme der substanzbezogenen Störungen in der Gesamtbevölkerung sowie einem erheblichen Ausbau des Suchthilfesystems seit den 1970er Jahren (Klein 2003: 481).

Seinen Ausgangspunkt nahm das heutige System bereits vor dem Ersten Weltkrieg in einer staatlich organisierten Trinkerfürsorge mit ambulanten und stationären Angeboten, die die enormen gesundheitlichen und sozialen Folgen eines zum Teil epidemischen Alkoholmissbrauchs aufzufangen suchte. Sie wurden in der Weimarer Republik weiter ausgebaut und sozial neu legitimiert. Nach dem katastrophalen Einbruch während der Jahre der Nazi-Herrschaft dauerte es bis zum Ende der 1960er Jahre, bis die Suchthilfe in Deutschland wieder klare Konturen gewann. Dieser neuerliche Ausbau wurde durch das bahnbrechende Urteil des Bundessozialgerichts im Jahr 1968, das Alkoholismus als behandlungsbedürftige Krankheit anerkannte, begünstigt, zum anderen aber auch durch die heraufkommende »Drogenwelle« im Zuge der »68er-Bewegung« beschleunigt (Klein 2003: 482).

Seit den 1970er Jahren wurde auch das Arbeitsfeld der Suchtprävention aufgebaut; es hat sich seitdem zu einem eigenständigen Arbeitsfeld mit eigener Expertise und Strukturen entwickelt. Auf kommunaler Ebene findet sich die Suchtprävention oftmals als Abteilung bzw. Fachstelle der Suchtberatungsstellen (s. u.). Aus diesem Grund wird sie als ein Teil des Suchthilfesystems bezeichnet. Da der Suchtprävention im Rahmen dieses Buches ein eigenes Kapitel gewidmet ist (▶ Kap. 9), das sich auch mit den strukturellen Aspekten und der besonderen Bedeutung der Sozialen

Arbeit in der Suchtprävention auseinandersetzt, wird im Rahmen dieses Kapitels die Suchtprävention zwar genannt, der Fokus der Darstellung liegt aber auf den Versorgungsstrukturen der Suchthilfe im engeren Sinn.

8.2 Der normative Rahmen

Voraussetzung für eine sinnvolle Darstellung und Beurteilung der Suchthilfe und ihrer Versorgungsstrukturen ist die Kenntnis des normativen Rahmens, der diese beeinflusst und bestimmt. Dabei ist grundsätzlich zu unterscheiden zwischen den *relevanten Rechtsnormen* (z. B. Gesetze, rechtliche Vorschriften und Verordnungen, internationale Abkommen), *fachlichen Normen* (z. B. Standards der sozialen Arbeit, Leistungsbeschreibungen, Qualitätsanforderungen) sowie *ethischen und sozialen Normen*. Alle Normen beeinflussen sich gegenseitig und unterliegen gesellschaftlichen Wandlungsprozessen (Deutsche Hauptstelle für Suchtfragen 2014a). Das Feld der Sucherkrankungen bzw. der Suchthilfe zeichnet sich u. a. dadurch aus, dass sich hier eine Vielzahl unterschiedlicher, auch konträr positionierter Kräfte finden, die sich hinsichtlich der Gestaltung und Bewertung der Hilfsangebote zu Wort melden. Strömungen aus der Bevölkerung, den politischen Parteien, der Sozialämter, der Justiz und der Polizei finden ihren Niederschlag wie bei kaum einer anderen Erkrankung: Es gibt eine Drogenpolitik, aber keine Diabetes- oder Schizophreniepolitik (Meili et al. 2004: 2).

Der folgende Abschnitt bezieht sich auf die Rechtsnormen, die in den vergangenen 15 Jahren einen Paradigmenwechsel im Gesundheits- und Sozialbereich – und hier insbesondere im Bereich der Behinderung – angezeigt haben. Für die Suchthilfe ist dies von besonderer Relevanz, da Sucht sozialrechtlich als eine Form der »Seelischen Behinderung« gefasst wird.

Sucht

Sucht ist eine behandlungsbedürftige, psycho-soziale und psychiatrisch relevante Krankheit und Behinderung mit chronischen Verläufen. Deren Folge ist das Entstehen einer sozialen, körperlichen und seelischen Beeinträchtigung, die die betroffenen Menschen daran hindern kann, ihren sozialen und gesellschaftlichen Verpflichtungen nachzukommen und am Leben in der Gesellschaft teilzuhaben (Deutsche Hauptstelle für Suchtfragen 2014a).

Entscheidende neue Impulse hat die normative Rahmung der Suchthilfe erfahren insbesondere durch

1. das im Jahr 2001 eingeführte Sozialgesetzbuch IX »Rehabilitation und Teilhabe behinderter Menschen«,

2. die im gleichen Jahr durch die Weltgesundheitsorganisation (WHO) herausgegebene Klassifikation ICF (International Classification of Functioning, Disability and Health) ▶ Kap. 11) und
3. die im Jahr 2006 von den Vereinten Nationen verabschiedete und im Jahr 2009 durch die Bundesrepublik ratifizierte UN-Behindertenrechtskonvention (UN-BRK).

An dieser Stelle können lediglich die grundlegenden Prinzipien und Paradigmen dieser Rechtsnormen und ihrer Konsequenzen skizziert werden. Eine systematische Aufarbeitung, in welchem Ausmaß die Suchthilfe heute diesen Paradigmen Rechnung trägt und an welchen Stellen noch nachgesteuert werden muss, wurde durch eine Arbeitsgruppe der Deutschen Hauptstelle für Suchtfragen im Jahr 2014 (Deutsche Hauptstelle für Suchtfragen 2014a) vorgelegt.

Ein zentrales Paradigma, das durch die genannten Rechtsnormen vermittelt wird, ist die *personzentrierte* Sichtweise. Mit der personzentrierten Sichtweise wird den individuellen Ressourcen und den Kontextfaktoren eines suchtkranken Menschen im Beratungs- und Behandlungsprozess neue und große Bedeutung beigemessen.

Ein weiteres zentrales Stichwort in diesem Zusammenhang ist *Teilhabe.* Unter dem Stichwort Teilhabe wird das Ziel verstanden, Menschen mit Behinderungen zu gleichberechtigten Bürgern zu machen. Die UN-Behindertenrechtskonvention formuliert die Teilhabe am Leben der Gemeinschaft als einen Rechtsanspruch, wobei Menschen mit Behinderungen nicht als Personen gesehen werden, die an Defiziten leiden, sondern als Bürger, die zwar beträchtliche Beeinträchtigungen aufweisen, aber vor allem an der vollen Teilhabe am gesellschaftlichen Leben gehindert werden.

Beide Paradigmen haben in die Suchthilfe insofern Eingang gefunden, als dass eine individuelle und kontextbezogene Haltung in der Arbeit mit suchtkranken Menschen heute als fachlich angezeigte Grundvoraussetzung gilt (Deutsche Hauptstelle für Suchtfragen 2014a). So drückt sich der Anspruch nach Personzentrierung und Teilhabe in der Suchthilfe u. a. in individuell angepassten Maßnahmeplänen und der Förderung und Unterstützung der Selbstbestimmung der Menschen, dem Wunsch- und Wahlrecht und nicht zuletzt der Mitwirkung in den Einrichtungen und Diensten innerhalb des Beratungs- und Behandlungssettings aus.

Hinsichtlich der Möglichkeiten der Selbstbestimmung der Klienten und Klientinnen in der Suchthilfe werden unter den Stichworten »Abstinenzorientierung« vs. »zieloffene Hilfen« auch heute noch kontroverse Debatten geführt, die weiter unten aufgegriffen werden.

Personorientierung und Teilhabe konkretisieren sich aber nicht nur in der konkreten, direkten Arbeit mit den Adressatinnen und Adressaten. Vielmehr muss auch das Suchthilfesystem als System bestimmte Merkmale zeigen, damit diese Maßgabe eingelöst werden kann. Nach Auffassung einer Arbeitsgruppe unter der Federführung der Deutschen Hauptstelle für Suchtfragen (2004a) bedarf es zur personorientierten Verknüpfung der Angebote und Maßnahmen eines *integrierten Gesamtversorgungsansatzes.* Wie weiter unten noch differenzierter aufgezeigt wird, besteht das System der Suchtkrankenhilfe aus einer Vielzahl von Einrichtungen und Diensten, die in unterschiedlicher Trägerschaft und mit unterschiedlichen Finanzierungsquellen arbeiten. Zudem wird eine Vielzahl von Leistungen und Maßnahmen angeboten, wiederum für eine Vielzahl von unterschiedlichen Zielgruppen mit unterschiedlichen Bedarfslagen (s. u.). Ein zentrales Problem im aktuellen System der Suchthilfe liegt darin, dass diese komplexe Angebotsstruktur im Sinne der Personorientierung vernetzt und (kommunal) gesteuert zusammenarbeiten sollte, denn die Qualität und Tragfähigkeit eines Versorgungssystems erweist sich letztlich an den Schnittstellen und Übergängen zwischen den Teilsystemen, Leistungsträgern, Diensten, Einrichtungen und Trägern. Die bisher dominante Institutionsorientierung soll demgegenüber zurücktreten. Um ein Hilfesystem so zu organisieren, dass es personorientierte Komplexleistungen erbringen kann, bedarf es deswegen der besonderen Qualität der *verbindlichen personenbezogenen Vernetzung*, die im Suchthilfesystem eine besondere Herausforderung darstellt.

Dieses Problem wurde innerhalb der Suchthilfe bislang nicht systematisch, sondern lediglich im Rahmen einzelner Projekte und Ansätze angegangen (z. B. Konsiliardienste der ambulanten Suchtberatungsstellen in Arbeitsämtern oder Krankenhäusern, externe Suchtberatung für Menschen in Haft, externe Suchtberatung in Einrichtungen der Wohnungslosenhilfe, Kooperationsvereinbarungen zwischen behandelnden Ärzten und Suchtberatungsstellen in der Substitution).

Ein integriertes und bedarfsgerechtes, personorientiertes Versorgungssystem in der Suchthilfe soll sich nach Auffassung der DHS an folgenden Merkmalen messen lassen können:

Anforderungen an das Versorgungssystem

- Abdeckung des gesamten Spektrums von Abhängigkeitsproblemen von der Prävention bis zur Nachsorge,
- leichte Erreichbarkeit, Transparenz und Durchlässigkeit,
- flexible und zeitnahe Erbringung von Leistungen im Sozialraum,
- individuelle und passgenaue Planung und Erbringung von Leistungen, die wirksam und wirtschaftlich sind,
- Abstimmung und Verknüpfung der Leistungen im Quer- und Längsschnitt,
- Erbringung eines Beitrages zur Förderung von Gesundheit und Verhinderung von Krankheit in der Gesellschaft (Deutsche Hauptstelle für Suchtfragen 2014a).

8.3 Das Abstinenzparadigma und zieloffene Hilfen

Wie oben bereits kurz angesprochen, ist die *Selbstbestimmung* der Adressatinnen und Adressaten in der Entwicklung der Suchthilfe seit ihrem Bestehen ein begleitendes Thema mit unterschiedlichen Thematisierungskonjunkturen. Auch nach nunmehr 150-jähriger Auseinandersetzung wird bis heute in breiten Kreisen der Bevölkerung

8.3 Das Abstinenzparadigma und zieloffene Hilfen

wie ebenso in Fachkreisen von der Vorstellung ausgegangen, die Suchthilfe sei vor allem dazu da, abhängige Menschen und die Gesellschaft von der Sucht zu befreien.

Diese Vorstellung unter dem Namen »*Abstinenzparadigma*« folgt dem Gedanken, dass eine Suchterkrankung in ihrer progredienten Entwicklung nur durch den Verzicht auf die entsprechenden psychoaktiven Substanzen zu stoppen ist und dass die oftmals enormen sozialen und gesundheitlichen Schäden, die mit einer Suchterkrankung einhergehen können, sich durch Abstinenz dann ›von selbst erledigen‹. Werden diese Risiken und Schäden (z. B. eine HIV-Infektion durch intravenösen Heroingebrauch) durch einzelne Maßnahmen gemindert (z. B. freie Abgabe steriler Spritzen), ohne dass die Sucht als solche bearbeitet wird, vermindert sich in der Folge der Leidensdruck; ein Risikobewusstsein kann nicht entstehen und damit vermindert sich auch die Motivation, abstinent zu leben (▶ Kap. 10). Auf diese Weise würden – so die Argumentation – alle Hilfen, die Leiden und Schäden verhindern oder begrenzen, einer Entwicklung von Abstinenz entgegenwirken.

Es zeigt sich jedoch, dass viele Menschen mit schädlichem oder abhängigem Substanzkonsum aus ganz unterschiedlichen Gründen einfach nicht für ein abstinentes Leben zu gewinnen sind: Sie haben eine Karriere des Scheiterns mit Abstinenzbehandlungen hinter sich, sind mit Abstinenz überfordert oder diese entspricht schlicht und ergreifend nicht ihren Lebensvorstellungen (Körkel 2012). Unter der Prämisse eines ausschließlich abstinenzorientierten Hilfesystems werden diese Menschen de facto von Hilfen ausgeschlossen.

Seit den 1970er Jahren wurden vor dem Hintergrund dieser Auseinandersetzung Hilfen unter den Stichworten »*Schadensminimierung*« oder »*Harm Reduction*« entwickelt und angeboten, die eben nicht vorrangig auf Abstinenz zielen, sondern auf eine Reduktion der schwersten Schädigungen und auf die Verbesserung der Lebensqualität. Wichtige Beispiele sind hier die Substitutionsbehandlung, Spritzentausch, Konsumräume und Wärmestuben.

Bis heute wird kontrovers diskutiert, welcher Stellenwert diesen Angeboten im System der Suchtkrankenhilfe insgesamt zukommen soll. Sehen manche diese Hilfen als niedrigschwelligen und adressatenorientierten Zugang zu den abstinenzorientierten Hilfen (Deutsche Hauptstelle für Suchtfragen 2014a), stellen für andere diese Hilfen eine gleichberechtigte Option neben der Abstinenz dar. Unter dem Stichwort der »*zieloffenen Hilfen*« wird die Wahlfreiheit und Selbstbestimmung der Klienten und Klientinnen betont, aus der Palette der Angebote dasjenige zu wählen, das nach Ansicht der Klienten und Klientinnen am besten zu der eigenen Bedarfslage passt. Im erstgenannten Argumentationsstrang sollen schadensminimierende Hilfen zunächst vorrangig das Überleben sichern, um dann das Ziel eines möglichst gesunden Überlebens zu sichern. Die schadensminimierenden Ziele werden dementsprechend als Zugangsmöglichkeit und Vorbereitung für das »eigentliche« Ziel der Abstinenz verstanden – wie in Abbildung 6 der klassischen Zielpyramide zum Ausdruck gebracht (▶ Abb. 6). In dem Vorschlag von Meili et al. (2004) (▶ Abb. 7) hingegen wird Abstinenz als Ziel im Rahmen der Zielpyramide nicht mehr aufgegriffen, sondern allein auf eine allgemeine persönliche Stabilisierung und Entwicklung fokussiert (Meili et al. 2004: 5).

8 System der Suchtkrankenhilfe

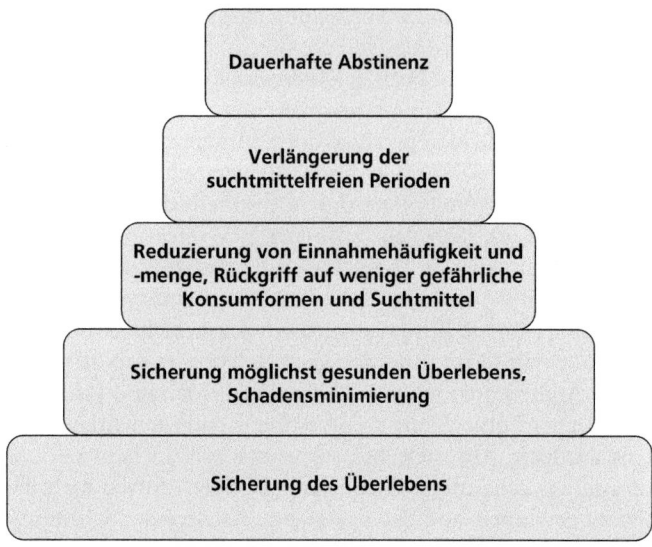

Abb. 6: Klassische Zielpyramide der Suchthilfe (eigene Darstellung)

Abb. 7: Zielsetzungen in der Suchthilfe jenseits des Abstinenzparadigmas (eigene Darstellung)

8.4 Adressaten und Adressatinnen

Suchthilfepraxis ist mit einer außerordentlichen Vielfalt von Personengruppen konfrontiert, die jeweils eigene Bedarfe zeigen. Die u. g. Arbeitsbereiche der Suchthilfe stehen dementsprechend vor der Herausforderung, ihre Angebote zielgruppenspezifisch auszudifferenzieren, wollen sie bedarfsgerechte und personorientierte Hilfen vorhalten. Riskanter Konsum, Missbrauch und Abhängigkeit können nicht ›als solche‹ betrachtet, beraten und behandelt werden. Vielmehr müssen Interventionen auch immer durch die jeweiligen Konstellationen und Situationen der Adressaten und Adressatinnen bestimmt werden. Die Deutsche Hauptstelle für Suchtfragen hat in einer Expertenbefragung typische und häufige Personengruppen der Suchthilfe identifiziert und deren Versorgungssituation in Deutschland analysiert (Deutsche Hauptstelle für Suchtfragen 2014a: 23–29). Dabei zeigt sich die hier vorgelegte Systematik als ein Mix aus medizinischen Kriterien (Krankheitsdiagnosen) und Lebenslagen-Parametern (Arbeitslosigkeit, Inhaftierung).

> **Adressaten und Adressatinnen in der Suchthilfe**
>
> - Erwachsene mit Alkoholabhängigkeit,
> - Erwachsene mit Abhängigkeit und komorbiden Störungen (somatisch/psychiatrisch),
> - Erwachsene mit Glücksspielproblematik,
> - Menschen mit Abhängigkeit und Vermittlungshemmnissen in der Arbeitswelt,
> - Menschen mit Abhängigkeit und besonderen sozialen Lebenslagen (insbesondere ohne Wohnung),
> - Menschen über 50 (mit schwerem Missbrauch einschließlich Medikamente und somatischen Störungen),
> - Menschen mit Suchtproblematik in Haft (Alkohol/Drogen/Glücksspiel),
> - chronisch mehrfach beeinträchtigte Abhängigkeitskranke (CMA),
> - Eltern mit Suchtproblemen (bzw. Suchtkranke mit Kindern sowie Schwangere),
> - Jugendliche und junge Erwachsene mit auffälligem Konsumverhalten,
> - Erwachsene mit Drogenabhängigkeit (Deutsche Hauptstelle für Suchtfragen 2014a).

8.5 Strukturen und Angebote

Deutschland verfügt über ein gut ausgebautes System der medizinischen und sozialen Sicherung in der Suchtprävention und Suchthilfe. Unterschiedliche Vorschläge wurden bislang vorgelegt, um das ausdifferenzierte Angebot systematisch und übersichtlich darzustellen (z. B. Klein 2003; Deutsche Gesellschaft für Soziale Arbeit in der Suchthilfe 2016). Hier wird in starker Anlehnung an Leune (2013) zunächst das System entlang seiner zentralen Bereiche vorgestellt und anschließend auf dieser Basis die aktuelle Versorgungssituation in Deutschland besprochen (▶ Abb. 8).

8 System der Suchtkrankenhilfe

Abb. 8: Arbeitsfelder der professionellen Suchthilfe (eigene Darstellung)

Die Angebote der Suchthilfe lassen sich folgenden Bereichen zuordnen:

- *Niedrigschwellige Angebote:* Sie verstehen sich zum einen als eigenständige, schadensminimierende, überlebenssichernde Hilfeform, die Unterstützung nicht an Abstinenz oder Abstinenzmotivation koppeln will. Zum anderen sind sie ein in das Hilfesystem hineinführendes Angebot und bieten Möglichkeiten für den Erstkontakt als Grundlage für weitere Hilfe (s. o.). Wichtige Angebote sind hier Streetwork, Konsumräume oder Kontaktläden mit sozialarbeiterischer Betreuung. *Bundesweit ca. 300 Angebote.*
- *Suchtberatungs- und Behandlungsstellen:* Sie sind die zentralen Anlaufstellen in den Kommunen. Eine zentrale Aufgabe besteht in der Beratung und Betreuung von Menschen mit missbräuchlichen oder abhängigen Konsummustern. Die dort beschäftigten Fachkräfte unterstützen Betroffene beim Aufbau der Motivation, Hilfe anzunehmen. Sie erstellen Hilfepläne und vermitteln in weiterführende Angebote (soziale, berufliche, medizinische Rehabilitation). Darüber hinaus halten viele Suchtberatungsstellen Angebote für Angehörige vor. Suchtberatungs- und Behandlungsstellen übernehmen zudem vielfach auch die psycho-soziale Begleitung Substituierter, unterstützen Selbsthilfegruppen und -projekte und unterhalten Fachstellen für Prävention. *Bundesweit ca. 1300 Stellen mit ca. 500.000 Klientinnen und Klienten.*

- *Entgiftung und qualifizierter Entzug:* Voraussetzung für weitere Hilfen ist bei Abhängigkeit von psychotropen Substanzen meist die Entgiftung bzw. der qualifizierte Entzug. Im qualifizierten Entzug werden die Entzugserscheinungen medikamentös aufgefangen und es findet eine psycho-soziale Begleitung statt. *Bundesweit ca. 7500 Plätze in über 300 spezialisierten Einrichtungen, meist Krankenhäuser.*
- *Ambulante und stationäre medizinische Rehabilitation:* Diese Behandlung erfolgt mit dem Ziel, Menschen wieder in das berufliche Leben zu integrieren. Es stehen verschiedene Angebote zur Verfügung. Wie sich die Behandlung gestaltet, wird entsprechend der medizinischen und psycho-sozialen Behandlungserfordernisse individuell und zeitlich begrenzt festgelegt. Sozialrechtlich ist die medizinische Rehabilitation eine Maßnahme in Verantwortung der gesetzlichen Rentenversicherung – soweit Ansprüche erworben wurden. *Bundesweit etwa 720 anerkannte Einrichtungen und ca. 73.000 Maßnahmen jährlich.*
- *Maßnahmen der Sozialen Rehabilitation* sind bei mehrfachgeschädigten abhängigkeitskranken Menschen notwendig. Sie umfassen Hilfen zum Wohnen, zur Arbeit und zur Teilhabe am Leben in der Gemeinschaft. *Bundesweit 268 Stationäre Einrichtungen der Sozialtherapie mit mehr als 10.700 Plätzen; 112 Teilstationäre Einrichtungen der Sozialtherapie mit mehr als 1200 Plätzen; 460 Angebote des Ambulanten Betreuten Wohnens mit mehr als 12.000 Plätzen.*
- *Selbsthilfe* ist eine wichtige Säule im Hilfesystem der Suchtkrankenhilfe. Selbsthilfe lebt von der Freiwilligkeit ihrer Mitglieder, der Leitung durch Betroffene und wirkt ohne Zuweisung oder Kontrolle und ergänzt so die professionellen Hilfen mit einem eigenständigen Profil. Zum einen gründen sich im Rahmen der Selbsthilfe in den Suchtberatungsstellen »Freundeskreise«, zum anderen zählen der Kreuzbund, das Blaue Kreuz, die Anonymen Alkoholiker zu den bekanntesten überregionalen Selbsthilfeverbänden. Wohnortnahe Selbsthilfeangebote in den Kommunen sind für abhängigkeitskranke Menschen heute Standard. *Bundesweit ca. 8700 Gruppen.*

8.6 Versorgungssituation und Umsetzungsprobleme

Die Angebote und Leistungen der Suchthilfe in Deutschland bewegen sich auch im internationalen Vergleich auf einem fachlich hohen Niveau und werden zum großen Teil flächendeckend vorgehalten. Dabei zeigt sich das gesamte Suchthilfesystem allein in Hinblick auf seine Arbeitsbereiche und Adressatengruppen sehr umfassend und vielfältig. Durch die verschiedenen gesetzlichen Aufträge und Kostenträgerstrukturen gewinnt es weitere Komplexität. Hier sind die Kriterien »ambulant« und »stationär« relevant, da für die Leistungen im *stationären Bereich* andere Kostenträger zuständig sind als im ambulanten Bereich. Die qualifizierten Entzugsbehandlungen werden über die Krankenversicherung finanziert, die Rehabilitationsmaßnahmen bei entsprechenden Anspruchsvoraussetzungen durch die Rentenversicherungsträger. Dabei gelten die Prinzipien »ambulant vor stationär« und »Rehabilitation vor Rente« (Deutsche Gesellschaft für Soziale Arbeit in der Suchthilfe 2016). Umsetzungsprobleme zeigen sich bei der Abwehr individueller Leistungsansprüche durch die Kostenträger. Leistungen werden viel zu oft in unzureichendem Umfang bzw. zu geringer Dauer gewährt (Leune 2013: 195).

Die *ambulante Suchthilfe* ist hingegen in den Kommunen verankert und wird primär kommunal finanziert. Entsprechend den politischen Verhältnissen auf Landes- oder Kreisebene und der lokalen/regionalen Voraussetzungen haben sich hier sehr heterogene Hilfesysteme entwickelt und etabliert, die von niedrigschwelligen Maßnahmen der Überlebenshilfe, Krisenintervention über unterschiedlichsten Präventionsangebote bis zu betrieblicher Suchtkrankenhilfe reichen können. Viele dieser Leistungen werden als freiwillige Leistungen verstanden und unterliegen damit temporären politischen Schwankungen und Strömungen und sind von den aktuellen Finanzlagen abhängig. Dies gilt insbesondere für die Suchtberatungsstellen und niedrigschwelligen Angebote in den Kommunen, die in Abhängigkeit vom jeweiligen Bundesland oftmals 20 bis 60 Prozent ihrer Kosten selbst erwirtschaften müssen (Leune 2013: 195; ▶ Kap. 12).

Weitere Umsetzungsprobleme liegen – wie schon oben angesprochen – im *Übergangsmanagement*, das die Qualität der Versorgung immer wieder in Frage stellt. Zwar steht eine Vielzahl an Leistungen auch für die Überwindung einer Abhängigkeit zur Verfügung, durch die zersplitterte Kostenträgerstruktur entstehen aber an den Übergängen zwischen den Leistungsbereichen oft Brüche, die für abhängigkeitskranke Menschen oft unüberbrückbar sind und Rückfälle verursachen (Walter-Hamann 2016). Weiterentwicklung der Leistungen für suchtgefährdete und suchtkranke Menschen und Qualitätssteigerungen in der Versorgung sind nicht mehr über weitere Ausdifferenzierungen, sondern durch eine intensivere Abstimmung und Verbindung von Leistungen im Sinne der personenbezogenen Hilfe »wie aus einer Hand« zu erreichen (Walter-Hamann 2016: 90). Auf der Ebene der Träger und Einrichtungen wird der Auf- und Ausbau von Kooperationen zudem mit strategischen Optionen verbunden, z. B. der gegenseitigen Nutzung von fachlicher Expertise, der erweiterten Möglichkeit, neue Anforderungen gemeinsam aufzugreifen, der besseren Abdeckung von Versorgungsbereichen und der höheren Differenzierung und Individualisierung von Leistungen (Walter-Hamann 2016: 92).

Weiterführende Literatur

Bartsch, G., 2017, ›Versorgung abhängigkeitskranker Menschen in Deutschland‹. In: Deutsche Hauptstelle für Suchtfragen (DHS) (Hg.), *DHS Jahrbuch Sucht 2017*, 161–176, Pabst Science Publishers, Lengerich.

9 Prävention von Suchterkrankungen

> **☞ Was Sie in diesem Kapitel lernen können**
>
> In diesem Kapitel lernen Sie die theoretischen Konzepte, die Arbeitsweisen, Strukturen und einzelne Arbeitsfelder der Suchtprävention in Deutschland kennen. Sie erfahren mehr über die konkrete Arbeit der Sozialen Arbeit in diesem Feld und über die spezifischen, hier gefragten Kompetenzen der Fachkräfte.

9.1 Einleitung

Die professionelle Drogen- und Suchtprävention in Deutschland kann auf eine fast 50-jährige Tradition und Erfahrung zurückblicken. Dabei ist die Geschichte der Suchtprävention durchaus wechselhaft und wurde in ihren verschiedenen Entwicklungsetappen von äußerst unterschiedlichen Leitideen und Konzepten geprägt.

Die Suchtprävention zeigt sich heute als ein eigenständiges Arbeitsfeld mit einer eigenen, spezifischen Expertise auf einem fachlich hohen Niveau – auch im internationalen Vergleich. Sie findet in vielen Bereichen und auf vielen unterschiedlichen Ebenen des sozialen und gesellschaftlichen Lebens statt.

Ziel dieses Abschnittes ist es, die grundlegenden Konzepte und fachlichen Anforderungen der Suchtprävention zu vermitteln und die Strukturen zu verdeutlichen, innerhalb derer sie stattfindet. Darüber hinaus wird das fachliche Profil der Suchtprävention herausgearbeitet.

9.2 Geschichte und Konzepte der Suchtprävention in Deutschland

In der langen und wechselhaften Geschichte der professionellen Suchtprävention wurden seit den späten 1960er Jahren unterschiedliche Konzepte und Strategien entwickelt und erprobt. Einige dieser Strategien wurden verworfen, einige stehen heute noch im pluralen Feld suchtpräventiver Aktivitäten nebeneinander und zum Teil auch gegeneinander. Hinter den verschiedenen Konzepten verbergen sich unterschiedliche Menschenbilder, Vorstellungen von gesundheitlichen Risiken und gesunder Entwicklung, unterschiedliche drogenpolitische Ansichten hinsichtlich der Akzeptanz oder der Abstinenz von illegalen Drogen sowie differierende Positionen hinsichtlich des Stellenwerts des Konsums von psychotropen Substanzen in der allgemeinen Lebensführung oder -bewältigung (Sting und Blum 2003: 69). Im Folgenden werden die verschiedenen Etappen und Entwicklungsstufen der Sucht- und Drogenprävention skizziert, von denen einige Elemente bis heute in den aktuellen Konzepten vorfindbar sind bzw. in der jüngsten Vergangenheit reaktiviert wurden.

9.2.1 Konzept der abschreckenden Information

In den späteren 60er Jahren des vorvergangenen Jahrhunderts begannen mehr und mehr Jugendliche und junge Erwachsene die illegalen Drogen Haschisch und LSD zu konsumieren. Auch Heroin erschien auf dem Drogenmarkt. Der Drogenkonsum wurde von vielen Konsumenten und Konsumentinnen als Teil und Ausdrucksform einer Jugend- und Protestbewegung verstanden, die Kritik an gesellschaftlichen Autoritäten, am Establishment üben wollte und auch mit neuen Formen des Auftretens und der Kleidung für soziales Aufsehen sorgte. Zugleich wurden die ersten Opiatabhängigen auffällig und die ersten ›Drogentoten‹ gezählt. In diesem Gefolge entwickelte sich die neuere Drogen- und Suchtdiskussion und in diesem Zusammenhang auch eine Diskussion darüber, wie dem Konsum vorbeugend entgegengetreten werden könnte.

In der Praxis der Drogenprävention setzte man zunächst auf die Konzepte von Abschreckung und Aufklärung. Dabei dominierten drastische Darstellungen der Risiken des verbotenen Substanzkonsums. Die bevorzugten stoffkundlichen Belehrungen arbeiteten mit zum Teil unsachlichen Botschaften. Besonders Plakate, Broschüren und andere Materialien von Zoll, Polizei und Krankenkassen aus dieser Zeit waren davon geprägt. Viele Lehrer und Lehrerinnen, die mit ihren Schulklassen das Buch »Christiane F. – Wir Kinder vom Bahnhof Zoo« lasen und dessen Verfilmung sahen, taten dies in der Hoffnung auf abschreckende Effekte. Verteufelung und Mythisierung der Drogen und der Drogenkonsumenten sollte vor Konsum und Missbrauch abschrecken. Die Strafverfolgung der Konsumenten und Konsumentinnen, ihre pauschale Verurteilung und Stigmatisierung gehörten mit zur Strategie dieser Art von Drogenprävention. Die Glaubwürdigkeit der Drogenaufklärer litt erheblich unter den einseitigen Risikodarstellungen und der damit einhergehenden Doppelmoral. Die überzogenen Darstellungen machten viele Adressaten und Adressatinnen erst neugierig. Die erhofften Erfolge blieben weitgehend aus (Franzkowiak und Schlömer 2003).

Diese Problem- und Risikoorientierung, die die positiven bzw. funktionalen Aspekte des Drogenkonsums ausblendete, dominierte die Suchtprävention, die sich fast ausschließlich als Drogenprävention definierte. Suchtprävention stand damit von Anfang an in dem Ruf der Verbreitung einer Kontroll- und Defizitlogik, die das Verhalten der Zielgruppen verändernd beeinflussen will und dabei die illusionäre Norm des rationalen, nüchternen und drogenfreien Menschen propagiert und verbreitet (Sting und Blum 2003: 14).

Ende der 1990er Jahre wurde die Frage nach der Sinnhaftigkeit und Effektivität von abschreckend ausgerichteten Präventionskonzepten durch die »Furchtappell-Forschung« wieder aufgegriffen. Experimentelle Studien scheinen zu bestätigen, dass eine »hohe Furchtinduktion« Einstellungsveränderungen hervorrufen kann. Zu dem Zweck müssen aber mehrere »Furchtebenen« berücksichtigt werden: Neben den langfristigen gesundheitlichen Folgen des Substanzmissbrauchs (z. B. Leberzirrhose) müssen negative soziale Konsequenzen und unmittelbar erlebte Einschränkungen der Leistungsfähigkeit (z. B. Gefahr bei Schwangerschaften oder im Straßenverkehr) herausgestellt werden, damit Furchtappelle die gewünschte Wirkung zeigen (Barth und Bengel 1998: 122 f). Punktabstinenz als ein gezielter, zeitweiser Verzicht auf bestimmte Substanzen in bestimmten Lebenslagen gehört heute zu den unwidersprochenen Zielen einer zeitgemäßen Suchtprävention. Desgleichen ist zu beobachten, dass zunächst im Ausland – und nun auch in Deutschland – die Tabakprävention wieder mit abschreckenden Bildern arbeitet, z. B. auf Zigarettenpackungen.

Hinsichtlich der Effekte von Furchtappellen zeigt die Forschung ein differenziertes Bild: Schon bestehende vorhandene, ablehnende Haltungen können gefestigt und verstärkt werden, demgegenüber zeigen diese Präventionsmaßnahmen bei bereits konsumierenden Menschen kaum Wirkung. Sie stehen aber in der Gefahr, durch diese Botschaften ausgegrenzt und stigmatisiert zu werden. Damit zeigt die Prävention durch abschreckende Information sozial selektive und selektierende Effekte: Sie erreicht und bestätigt diejenigen Personen, die in der Ablehnung des unerwünschten Verhaltens übereinstimmen, während sie von anderen ignoriert wird und sich zugleich die soziale Distanz zu ihnen vergrößert (Sting und Blum 2003: 72). Uhl (2007) weist auf ein weiteres ethisches Problem hinsichtlich der informierenden Abschreckung hin: Er ordnet diesen Ansatz paternalistisch-kontrollierenden Präventionsansätzen zu, die manipulativ-repressiv die »Zielpersonen« als passive Objekte (sei es von suchtfördernden Substanzen oder von abschreckenden Botschaften) und nicht als entscheidungsfähige, selbstständige Subjekte als Gegenüber ihrer Maßnahmen erscheinen lassen. Zugleich beobachtet Uhl (ebenda) ein Wiedererstarken der paternalistisch-kontrollierenden Ansätze in Europa, zunächst im Bereich der Tabakprävention, der als »Nichtraucherschutz« ausgegeben werde, wie auch aktuell im Bereich der Alkoholprävention.

In den 1980er Jahren wurde das Konzept der abschreckenden Information von den Präventionsfachkräften weitgehend verworfen. Dabei geriet auch die Präventionskomponente der »Informationsvermittlung« und »Aufklärung« mit unter die Räder. Erst in dem Konzept der Schadensminimierung, das durch Bettina Schmidt (1998) in Deutschland eingeführt wurde (s. u.) kam es konzeptionell – wenn auch unter dem Vorzeichen des »Verbraucherschutzes« – wieder zum Tragen.

9.2.2 Funktionale Äquivalente und Risikoalternativen

Mit diesem Konzept, das seit den 1980er Jahren in Deutschland diskutiert und umgesetzt wird, wurde ein grundlegender Paradigmenwechsel in der Prävention vollzogen. Der Mensch und seine Anforderungen an eine gesunde Entwicklung und Lebensbewältigung werden nun zum Ausgangspunkt der präventiven Bemühungen gemacht. Zentraler Bezugspunkt für die Suchtprävention sind entwicklungspsychologische Überlegungen zur Funktionalität des Substanzkonsums bei Jugendlichen (▶ Kap. 2). Damit wird Substanzkonsum entpathologisiert, nicht mehr per se als riskant oder schädlich bewertet und folgerichtig wird ebenfalls die strikte Abstinenzorientierung der »abschreckenden Informationen« im Rahmen dieses Konzeptes zumindest implizit aufgegeben.

Die leitende Idee dieses Präventionsansatzes ist, dass, wenn Drogenkonsum für die Bewältigung der Entwicklungsaufgabe ›Jugend‹ funktional sein kann und das Risiko darin liegt, den ›Umschlagpunkt‹ des funktionalen Konsums zum schädlichen, missbräuchlichen oder auch abhängigen Konsum zu ›verpassen‹, dann die Prävention alternative Bewältigungsformen zum riskanten Drogenkonsum anbieten und einüben sollte.

Bei diesem Konzept geht es darum, alternative Mittel zur Befriedigung der Bedürfnisse nach sozialer Anerkennung und Statuserwerb, nach Identitäts- und Lebensstilfindung, nach Grenzerfahrung und Abenteuer zu erschließen. Darüber hinaus verfolgen die erlebnis-, medien- und kulturpädagogisch geprägten Aktivitäten dieser Suchtprävention das Ziel, Selbstwirksamkeitserfahrungen zu vermitteln, das Selbstbewusstsein der Beteiligten zu stärken, soziale Kompetenzen wie Durchsetzungsvermögen, Konfliktlösungsfähigkeit und Durchhaltevermögen einzuüben (Franzkowiak und Schlömer 2003).

Dieses Konzept steht zum einen vor der Schwierigkeit, dass es bislang kaum gelungen ist, diesen ›Umschlagpunkt‹ und auch die jeweiligen Funktionen des Substanzgebrauchs in der Praxis sicher zu identifizieren (Laging 2005: 171–194). In der Folge hat sich stattdessen ein zielgruppen- und suchtunspezifisches Vorgehen durchgesetzt, das weniger nach spezifischen »funktionalen Äquivalenten« sucht, sondern eher übergreifende Risikoalternativen anbietet und dabei allgemein Selbstbewusstsein, soziale Kompetenzen und Handlungsfähigkeit stärkt. Die Alternativen orientieren sich an unterschiedlichen Erfahrungsbereichen wie der Entwicklung des Bewusstseins für die eigene Person, die Gestaltung zwischenmenschlicher Beziehungen, der Entwicklung der Selbständigkeit, der Erfahrung von Ästhetik und eigener Kreativität, dem Engagement für soziale und politische Ziele etc. (Sting und Blum 2003: 75). Auf der Grundlage dieses Präventionsansatzes hat sich eine bunte, »faszinierende Prävention« etabliert, die die Attraktivität ihrer Freizeitangebote gegen die Lockungen des Drogenkonsums auszuspielen sucht (ebenda). Kritisch gegenüber diesen Ansätzen anzumerken ist die hierbei zu verzeichnende Dethematisierung der Sucht- und Drogenproblematik (Sting und Blum: 2003: 76). Drogenpräventionsansätze sind als solche nicht mehr für die Jugendlichen erkennbar. Dies ist insofern besonders bedauerlich, da Drogen zu der Lebenswelt vieler Jugendlicher dazu gehören und Jugendliche sich hierfür interessieren. Dieses Interesse wird nicht aufgenommen und die betreffenden Jugendlichen werden letztendlich mit dieser Auseinandersetzung allein gelassen. Zugleich kann die Attraktivität des Konzeptes für die betreffenden Fachkräfte auch darin gesehen werden, dass sie – obgleich sie die Funktionalität des Substanzkonsums anerkennen und dementsprechend das Abstinenzparadigma in Frage steht – sich durch die Dethematisierung nicht explizit in der deutschen abstinenzorientierten Drogenpolitik positionieren müssen und damit ›anstrengende‹ Auseinandersetzungen vermeiden können.

9.2.3 Lebenskompetenzförderung

Ebenfalls in den 1980er Jahren wurde das Konzept der Lebenskompetenzförderung in Deutschland eingeführt und propagiert. Zum einen wird dieses Konzept als ein Programm verstanden, das sich am US-amerikanischen Vorbild der Life-Skill-Trainings anlehnt und das in diesem Sinne vor allem durch die damalige Expertise zur Suchtprävention (Künzel-Böhmer et al. 1993) in Deutschland vorgestellt wurde. Andere Autoren fassen den Begriff weiter und ordnen z. B. auch die vorgenannten »funktionalen Äquivalente« dem Konzept bzw. dem Begriff der Lebenskompetenzförderung zu (Franzkowiak und Schlömer 2003). Life-Skill-Trainings im zuerst genannten Sinne sind lerntheoretisch ausgerichtete Programme, die Rollenspiele, Übungen und Wissensvermittlung kombinieren. Dabei wird vor allem das Ziel verfolgt, sozialen Druck zum Drogenkonsum widerstehen zu können und allgemeine Bewältigungsfertigkeiten, wie beispielsweise Konfliktfähigkeit, soziale Kompetenzen und eine hohe Selbstwirksamkeitsüberzeugung zu entwickeln oder zu verstärken (Künzel-Böhmer et al. 1993). Eine Vielzahl von schulischen Programmen nach diesem Prinzip wurde den Schulen in Deutschland fast flächendeckend in den 1980er Jahren und in der ersten Hälfte der 1990er Jahre zur Verfügung gestellt. Diese Programme nahmen zum Teil den Substanzkonsum als Thema wieder stärker auf. Sie zeichneten sich darüber hinaus durch eine zumindest latente Abstinenzorientierung aus. Die kritischen Argumente zu den Programmen gleichen denen, die allgemein zu lerntheoretischen Ansätzen vorgebracht werden: Es handelt sich bei den Trainings um künstliche Situationen, deren Übertragbarkeit ins »reale Leben« in Frage zu stellen ist. Zudem liegt diesen Konzepten ein Menschenbild zugrunde, das den Menschen als passives Wesen und Objekt konstruiert. Ein weiterer Einwand bezieht sich auf die implizite Abstinenzorientierung der Programme, die bereits im Kontext der abschreckenden Informationen als lebensfern und unglaubwürdig identifiziert wurde (s. o.).

Die Evaluationsstudien zeigten auch hier, dass mit diesen Programmen eher abstinenzorientierte Jugendliche erreicht und unterstützt werden, während bereits konsumierende und gefährdete Jugendliche von den Programmen kaum profitieren konnten (Künzel-Böhmer et al. 1993).

9.2.4 Schadensminimierung

Mit dem Konzept der Schadensminimierung tritt Anfang der 1990er Jahre erstmalig ein Ansatz in Erscheinung, der offensiv und explizit von der Abstinenzorientierung abrückt. Das Konzept richtet sich ausdrücklich an bereits konsumierende Jugendliche und nimmt von daher auch die Kritik der selektiven Wirksamkeit der abschreckenden Information und der Life-Skill-Programme (s. o.) auf. In der »akzeptierenden Drogenarbeit« (▶ Kap. 8) begann man ebenfalls in dieser Zeit, mit meist erwachsenen drogenabhängigen Menschen Maßnahmen zu entwickeln, die primär auf eine Verringerung gesundheitlicher Folge- und Begleiterscheinungen des Substanzkonsums zielten. Zu dem Zweck wurden Ansätze wie Streetwork, niedrigschwellige Kontaktläden, Spritzentausch etc. entwickelt. Dieses Prinzip wurde auf die damalig sogenannte Sekundärprävention übertragen (Schmidt 1998) und fand vor allem im neu aufkommenden Partydrogenbereich Anwendung (Sting und Blum 2003: 84). Die substanzbezogene Information und Aufklärung erhält in diesem Ansatz neue Bedeutung. »Drug Checking« beispielsweise vermittelt Informationen über neuartige und oftmals noch unbekannte Substanzen und versteht sich als aktualisierte und parteiliche Verbraucherinformation und -beratung, die der Lebenswelt und dem kulturellen Milieu der Drogenkonsumenten und -konsumentinnen entspricht. Weiteres Merkmal dieser Ansätze, die bis heute erfolgreich praktiziert werden, ist ein starker Einbezug von Peers, die praktische Hilfe und Erfahrungswissen vermitteln (Sting und Blum 2003: 84).

9.2.5 Risikokompetenz

Dieses Konzept richtet sich an das große Feld der Jugendlichen, die zwar gelegentlich Alkohol und/oder Drogen konsumieren und die zugleich keiner bestimmten drogennahen Szene wie z. B. der Partyszene zugerechnet werden können. Das Konzept erkennt an, dass Experimentier- und Risikoverhalten insbesondere bei Jugendlichen aus entwicklungspsychologischer Sicht als normativ und funktional anzusehen ist und dass der Umgang mit Rauschsubstanzen als eigener Bestandteil der Entwicklungsanforderungen zu verstehen ist. Vor diesem Hintergrund lag es nahe, die Überführung von jugendlichem Risikoverhalten in lebenslange Risikokompetenz als Zielstellung in die Konzeptualisierung von Prävention aufzunehmen (Franzkowiak und Schlömer 2003). Das Konzept vereint den Sicherheitsgedanken der Schadensminimierung mit einer informierten Entscheidungsfähigkeit der Jugendlichen. Zudem gibt es der Alkoholprävention stärkere Bedeutung. Das Konzept gliedert sich nach Franzkowiak und Schlömer (2003) in folgende Unterziele:

1. informiertes Problembewusstsein über Drogenwirkungen und Risiken des Drogenkonsums,
2. kritische Einstellung gegenüber legalen und illegalen Drogen,
3. Verzicht auf bestimmte Substanzen (harte Drogen, Selbstmedikation),
4. Bereitschaft und Fähigkeit zum konsequenten Konsumverzicht (Punktnüchternheit) in bestimmten Situationen, Lebensräumen und Entwicklungsphasen,
5. Vermögen, sich zwischen Abstinenz und mäßigem Konsum in tolerierten Situationen ohne negative Konsequenzen bewusst und verantwortlich entscheiden zu können,

6. Entwicklung von Regeln für einen genussorientierten und maßvollen Konsum, Beherrschen von Sicherheitsregeln, die sowohl das persönliche Risiko als auch das für die Umwelt regeln (Franzkowiak und Schlömer 2003).

Sting und Blum (2003: 88) sehen den Erwerb der Risikokompetenz als querschnittlich angelegte Bildungsaufgabe vor allem im informellen Bildungsbereich, die zu einer Qualifizierung der individuellen Lebenspraxis, der geselligen Interaktionen und der Formen des sozialen Zusammenlebens beitragen kann und die zudem zur Reflexion sozialstruktureller und sozio-kultureller Voraussetzungen der eigenen Konsumpraxis (z. B. der gesellschaftlichen Drogenkultur, der Erwartungen an männliche Identität) anregt (Sting und Blum 2003: 90).

9.2.6 Setting-Ansatz und Policyentwicklung

Die bislang dargestellten Ansätze setzen zumeist an der Verhaltensebene des Individuums an. Zu Recht wird hier kritisiert, dass die sozialen und gesellschaftlichen Bedingungen – mit Ausnahme der Peer-Ansätze, die zumindest die Bedeutung der Gleichaltrigengruppe würdigen und diese konzeptionell und praktisch in die Suchtprävention mit einbeziehen – zu wenig Berücksichtigung finden (Franzkowiak und Schlömer 2003). Des Weiteren wird kritisch angefragt, wie durch einzelne Maßnahmen der Suchtprävention Selbstachtung und Konfliktfähigkeit gefördert werden können, wenn zunehmende Ungleichheiten einer Entwicklung dieser Fähigkeiten systematisch entgegenwirken (ebenda).

Seit den 1980er Jahren fand die salutogenetische Perspektive der Gesundheitsförderung (▶ Kap. 2) Eingang in die Konzepte der Suchtprävention. Eine Orientierung an den Stärken und Ressourcen und eine Abkehr von den Defiziten sind in den Konzepten der »funktionalen Äquivalente« und der »Risikokompetenz« erkennbar. Zum Programm der Gesundheitsförderung gehört aber nicht nur der Blick auf Ressourcen und Resilienzen, sondern auch der Setting-Gedanke, das Einbeziehen der Umwelt in die Konzeptualisierung und Praxis von Gesundheitsförderung und Suchtprävention. Programmatisch als »Verhältnisprävention« deklariert, gehört diese seit Beginn der 1990er Jahre zwar in die Theoriebildung der Suchtprävention, konnte sich aber konzeptionell – mit Ausnahme der betrieblichen Suchtprävention (s. u.) – wenig entfalten. Heute gilt der Setting-Ansatz als Schlüsselstrategie der Suchtprävention und wird in fast allen Förderprogrammen als Konzept eingefordert. Mit dem Setting-Ansatz wird auf die Wirkungsfelder Umwelt und Lebensbedingungen gezielt eingegangen. Eine besondere Bedeutung des Setting-Ansatzes liegt darin, dass mit ihr auch sozial und gesundheitlich benachteiligte Gruppen in ihren jeweiligen Settings gezielt adressiert werden können, ohne dass einer Stigmatisierung Vorschub geleistet wird. Der Setting-Ansatz verbindet Strukturmaßnahmen wie z. B. ein Alkoholverbot im Betrieb mit individuumsorientierten Maßnahmen wie dem Angebot individueller Beratungen und entwickelt und implementiert diese in Hinblick auf die jeweils vorliegenden Erfordernisse und Ressourcen eines Settings. Solche komplexen Entwicklungen bedürfen einer längerfristigen Planung und gelingen am besten, wenn sie von einer entsprechend qualifizierten Person (z. B. Präventionsfachkraft einer Beratungsstelle) begleitet und koordiniert werden. Weiteres entscheidendes Merkmal ist die Aktivierung, das Empowerment und die Partizipation der Akteure eines Settings im Prozess der Entwicklung und Umsetzung von Prävention und Gesundheitsförderung.

Das Forschungs- und Entwicklungsprojekt PraeWi (Präventionsmaßnahmen und Wissenstransfer innerhalb der Sozialen Arbeit bezüglich riskanten Substanzkonsums für Menschen mit Fluchterfahrungen in Übergangswohnheimen) verfolgt den Setting-Ansatz mit starker partizipativer Ausrichtung. Das Projekt hat zum Ziel, gemeinsam mit geflüchteten Menschen ein Multi-Komponenten-Präventionskonzept zur Suchtprävention in Gemeinschaftsunterkünften zu entwickeln, einzuführen und zu beforschen. Das Projekt wird vom BMBF gefördert und an der Hochschule Esslingen umgesetzt.

Besondere Bedeutung und Ausarbeitung hat der Setting-Ansatz in der gemeindeorientierten Suchtprävention gefunden, die gerade dazu prädestiniert scheint, diese Ansprüche im Sinne einer Policyentwicklung umzusetzen. Suchtprävention in dieser Ausprägung ist nun auch politisch orientiert, richtet sich an Entscheidungsträger, Multiplikatoren und zielt auf die Beeinflussung sozialer, kultureller, rechtlicher und ökonomischer Rahmenbedingungen in einer Gemeinde (Radix 2012).

9.3 Fachliche Anforderungen, Bereiche, Strukturen und Akteure der Suchtprävention in Deutschland

Viele der oben dargestellten Konzepte bestimmen auch heute noch die Konzeptualisierung suchtpräventiver Aktivitäten und haben sich als fachliche Standards etabliert. Suchtprävention findet heute auf unterschiedlichen Ebenen statt, wird getragen und ausgeführt von unterschiedlichen Akteuren und ist organisiert in unterschiedlichen Strukturen. Im Folgenden wird ein Überblick über die aktuellen fachlichen Anforderungen, Bereiche und pluralen Strukturen der Suchtprävention in Deutschland vermittelt.

9.3.1 Fachliche Anforderungen und Bereiche der Suchtprävention

Heute herrscht weitgehend Einigkeit darüber, dass es sich bei der Sucht um multifaktorielles Geschehen handelt, das sich innerhalb der drei Dimensionen »Bio«, »Psycho« und »Sozial« abspielt (▶ Kap. 2).

Dieses Modell hat sich als zentrale theoretische Grundlage für die Prävention gezeigt. Es liefert Ansatzpunkte für eine theoriegeleitete Begründung der Prävention. Präventionsmaßnahmen sollen so konzipiert werden, dass ersichtlich wird, welche relevanten Risiko- und Schutzfaktoren adressiert werden. Bühler und Thrul

(2013) weisen darauf hin, dass es aber in Hinblick auf die Vielzahl und die komplexen Wirkmechanismen der bislang bekannten Risiko- und Schutzfaktoren »die eine hinreichende Präventionsmaßnahme nicht geben kann«. Die Komplexität der Ursachenzusammenhänge erfordert dementsprechend ebenso vielschichtige und vielfältige Ansatzpunkte für die Suchtprävention (ebenda).

Suchtprävention wird somit heute allgemein verstanden als die Beeinflussung der Risiko- und Schutzfaktoren, die die Lebenswelten der Menschen und sie selbst kennzeichnen und prägen. Die Lebenswelten der Menschen entsprechen den Handlungsfeldern der Prävention (s. u.) und werden oftmals als Setting bezeichnet. Damit soll der soziale und gesellschaftliche Rahmen, in dem Substanzkonsum stattfindet oder innerhalb dessen sich andere riskante Verhaltensweisen entwickeln, präventiv ausgerichtet werden. Dieser Ansatz bzw. Grundbereich der Suchtprävention wird oftmals als Verhältnisprävention bezeichnet. Die Verhältnisprävention zielt auf strukturelle Maßnahmen ab, die auf eine gesundheitsförderliche Lebensumwelt von Kindern, Jugendlichen und Erwachsenen unter besonderer Berücksichtigung der sozio-ökonomischen Lebensbedingungen hinwirken. Sie ist vor allem politisch ausgerichtet und nimmt Einfluss z. B. auf die Verringerung der Verfügbarkeit von Suchtmitteln. Zu den Maßnahmen der Verhältnisprävention, für die positive präventive Effekte nachgewiesen sind, zählen die aktive Lenkung der Preise für Alkohol- und Tabakprodukte, der Verfügbarkeiten (z. B. Ladenöffnungszeiten und Altersbeschränkungen) und der Werbung (Babor et al. 2005).

Der zweite Grundbereich der Suchtprävention wird als Verhaltensprävention bezeichnet. Es geht hier um die personenbezogenen Risiko- und Schutzfaktoren, um Wissen, Einstellungen, Lebensstile und gesundheitsbezogene Verhaltensweisen. Die Verhaltensprävention bezieht sich auf alle Maßnahmen, die das individuelle Verhalten einer Person adressieren (z. B. den Erwerb von Risikokompetenz), und sie ist vorrangig pädagogisch orientiert (▶ Tab. 9).

Tab. 9: Bereiche und Maßnahmen der Suchtprävention

Suchtprävention als Beeinflussung der Risiko- und Schutzfaktoren von Menschen und ihrer Lebenswelten			
	universell	selektiv	indiziert
Verhaltensprävention (eher psycho- sozial, pädagogisch)		z. B. pädagogische Gruppen für Kinder aus suchtbelasteten Familien	z. B. Angebote für erstauffällige Jugendliche (FreD)
Verhältnisprävention (eher strukturell, politisch)	z. B. Alkoholsteuern, Ladenöffnungszeiten, Werbeverbote,	z. B. Regelfinanzierung für pädagogische Gruppen für Kinder aus suchtbelasteten Familien	z. B. Qualifizierung von Mitarbeiter und Mitarbeiterinnen in Jugendhäusern, die mit konsumierenden Jugendlichen arbeiten

Eigene Zusammenstellung

Die Struktur von Verhaltens- und Verhältnisprävention kann auch als eine Beeinflussung von Angebot und Nachfrage verstanden werden, die in ein sinnvolles, glaubwürdiges und konsistentes Gesamtsystem zu bringen ist. Die ›Nachfrageseite‹ entspricht der Verhaltensprävention, während die ›Angebotsseite‹ das Pendant zu der Verhältnisprävention ist.

Uhl (2007) weist darauf hin, dass in dieser Kategorisierung von Angebot und Nachfrage die schadensminimierenden Ansätze nicht eingeschlossen sind und schlägt von daher eine Erweiterung der Angebots- und Nachfragereduktion um die Kategorie »Problemreduktion« vor, die auf eine Verringerung der mit dem Konsum zusammenhängenden Probleme zielt.

Die Deutsche Hauptstelle für Suchtfragen (DHS) sieht in Übereinstimmung mit vielen anderen Akteuren der Suchtprävention in Deutschland ein deutliches Übergewicht der verhaltenspräventiven, individuumszentrierten Maßnahmen zuungunsten der Verhältnisprävention (DHS 2014b). Sie fordert u.a. umfassendere Werbeverbote für Suchtmittel, eine gesetzliche Verpflichtung zur Transparenz jeglicher Lobby-Aktivitäten von beispielsweise Tabak-, Alkohol- und Glückspielindustrie im Bereich staatlicher Politik auf nationaler (Bund, Länder, Kommunen) und EU-Ebene – insbesondere im Spenden- und Sponsoring-Engagement – und gesetzliche Auflagen und Beschränkungen für den Bereich von Spenden-Aktivitäten in nicht kommerziellen, gemeinnützigen Bereichen wie Freizeit, Kultur, insbesondere im Sportbereich (ebenda).

Eine weitere wichtige Klassifizierung von Präventionsmaßnahmen erfolgt innerhalb des Systems von »universell«, »selektiv« und »indiziert«. Dieses System hat das vormalige, eher medizinisch orientierte Klassifikationssystem der »primären«, »sekundären« und »tertiären« Prävention abgelöst und richtet sich nun eher an den Lebenswelten der Adressaten und Adressatinnen aus.

1. Universelle Suchtprävention richtet sich an Zielgruppen, deren Mitglieder ein sehr unterschiedliches Risiko für eine spätere substanzbezogene Störung haben können. Dies sind beispielsweise eine Klassengemeinschaft oder die Gesamtbevölkerung eines Landes.
2. Selektive Suchtprävention richtet sich an Zielgruppen, deren Mitglieder statistisch gesehen ein erhöhtes Risiko für eine spätere substanzbezogene Störung haben können. Dies sind beispielsweise Kinder aus suchtkranken Familien oder Kinder mit Verhaltensauffälligkeiten.
3. Indizierte Suchtprävention richtet sich an Zielgruppen, bei denen bereits ein riskanter, missbräuchlicher Konsum und negative Folgeerscheinungen wahrscheinlich oder erkennbar sind. Dies sind beispielsweise Personen, die durch Trunkenheit am Steuer auffällig wurden.

Fachkräfte der Suchtprävention auf kommunaler Ebene sind meist vorrangig in den Bereichen der Verhaltensprävention aktiv. Jedoch gewinnt die Verhältnisprävention in der Praxis – z.B. durch den wichtigen Bereich der Qualifizierung von Multiplikatoren und Multiplikatorinnen (s.u.) – zunehmend an Bedeutung. Zudem ist für das Verständnis der eigenen Arbeit zentral, diese in die übergeordneten Zusammenhänge verorten zu können. Dies verhindert eine Über- oder auch Unterschätzung der Reichweite des eigenen professionellen Handelns.

In der Vergangenheit wurde an die Suchtprävention – wie auch in vielen anderen Arbeitsfeldern der Sozialen Arbeit – verstärkt die Frage nach der Evidenzbasierung ihrer Maßnahmen gestellt. Damit verbunden ist die Forderung, dass vor allem die Maßnahmen der Suchtprävention gefördert und umgesetzt werden sollen, für die Wirksamkeitsnachweise vorliegen. Hier kristallisiert sich in der jüngsten Vergangenheit ein eigenes Verständnis von Evidenzbasierung für die Suchtprävention heraus, das den interdisziplinären Zuschnitt der Suchtprävention widerspiegelt und sich von einer medizinischen Sicht auf Wirksamkeitsnachweise deutlich abhebt (Hoff und Klein 2015).

9.3.2 Strukturen, Akteure und Akteurinnen in den Kommunen, Ländern und auf Bundesebene

Die grundlegende Struktur der Suchtprävention ist geprägt durch das Subsidiaritätsprinzip, nach dem immer nur dann eine staatliche Einrichtung eine gesellschaftliche Aufgabe übernehmen darf, wenn diese durch privatrechtliche Organisationen bzw. Einzelpersonen nicht oder nur schlechter übernommen werden kann. In der Folge finden sich auf den Ebenen des Bundes, der Länder und der Kommunen sowohl öffentliche Träger und Akteure und Akteurinnen wie auch privatrechtlich organisierte Träger der Suchtprävention (▶ Tab. 10). Die privatrechtlich organisierten Träger werden in der Regel durch öffentliche Mittel gefördert.

Tab. 10: Akteure der Suchtprävention – exemplarische Darstellung

	Staatlich/Öffentlich	Privatrechtlich
Bund	Bundesministerium für Gesundheit Drogenbeauftragte der Bundesregierung Bundeszentrale für gesundheitliche Aufklärung	Deutsche Hauptstelle für Suchtfragen e. V. Fachverband Drogen und Rauschmittel e. V. Akzept e. V.
Land	Ministerium für Soziales und Integration Baden-Württemberg Landesgesundheitsamt	Landesstelle für Suchtfragen Baden-Württemberg
Kommune	Beauftragte für Suchtprophylaxe/ Kommunale Suchtbeauftragte Gesundheitsamt	Psychosoziale Beratungsstellen Jugend- und Drogenberatungsstellen

Eigene Zusammenstellung

Suchtprävention mit den direkten und indirekten Zielgruppen (s. u.) findet in den Gemeinden statt, meist durch Fachkräfte ausgeführt, die an Suchtberatungsstellen angebunden sind. Wegen des Subsidiaritätsprinzips wird der überwiegende Teil der Maßnahmen im Bereich der Suchtprävention in Deutschland von Trägern der freien Wohlfahrtspflege durchgeführt, die ihre Gelder von der Bundes-, Landes- oder

Kommunalebene erhalten, meist aber zum allergrößten Teil kommunal finanziert sind. In allen Bundesländern wird die suchtpräventive Arbeit auf der Ebene der Bundesländer koordiniert, fachlich unterstützt und zugleich mit der Bundesebene vernetzt. Die zur Verfügung stehenden finanziellen und personellen Ressourcen sind jedoch sowohl in den Kommunen wie auch auf Landesebene höchst unterschiedlich. Institutionen des Bundes fördern die Bearbeitung neuer Entwicklungen und Trends vor allem durch die Finanzierung von Modellvorhaben, übernehmen aber keine Regelfinanzierung in den Ländern oder Kommunen.

Außerhalb dieser Strukturen engagieren sich noch weitere Träger und Akteure und Akteurinnen (Polizei, Krankenkassen, Selbsthilfe) im Feld der Suchtprävention, zu denen oftmals auf den unterschiedlichen Ebenen gute Kooperationsbeziehungen bestehen.

9.3.3 Suchtprävention als Querschnittsthema

Suchtprävention hat sich jedoch nicht nur zu einem eigenständigen Arbeitsfeld mit einer spezifischen Expertise entwickeln können, das vor allem durch die Soziale Arbeit geprägt ist und sich innerhalb der Suchthilfe entfalten konnte. Gerade mit der Zunahme der Bedeutsamkeit des Setting-Ansatzes und der Verhältnisprävention in den vergangenen Jahren wurde deutlich, dass Suchtprävention sich nicht nur als eine Spezial- und Sonderaufgabe verstehen darf, sondern als Querschnittsthema, das in allen anderen gesellschaftlichen Feldern (Betriebe, öffentlicher Raum, Bildung, Gesundheitsversorgung, Handlungsfelder der Sozialen Arbeit) relevant ist. So engagieren sich außerhalb des Suchthilfesystems Lehrer und Lehrerinnen, Erzieher und Erzieherinnen, Altenpfleger und Altenpflegerinnen, Mediziner und Medizinerinnen und viele andere Berufsgruppen in der Suchtprävention.

Diese Berufsgruppen werden aus der Perspektive der Suchtpräventionsfachkräfte als Multiplikatoren und Multiplikatorinnen, Schlüsselpersonen oder Mediatoren bzw. Mediatorinnen der Suchtprävention bezeichnet. Motivation, Qualifizierung und Begleitung dieser Zielgruppen erlangen zunehmende Bedeutung in der Suchtprävention, gerade unter der Maßgabe der Forderung nach einer nachhaltigen Verhältnisprävention (s. o.). Suchtprävention ist damit auch eine Form der Erwachsenenbildung.

Im Ergebnis dieser Situation zeigt sich die Suchtprävention in Deutschland als ein äußerst plurales Feld. Es ist gekennzeichnet durch ein hohes Maß an professionellem Engagement und Standards – auch im internationalen Vergleich –, das sich entwickeln konnte trotz oder wegen des Fehlens einer bundesweiten Strategie mit zentraler Steuerung.

9.4 Handlungsfelder und Projekte der Suchtprävention

Bislang liegt keine einheitliche Systematisierung der Handlungsfelder und Settings der Suchtprävention vor, vielmehr werden in der Literatur verschiedene Kategoriensysteme (z. B. durch Sting und Blum 2003; Bühler und Thrul 2013; Hallmann et al. 2007) vorgeschlagen. Die wesentlichen Arbeitsfelder von Suchtprävention sind im Folgenden zusammenfassend aufgeführt. Diese Liste erhebt nicht den Anspruch auf Vollständigkeit. Ausgelöst durch gesellschaftliche Entwicklungsprozesse können weitere Arbeitsfelder hinzukommen.

Handlungsfelder der Suchtprävention

- Schule,
- Jugendhilfe und Jugendarbeit,
- Freizeit/Sport,
- Internet,
- Betriebe,
- Gemeinde/Kommune,
- ambulante und stationäre Altenhilfe,
- Familie,
- allgemeine Öffentlichkeit,
- Politik/Gesetzgebung.

Nachfolgend werden einzelne Handlungsfelder und Settings der Suchtprävention exemplarisch beschrieben. Ihre Auswahl erfolgte nach dem Gesichtspunkt der Breite des Feldes, so dass individuumszentrierte Maßnahmen (Verhaltensprävention) ebenso wie umweltbezogene Maßnahmen (Verhältnisprävention) zur Darstellung kommen. Desgleichen werden Maßnahmen der universellen, selektiven und indizierten Prävention vorgestellt.

9.4.1 Internetgestützte Maßnahmen der Suchtprävention

Seit Beginn dieses Jahrhunderts hat das Internet in unserem Alltagsleben zunehmend an Bedeutung gewonnen. Die Mehrheit der Deutschen nutzt das Internet inzwischen täglich, vor allem für die Kommunikation und die Informationssuche. Fast 100 Prozent der Jugendlichen und jungen Erwachsenen nutzen das Internet (Tossmann 2016).

Auch in der Suchtprävention wird das Internet immer relevanter. Der Vorteil des Internets im Bereich der Prävention und Gesundheitsförderung besteht – als ein Merkmal effektiver Prävention – insbesondere in der Verknüpfung von massenmedialen mit personalen Kommunikationsstrategien. Weitere Vorzüge liegen darin, dass das Internet niedrigschwellig, flexibel und anonym genutzt werden kann und zumeist weder Öffnungs- noch Wartezeiten kennt. Es ermöglicht Nutzerinnen und Nutzern eine (inter-)aktive Rolle im Präventionsgeschehen. Mit webbasierten Präventionsstrategien wird auch die Hoffnung verbunden, Zielgruppen zu erreichen, die von den herkömmlichen Informations- oder Beratungsangeboten nur unzureichend erreicht werden, wie beispielsweise Studierende (Laging 2012a).

Tossmann (2016) sieht in der internetgestützten Prävention vor allem folgende Potenziale und Ziele:

- Vermittlung von gesundheitsbezogenem Wissen,
- Förderung einer (selbst-)kritischen Einstellung zum Substanzkonsum,
- Unterstützung bei einer Verhaltensänderung,

und strukturiert die große Zahl der webbasierten drogen- und suchtpräventiven Angebote in die vier Kategorien:

- Interaktive Wissensvermittlung,
- Selbsttests,
- webbasierte Interventionen,
- webbasierte Beratungsprogramme.

Einzelne Domains können Kombinationen von unterschiedlichen Zielen als auch unterschiedliche Kategorien kombiniert anbieten.

Ein Beispiel für *interaktive Wissensvermittlung* ist auf der Website www.drug com.de zu finden. Realisiert von der Bundeszentrale für gesundheitliche Aufklärung (BZgA) ist hier ein Wissenstest zum Konsum von Cannabis zu finden. Im Test enthalten sind sowohl die Aufklärung über die richtigen Antworten und die persönliche Punktzahl als auch Links zu weiterführenden Informationen. Darüber hinaus kann sich jede Nutzerin und jeder Nutzer mit dem Punktedurchschnitt einer altersgleichen Nutzergruppe vergleichen.

Ein Beispiel für einen *Selbsttest* sind die ebenfalls auf der Seite www.drugcom.de zu findenden Tests »Cannabis Check« und »Check your Drinking« (Tossmann 2016). Durch solche Selbsttests können Nutzer und Nutzerinnen ein »Feedback zu ihrem persönlichen Konsumverhalten« erhalten. Dies geschieht durch Angaben zur eigenen Person und vielfältigen »Konsumvariablen«. Attraktiv ist dabei die »Rückmeldung eines neutralen Expertensystems« (ebenda).

Ein neuer Weg wurde in der Suchtprävention bei Studierenden beschritten. In einem umfassenden, webbasierten Test werden Variablen zum Konsumverhalten, aber auch zu weiteren zentralen Risiko- und Schutzfaktoren erhoben. Zudem gibt es die Möglichkeit, sich umfassend und differenziert entlang der eigenen Fragen zu informieren (z. B. über Wechselwirkungen des Alkoholkonsums mit bestimmten Medikamenten). Die Studierenden erhalten, nachdem sie das Programm vollständig durchlaufen haben, ein anonymes, vollautomatisiertes Feedback in Hinblick auf ihren Risikostatus auch im Vergleich zu anderen Studierenden. Zudem werden ggf. Hinweise und Tipps im Sinne des Harm Reduction gegeben. Dieses Präventionsprogramm wird mit suchtpräventiven Offline-Angeboten an der Hochschule kombiniert, so dass es sich letztendlich um eine Präventionskomponente im Rahmen des Setting-Ansatzes handelt (Laging et al. 2016).

Die Evaluationen der Programme zeigen, dass durch diese Feedbacksysteme Einstellungs- und Verhaltensänderungen erreicht werden können. Diese scheinen aber auch davon abhängig zu sein, inwieweit die Tests und Rückmeldungen zielgruppenspezifisch ausgerichtet sind und ein Bezug zu den jeweiligen Lebenswelten gegeben ist (ebenda).

Internetbasierte Interventionen reichen von vollautomatisierten Kurzinterventionen bis hin zu langfristigen, strukturierten Programmen mit persönlicher Beratung.

Internetbasierte Beratungsprogramme sind in der Suchtprävention noch nicht sehr verbreitet. Dennoch weisen sie eine erhöhte Signifikanz in der Reduktion des Alkoholkonsums gegenüber vollautomatisierten Programmen auf. Seit 2004 existiert das erste internetbasierte Beratungsprogramm »quit-the-shit«, das aufgrund regen Interesses an E-Mail- und Chatberatung seitens Cannabiskonsumenten bzw. -konsumentinnen von drugcom.de ins Leben gerufen wurde. Dieses 50-Tage-Beratungsprogramm enthält folgende Komponenten:

- Anmeldeprozedur mit Fragebogen,
- One-to-One-Chat mit qualifizierten Psychotherapeuten,
- Führen eines passwortgeschützten Online-Tagebuchs,
- Abschlussgespräch zur Klärung der weiteren günstigen Hilfsstrategien.

Das Programm zeigte sich wirksam und die Programmteilnehmer und -teilnehmerinnen konsumierten nach drei Monaten seltener Cannabis als die, die noch warten mussten (Tossmann 2016).

Das Internet wird erst seit wenigen Jahren für die Suchtprävention genutzt. Erfahrungen und erste Forschungsergebnisse erscheinen vielversprechend. Das große Potenzial internetbasierter Maßnahmen der Prävention liegt zum einen in der leichten Zugänglichkeit des Internets und in der Attraktivität insbesondere bei Jugendlichen und jungen Erwachsenen. Ein weiterer vielversprechender Aspekt internetbasierter Maßnahmen liegt in der Möglichkeit, Programme auf einzelne (Teil-)Zielgruppen präzise zuschneiden zu können und neue Entwicklungen schnell und flexibel aufgreifen zu können.

Die Faszination für die neuen technischen Möglichkeiten sollte aber nicht den Blick dafür verstellen, dass auch inhaltliche Fragen an die vorliegenden Programme zu stellen sind: Nach welchen Leitbildern und Leitkonzepten sind die Programme konzipiert, welche Werte und Inhalte werden vermittelt?

Desgleichen muss berücksichtigt werden, dass es sich bei den internetgestützten Maßnahmen um ausschließlich individuumszentrierte (verhaltensorientierte) Ansätze handelt, die die Lebenswelten vielleicht thematisieren, aber in den seltensten Fällen auch als Gegenüber der Prävention – im Sinne der Verhältnisprävention bzw. des Setting-Ansatzes – adressieren. Erste Ansätze einer systematischen Verknüpfung von Online-Offline-Prävention im Sinne des Setting-Ansatzes liegen aus dem Bereich der Prävention bei Studierenden vor (Laging et al. 2016).

Auch stellen sich immer wieder Fragen nach dem Datenschutz und der Datensicherheit – gerade bei den hochsensiblen Informationen, die teilweise abgefragt werden. Hier gilt es, den jeweils bestmöglichen Standard zu etablieren, um das Vertrauen von Nutzerinnen und Nutzern zu rechtfertigen.

Darüber hinaus sind auch bei internetbasierten Programmen selektiv wirksame Einschluss- und Ausschlussmechanismen anzunehmen. Diese gilt es zu erfassen und dafür Sorge zu tragen, dass Menschen, die schlechteren Zugang zum Internet haben (z. B. ältere Menschen) nicht ausgeschlossen werden.

Und letztendlich ist die Frage noch unbeantwortet, welche psycho-sozialen Kommunikationen und Entwicklungen durch internetbasierte Angebote abgelöst werden können und an welchen Stellen Face-to-Face-Kommunikationen unabdingbar bleiben.

9.4.2 Familie

Die hohe Bedeutung der Familie für eine mögliche Suchtentwicklung den Kindern und Jugendlichen gilt heute als gesichert. Viele familiale Risiko- und Schutzfaktoren (siehe Kasten unten) konnten bislang identifiziert werden. Der Familie kommt aus diesem Grund eine zentrale Bedeutung in der Suchtprävention zu. Aus dem US-amerikanischen Raum liegen zahlreiche, differenziert evaluierte Konzepte der familiären Suchtprävention mit zum Teil hohem Standardisierungsgrad vor (Laging 2012b). Die Evaluationsergebnisse weisen auf das große Potenzial familienorientierter Suchtprävention (Bühler und Thrul 2013). In Deutschland wurden Programme der familienorientierten Suchtprävention demgegenüber bislang erst vereinzelt entwickelt und erprobt.

Ein Programm der familienorientierten Suchtprävention, das zunächst als Bundesmodellprojekt durchgeführt wurde und nun weiter in Deutschland verbreitet wird, ist das »Projekt Trampolin« (http://www.projekt-trampolin.de). Es adressiert den Risikofaktor einer familiären Suchtbelastung und richtet sich dementsprechend an Kinder und Jugendliche aus suchtbelasteten Familien, ist also der selektiven Prävention zuzuordnen.

Das Programm »Trampolin«

Ziele des Angebots für die *Kinder*:

- Erlernen effektiver Stressbewältigungsstrategien (Umgang mit Emotionen, Problemlösestrategien in der Familie, Hilfesuchverhalten),
- Reduzierung der psychischen Belastung durch Auflösung des Tabuthemas Sucht,
- Erhöhung des Kenntnisstandes der Kinder zur Wirkung von Drogen und dem Effekt von Sucht auf die betroffene Person und deren Familie,
- Erhöhung des Selbstwerts/Aufbau eines positiven Selbstkonzepts,
- Erhöhung der Selbstwirksamkeitserwartung.

Die Ziele der Intervention für die *Eltern:*

- Stärkung der Eltern in Hinblick auf ihr Selbstvertrauen in der Elternrolle,
- Förderung der Erziehungskompetenz,
- zunehmende Sensibilisierung für die Auswirkung elterlicher Sucht auf ihre Kinder.

Bei dem »Projekt Trampolin« handelt es sich um ein modular aufgebautes Gruppenangebot für Kinder im Alter von acht bis zwölf Jahren aus suchtbelasteten Familien und zugleich um ein Angebot für deren Eltern oder Elternteile. Die angestrebte Gruppengröße ist sechs bis acht Kinder bei einer Kursleitung. Für eine Zeitdauer von neun Wochen treffen sich die Kinder wöchentlich. Diese Zeit umfasst neun Module á 90 Minuten. Hinzu kommt ein Elternmodul, dass auf zwei Abende aufgeteilt wird (Klein et al. 2013).

Eine bislang noch nicht abschließend gelöste Aufgabe liegt in der Frage des Zugangs bzw. der Inanspruchnahme. Werden Kinder aus Familien für die Teilnahme an familienorientierten Suchtprogrammen gewonnen, bei deren suchtbelasteten Elternteilen keine Krankheitseinsicht und/oder Behandlungsbereitschaft vorliegt, so ist kaum mit einer Akzeptanz der Eltern gegenüber dem Angebot zu rechnen, und eine Teilnahme der Kinder an dem Programm birgt die Gefahr, dass diese Kinder in Loyalitätskonflikte mit ihren Eltern geraten. Gerade aber diese Kinder sind stärker belastet und stärker von Isolation bedroht als Kinder, deren suchtbelastete Elternteile bereits eine Krankheitseinsicht und Behandlungsbereitschaft entwickelt haben.

Die bisherigen Forschungsarbeiten weisen darauf, dass es sich bei dem Inanspruchnahmeverhalten um einen äußerst komplexen Prozess handelt, der durch eine Vielzahl zum Teil untereinander agierender Faktoren gesteuert wird. Einstellungen gegenüber Suchtgefahren und suchtpräventiven Programmen scheinen eine zentrale Rolle zu spielen, ebenso wie die pragmatische Machbarkeit einer Teilnahme. Einige der Risikofaktoren, die suchtbegünstigend wirken, behindern zugleich die Inanspruchnahme von Präventionsmaßnahmen, so dass hier kumulierende Benachteiligungen vorliegen. Unter dem Gesichtspunkt einer zunehmenden sozialen Spreizung in der Gesellschaft kommt diesem Befund eine besondere Bedeutung für Forschung und Praxis der Sozialen Arbeit zu (Laging 2012b).

Familiäre Risiko- und Schutzfaktoren für das Auftreten einer Substanzstörung

Risikofaktoren:

- Eine bereits bestehende familiäre Belastung mit Sucht,
- Substanzgebrauch von Eltern/einem Elternteil,
- Einstellung der Eltern zum Substanzkonsum,
- abweisendes, harsches Erziehungsverhalten,

- Erfahrung von Gewalt und/oder sexuellem Missbrauch,
- kritische Lebensereignisse der Eltern.

Schutzfaktoren:

- Gute Qualität der Eltern-Kind-Beziehung,
- positive Disziplinierungsmethoden,
- Einstehen der Familie für ihr Kind,
- Bereitschaft, bei Problemen Informationen und Unterstützung zum Wohle des Kindes einzuholen,
- angemessene Wachsamkeit gegenüber den kindlichen und jugendlichen Verhaltensweisen (Monitoring),
- Entwicklung von Lebenszielen, Träumen und Lebensinhalten,
- Belohnungen, Erfolge, Anerkennung für Leistungen und Talente,
- Orientierungshilfe bei entscheidenden Weichenstellungen,
- missbilligende Haltung der Eltern gegenüber Substanzkonsum.

Faktoren für Teilnahmebereitschaft an suchtpräventiven Programmen

Innerfamiliär:

- Ausmaß familiärer Konflikte,
- elterliches Erziehungsverhalten,
- Kommunikationsstil,
- Level an Ordnung und Organisation,
- Einfluss einzelner Familienmitglieder, die nicht teilnehmen möchten (meistens Väter).

Programmorganisatorisch:

- Logistische Barrieren und pragmatische Aspekte (Kinderbetreuung, Kosten, Transport, Zeit, Orte, Programmdauer),
- Gratifikationen für die Teilnehmenden,
- Einbindung von Schulen und Gemeinden (aktive Werbung),
- Programmkoordination und -unterstützung.

Die familienorientierte Suchtprävention birgt hohe Potenziale, da eine Vielzahl der Risiko- und Schutzfaktoren im familiären Umkreis angesiedelt sind. Bislang liegen aber aus Deutschland recht wenig gut dokumentierte und evaluierte Konzepte und Erfahrungen hierzu vor. Dies ist auch im Zusammenhang mit den Schwierigkeiten des Zugangs und des Inanspruchnahmeverhaltens zu sehen.

9.4.3 Gemeinde/Kommune

Die Gemeinde erscheint aus einer Vielzahl von Gründen als äußerst geeigneter Ort und Ansatzpunkt für die Suchtprävention. Sie ist der alltägliche Lebens- und Erfahrungsraum ihrer Bewohner und Bewohnerinnen, der sowohl Risiken wie auch Ressourcen für die gesundheitliche Entwicklung bereitstellt.

Die Gemeinde ist der Ort, in dem sowohl universelle, selektive und indizierte Maßnahmen der Suchtprävention durchgeführt werden (können), ebenso wie ein ausgewogener Mix aus verhältnis- und verhaltensorientierten Ansätzen (s. o.). Kommunale Suchtprävention zeigt sich damit als ein Zugang, in dem ein breites Spektrum von Interventionen und Strategien systematisch und koordiniert in einer Kommune implementiert werden kann. Das Konzept der kommunalen Suchtprävention zeichnet sich des Weiteren dadurch aus, dass der Fokus der präventiven Anstrengungen vor allem auf Populationen und auf soziale Prozesse gerichtet ist und nicht ausschließlich die Verhaltensweisen einzelner Individuen in den Blick genommen werden (Laging 2013).

Die immer wieder an die Suchtprävention gestellte Anforderung der Ausgewogenheit und Ganzheitlichkeit scheint damit in der Gemeinde ihre ideale Verwirklichung gefunden zu haben (Sting und Blum 2003: 130) und den Setting-Ansatz optimal umsetzen zu können.

Aus dem Ansatz der Gesundheitsförderung (s. o.) wurde nicht nur die Forderung nach angemessener Berücksichtigung der Lebenswelten formuliert – die Gesundheitsförderung hat gleichfalls den Menschen die Rolle als aktive Akteure ihrer Lebensumwelt zugewiesen. Partizipation und Empowerment sind zugleich Ziel als auch Strategie im Prozess der Aktivierung von Gemeinden für die Erschließung von Ressourcen und für die aktive Gestaltung gesundheitsförderlicher Umwelten (Sting und Blum 2003: 131).

Besondere Beachtung hat in den vergangenen Jahren das Konzept der Policyentwicklung gefunden (Radix 2012: 9), das in Deutschland als »Kommunale Alkoholpolitik« umgesetzt wurde (Laging 2013). In einem sechs Schritte umfassenden Vorgehen werden mit den Schlüsselpersonen einer Gemeinde Bestands- und Bedarfsanalysen erstellt, mögliche Maßnahmen diskutiert und beschlossen und deren Umsetzung beobachtet und evaluiert.

Auf diese Weise wird eine Gemeinde ermutigt und befähigt, entlang ihrer Bedarfe und Voraussetzungen, die zuvor in der Bestands- und Bedarfsanalyse erhoben werden, ein passgenaues Set von Maßnahmen zu implementieren. Mit dem Programm »Communities That Care« (CTC) wird die gleiche Arbeitsstruktur in einer Gemeinde umgesetzt, der Fokus liegt jedoch nicht mehr ausschließlich auf der Alkoholprävention, sondern ist breiter angelegt. Dieses Programm wurde ursprünglich in den USA entwickelt. Der Landespräventionsrat Niedersachsen hat in Kooperation mit der Landesarbeitsgemeinschaft Soziale Brennpunkte Niedersachsen e. V. im Rahmen eines Modellversuchs CTC auf seine Übertragbarkeit nach Deutschland überprüft. Nach dem erfolgreichen Abschluss der Modellphase unterstützt der Landespräventionsrat Kommunen in Niedersachsen bei der Einführung von CTC.

Es liegen für Deutschland mittlerweile umfassend Materialien und Arbeitshilfen für die Strukturierung und Moderation dieses Prozesses vor; desgleichen gibt es eine

Datenbank (Grüne Liste Prävention), die Zugang zu den in Deutschland verfügbaren und positiv evaluierten Präventionsmaßnahmen für Kinder und Jugendliche bietet (http://www.ctc-info.de/).

9.5 Suchtpräventive Praxis und Anforderungen an die Soziale Arbeit

Unabhängig von den jeweiligen Arbeitsfeldern und Settings lassen sich übergreifend für die suchtpräventive Praxis einzelne Arbeitsbereiche und Kompetenzen identifizieren, die für die Ausführung der Suchtprävention erforderlich sind und die das spezifische Profil der Suchtprävention ausmachen.

Projektplanung und -durchführung

Suchtprävention ist in vielen Fällen Projektarbeit. Die konkrete suchtpräventive Arbeit ist an eine Institution – in der Regel eine Suchtberatungsstelle – angebunden, bewegt sich aber in den verschiedenen gesellschaftlichen Bereichen der jeweiligen Region. In der Regel bietet sich ein breites Feld möglicher Zielgruppen für mögliche Präventionsaktivitäten an, und es müssen Schwerpunkte gesetzt werden.

Es ist ein bekanntes Problem der Suchtprävention – wie auch in anderen Feldern der Prävention und in der Gesundheitsförderung –, dass bislang vor allem ressourcenstarke gesellschaftliche Gruppen von Prävention profitieren. So sind beispielsweise im schulischen Bereich Gymnasien für die Prävention leichter zu gewinnen als Hauptschulen. Wird Prävention breit angeboten bzw. wird lediglich auf Anfragen reagiert, können sich diese sozialen und gesundheitlichen Ungleichheiten durch Prävention verstärken.

So empfehlen Hallmann et al. (2007), nicht nur auf Anfragen zu reagieren, sondern eigenständig und proaktiv auf die zu eruierenden Bedarfe zu reagieren. Einzelne Zielgruppen müssen oft erst ›aufgeschlossen‹ werden, damit sie die Angebote nachfragen, die die Suchtprävention bereithält bzw. partizipativ mit den Zielgruppen entwickelt. Eine Sensibilität für diese Fragen der sozialen bzw. gesundheitlichen Ungleichheiten ist ein Spezifikum der Sozialen Arbeit, das sie hier einbringt, ebenso wie die spezifische Kompetenz, Zugang zu entwickeln zu Zielgruppen, die von den allgemeinen Präventionsangeboten, wie beispielsweise denen der Krankenkassen bislang nicht oder nur unzureichend erreicht werden.

Zur Konzept- bzw. Projektplanung gehören die allgemeinen Schritte der Projektplanung.

Projektplanung

- Analyse des Problems,
- Wahl und Analyse der Zielgruppe,
- Zielformulierung,
- Auswahl geeigneter Maßnahmen und Methoden,
- Auswahl und Gewinnung geeigneter Kooperationspartnern und -partnerinnen,
- Organisation und Bereitstellung der erforderlichen Mittel,
- Dokumentation, Evaluation und ggf. Bericht.

Vernetzung und Kooperation

Suchtprävention wurde oben bereits als Querschnittsaufgabe beschrieben. Die Fachkräfte der Suchtprävention bewegen sich dementsprechend in den gesellschaftlich und sozial relevanten Feldern. Entscheidend ist hier die Fähigkeit, auf Augenhöhe kooperieren zu können und Netzwerke zu knüpfen (Hallmann et al. 2007).

Information, Beratung, Fortbildung

Oben wurde bereits die Bedeutung der Zusammenarbeit und der Qualifizierung von Multiplikatoren bzw. Multiplikatorinnen beschrieben. Informationsvermittlung und Fortbildungen für bestimmte Zielgruppen zu suchtpräventiven Themen gehören zu den etablierten Aufgabengebieten der Präventionsfachkräfte. Berufsgruppen, die nach bisherigen Erfahrungen regelmäßig Informationen und Fortbildungen wünschen, sind Lehrerinnen und Lehrer, Erzieherinnen und Erzieher, Jugendgruppenleiterinnen und -leiter (in Sport- und in anderen Vereinen), Mitarbeiterinnen und Mitarbeiter in der Jugendarbeit, Mitarbeiterinnen und Mitarbeiter in Heimen sowie Eltern (Hallmann et al. 2007). Die zu vermittelnden Inhalte beziehen sich schwerpunktmäßig zum einen auf den Bereich der »Informationen zu Missbrauch, Sucht, Suchtmittel und Suchtentwicklung sowie der Verbreitung von Sucht und Missbrauch«, zum anderen beziehen sich diese Informations- und Fortbildungsmaßnahmen auf Fragen der Umsetzung von Suchtprävention.

Der ›Markt‹ möglicher Präventionsmaßnahmen ist groß und unübersichtlich. Präventionsfachkräften kommt hier auch die wichtige Rolle zu, Hinweise in Hinblick auf mögliche geeignete und effektive Maßnahmen zu geben und bei der Umsetzung zu unterstützen und zu begleiten.

Öffentlichkeitsarbeit

Öffentlichkeitsarbeit hat in der Sozialen Arbeit insgesamt große Bedeutung, da hier Umgebungsfaktoren, die soziale Probleme beeinflussen können, thematisiert werden können. Im Bereich der Suchtprävention ist diese Situation insofern ›verschärft‹, als dass die Profiteure der Sucht wie beispielsweise die Alkoholindustrie permanent Öffentlichkeitsarbeit – sprich Werbung – in eigener Sache und mit hohem Ressourceneinsatz betreiben.

Eine kontinuierliche und systematische Öffentlichkeitsarbeit zumindest in Hinblick auf durchgeführte Projekte und Aktionen gehört von daher zum suchtpräventiven Handeln dazu und kann die allgemeine Öffentlichkeit gegenüber Suchtgefahren sensibilisieren, für eigene präventive Aktivitäten motivieren und zum Interesse von Politik an der Suchtprävention und zur Vernetzung und Verankerung von Suchtprävention in der Region beitragen.

Ressourcengewinnung und Sozialsponsoring

Oftmals reichen die vorhandenen Ressourcen nicht für die geplanten und wünschenswerten Projekte aus. Bemühungen um Drittmittel werden mehr und mehr notwendig. Hallmann et al. (2007) zählen deswegen die Umsetzung von komplexen Marketingstrategien wie auch die Ressourcengewinnung zu den Aufgaben der jeweiligen Träger von Fachstellen für Suchtprävention, um die direkte Arbeit der Präventionsfachkräfte zu unterstützen.

Dokumentation und Evaluation

Suchtprävention steht oftmals in besonderem Interesse und Fokus von allgemeiner und politischer Öffentlichkeit und gerät auch immer wieder unter Rechtfertigungsdruck. Die Fähigkeit der Darstellung nach außen wurde bereits unter dem Stichwort Öffentlichkeitsarbeit erwähnt. Als Basis hierfür ist eine sorgsame, zuverlässige und aussagekräftige Dokumentation und (Selbst-)Evaluation erforderlich. In der Regel arbeiten die Träger mit bestehenden, übergreifenden Dokumentationssystemen, wie beispielsweise dotsys.

Vor dem Hintergrund dieser Arbeitsbereiche der Suchtprävention skizzieren Hallmann et al. (2007) ein Anforderungsprofil für Fachkräfte der Suchtprävention. Neben einem Hochschulabschluss aus den Fachrichtungen der Sozialen Arbeit, der Pädagogik, Psychologie, Soziologie oder Gesundheitswissenschaft erfordert die Komplexität des Arbeitsfeldes zusätzliche Qualifikationen für die mit der Prävention befassten Personen.

> **Anforderungen an Fachkräfte der Suchtprävention**
>
> - Ein grundlegendes Fachwissen in den Bereichen Sucht, Suchtmittel und Suchtprävention,

- die Kompetenz, das eigene präventive Handeln fachlich zu begründen, sich Fakten und Informationen aus Wissenschaft und bisher fachfremden Bereichen anzueignen und auf das jeweilige Arbeitsfeld zu übertragen sowie Konzepte zu entwickeln,
- kommunikative Kompetenzen wie
  - Vermittlung der Inhalte suchtpräventiver Arbeit,
  - zielgerichtete und erfolgsorientierte Gesprächsführung, das heißt gute rhetorische Fähigkeiten, klarer sprachlicher Ausdruck in Wort und Schrift, überdurchschnittliche Fähigkeiten in Argumentation und Diskussion sowie auch Empathie und die Fähigkeit des aktiven Zuhörens,
  - Kenntnisse in Öffentlichkeitsarbeit und im Umgang mit PR-Medien (Print- und elektronische Medien),
- eine administrative Kompetenz, die befähigt, Inhalte unter Berücksichtigung politisch-administrativer Prozesse und Abläufe in der Region umzusetzen, sowie die Fähigkeit zum Aufbau von Kooperation und Vernetzung und deren Koordinierung,
- Kenntnisse und Fähigkeiten in Dokumentation und Evaluation.

Die Anforderungen sind durch regelmäßige Supervision und Fortbildung zu begleiten und zu unterstützen.

Darüber hinaus werden von den Suchtpräventionsfachkräften eine kritische Reflexion des eigenen Konsumverhaltens und damit verbunden ein verantwortungsvoller und jederzeit hinterfragbarer Umgang mit Suchtmitteln erwartet (Hallmann et al. 2007).

9.6 Kritik und Perspektiven der Suchtprävention

Das Arbeitsfeld Suchtprävention hat sich seit ihren Anfängen zum Ende der 1960er Jahre in zunehmendem Maße professionalisiert. Die Geschichte der Suchtprävention zeigt sich dabei als eine äußerst wechselhafte und eng verbundene mit ihr die Rolle der Sozialen Arbeit.

Suchtprävention wurde maßgeblich durch die Soziale Arbeit entwickelt und getragen, maßgeblich durch Fachkräfte, die meist in Suchtberatungsstellen, Gesundheitsämtern oder – seltener – in Einrichtungen der Jugendarbeit und Schulen angebunden sind. In den Anfängen der Suchtprävention bzw. zu Zeiten von abschreckender Aufklärung standen die Suchtpräventionsfachkräfte im Einklang mit der damaligen repressiven Politik. Im Zuge der konzeptionellen Weiterentwicklung der Suchtprävention wandte sich auch die Soziale Arbeit einem Verständnis zu, dass das selbstbestimmte Subjekt in den Mittelpunkt stellt und Substanzkonsum auch als eine Form der Lebensbewältigung anerkennt. Erst in diesem Jahrtausend beginnt die Suchtprävention ernsthaft ihren Anspruch, nicht nur Einstellungen und Verhalten der Individuen zu adressieren, sondern auch mit dem Setting-Ansatz die sozialen Bedingungen und die Verhältnisse in den Blick zu nehmen und hier Einfluss zu nehmen. Die Aufgaben der Sozialen Arbeit in der Suchtprävention – vormalig vor allem pädagogisch ausgerichtet – erweitern sich nun in Richtung Moderation, Fachberatung und Präventionsmanagement.

Hinsichtlich des erreichten Professionalisierungsgrades und der Institutionalisierung kann die Geschichte der Suchtprävention als eine Erfolgsgeschichte betrachtet werden, die mit anderen gesundheitsbezogenen Aufgaben der Sozialen Arbeit kaum vergleichbar ist. Suchtprävention hat sich als eigenständiges Fachgebiet entwickelt, das zum einen fachlich als Teil der gesamtgesellschaftlichen Gesundheitsförderung verstanden werden muss und das sich zum anderen strukturell – vor allem im Bereich der Suchthilfe – als eigenständiger Fachbereich mit spezifischem Profil und eigenen Strukturen etabliert hat.

Mittlerweile liegt in vielen Arbeitsfeldern der Suchtprävention eine Vielzahl gut evaluierter und wirksamer Programme vor. Fachliche Herausforderungen und aktuelle Aufgaben der Suchtprävention liegen oftmals darin, Zugangswege zu entwickeln, die auch benachteiligte Bevölkerungsgruppen ansprechen, ohne diese der Gefahr von Stigmatisierung und Ausgrenzung auszusetzen.

Die Präventionsorientierung ist durch die Soziale Arbeit von Anfang an auch kritisch reflektiert worden, da sie anderen fachlichen und ethischen Orientierungen der Sozialen Arbeit (Böllert 2015: 1227–1237), die hier thesenhaft wiedergegeben werden, entgegen zu stehen scheint:

- Prävention als »vorbeugendes Eingreifen« ist implizit geleitet von einem negativen Menschenbild, das Abweichungen und Gefährdungen in den Mittelpunkt rückt und Kompetenzdefizite unterstellt.
- Prävention befördert misstrauens- und verdachtsgeleitete Wirklichkeitskonstruktionen, legitimiert damit eine Ausweitung sozialer Kontrolle und dient somit der symbolischen Befriedigung öffentlicher Sicherheitsbedürfnisse.
- Prävention wird missbraucht; sie überformt und verdeckt den genuinen Auftrag der Kinder- und Jugendhilfe der Gestaltung positiver und förderlicher Lebensverhältnisse.

In der Tat zeigen die Erfahrungen und die Geschichte, dass ein Operieren mit überzogenen Bedrohungs- und Gefährdungsszenarien der Suchtprävention auf lange Sicht ihr ihre Legitimation und Glaubwürdigkeit entzieht und kontraproduktiv wirken kann. Eine sorgsame Forschung und Prüfung der Informationen, die im Rahmen einer Präventionsmaßnahme vermittelt werden, auch jene zu den Funktionalitäten des Substanzkonsums, ist deshalb unverzichtbare Grundlage jeder glaubwürdigen Prävention. Dazu gehören auch die bislang noch wenig erforschten positiven Seiten, die Benefits z. B. eines moderaten Substanzkonsums oder auch die von Rauscherfahrungen (Sting und Blum 2003: 145). Herausfordernd bleibt die Entwicklung von methodischen Ansätzen, diese Inhalte und Aspekte konstruktiv in die Praxis der Suchtprävention aufzunehmen. Die hier angesprochenen Risiken sind unter dem Begriff »deviant talk« beschrieben worden und meinen einen sozialen

Aufschaukelungsprozess, der u. a. das Prahlen mit Substanz- und Rauscherfahrungen im Rahmen von Präventionsaktivitäten beinhaltet.

Abhängigkeitserkrankungen und die damit verbundenen gesundheitlichen und volkswirtschaftlichen Schäden sind eine Realität. Dabei wurden die Probleme, die im Kontext mit illegalen Drogen stehen, in der öffentlichen Wahrnehmung wie ebenso auch in bestimmten Phasen der Suchtprävention (s. o.) eher überbetont und dramatisiert; Probleme im Kontext legaler Drogen (Alkohol, Tabak) standen demgegenüber lange Zeit eher im Hintergrund und wurden bagatellisiert. »Misstrauensgeleitete Wirklichkeitskonstruktionen« trafen von daher den Bereich der illegalen Drogen, während die Probleme im Kontext des Alkohols und Tabaks eher geschönt wurden. Heute arbeiten viele Präventionsstrategien mit Elementen der Information und Aufklärung und mit »personalisierten Feedbacks«, das heißt mit Rückmeldungen in Hinblick auf den Risikostatus eines Menschen. Ziel ist hier eine realistische Selbsteinschätzung und Risikowahrnehmung im Kontext des eigenen Substanzkonsums (s. o.). Diese Ansätze werden gut angenommen und zeigen das Bedürfnis der Menschen nach gezielten, realitätsgerechten Informationen und einer Orientierung im Kontext ihres Substanzkonsums.

Ansätze dieser Art stehen nicht in Konkurrenz zu dem Ansatz einer »Gestaltung positiver und förderlicher Lebensverhältnisse«, im Gegenteil, ein Schulterschluss könnte hier die Kräfte bündeln und stärken. Denn für die Zukunft der Suchtprävention wird auch entscheidend sein, dass sie noch konsequenter die Empowermentperspektive und damit die Gestaltungsmöglichkeiten hinsichtlich der eigenen Lebensbedingungen in den Blick nimmt und diese – im Sinne einer positiven Gesundheitsorientierung – zum Qualitätsmaßstab werden.

Weiterführende Literatur

Bühler, A. & Thrul, J., 2013, *Expertise zur Suchtprävention*, Köln.
Hoff, T. & Klein, M., 2015, *Evidenzbasierung in der Suchtprävention: Möglichkeiten und Grenzen in Praxis und Forschung*, Springer, Berlin, Heidelberg.
Sting, S. & Blum, C., 2003, *Soziale Arbeit in der Suchtprävention*, UTB, Stuttgart.

10 Angehörige von suchtkranken Menschen

> ☞ **Was Sie in diesem Kapitel lernen können**
>
> In diesem Kapitel lernen Sie die grundlegenden Ansätze und Arbeitsweisen der Angehörigenarbeit in der Suchthilfe kennen. Derzeit vollzieht sich ein Paradigmenwechsel von Konzepten, in denen das Konstrukt der »Co-Abhängigkeit« eine zentrale Rolle spielte, hin zu Ansätzen, die mit zieloffeneren Verfahren arbeiten. Eine ausführliche Diskussion des Konzeptes Co-Abhängigkeit vermittelt vertiefte Einblicke, welche Verhaltensweisen der sozialen Umgebung wirksam sind. In exemplarischer Form werden zeitgemäße Ansätze der Arbeit mit Angehörigen dargestellt. Zudem werden Sie einleitend über die spezifischen Belastungslagen von Angehörigen informiert.

10.1 Einleitung

Es gibt insgesamt nur wenig Daten und Aussagen darüber, wie viele Menschen von der Sucht eines ihm nahestehenden Menschen betroffen sind. Die Gesundheitsstudie GEDA 2014 des Robert Koch-Instituts berichtet, dass insgesamt 9,5 Prozent aller Befragten (8,4 Prozent der Männer und 10,7 Prozent der Frauen) angaben, einen Angehörigen zu haben, bei dem eine Suchterkrankung vorliegt. Dabei konnte es sich um Partner/Partnerin, Kind, Elternteil, Geschwister oder auch andere handeln und um eine Abhängigkeit von Alkohol, Cannabis, anderen Drogen, Medikamenten, Glücksspiel oder Sonstigem. Die Abhängigkeit von Alkohol wurde mit 82 Prozent mit Abstand am häufigsten genannt, gefolgt von der Abhängigkeit von Cannabis mit 15,7 Prozent (Bischof 2017).

Unter der Frage nach der Beziehungsart gaben 29,1 Prozent der Befragten »Kind« an (ebenda). Die Drogenbeauftragte der Bundesregierung berichtet im Drogen- und Suchtbericht 2016, dass über drei Millionen Kinder mit mindestens einem suchtbelasteten Elternteil zusammenleben.

Eine Suchterkrankung ist nicht nur mit Leid und Einschränkungen für die Betroffenen verbunden. Auch familiäre und soziale Beziehungen verändern sich in der Folge erheblich und führen oftmals zu stark ausgeprägten Belastungslagen bei den Angehörigen. In diesem Abschnitt werden die spezifischen Belastungslagen der

Angehörigen beleuchtet. Dabei wird der Fokus auf die Situation der Partner und Partnerinnen gelegt. Die Situation der betroffenen Kinder wurde im vorausgegangenen Kapitel 9 (Prävention) bereits dargestellt.

Wie Angehörige eine Suchterkrankung in ihrer Familie erleben und welche Bewältigungsstrategien sie daraufhin entwickeln, wurde seit den 1970er Jahren fast ausschließlich mit dem Konstrukt der *Co-Abhängigkeit* beschrieben. Dieses Konstrukt, das vor allem zu Lasten von Frauen ging, hat in der jüngeren Vergangenheit eine kritische Diskussion erfahren, die hier nachgezeichnet wird. Abschließend wird ein Ansatz der Arbeit mit Angehörigen dargestellt und diskutiert, der die neueren Konzeptualisierungen der Angehörigenarbeit aufnimmt.

10.2 Belastungslagen von Angehörigen

Eine Suchterkrankung ist für die jeweiligen Angehörigen mit einer *Vielzahl von Belastungsfaktoren aus unterschiedlichen Lebensbereichen* verbunden. Es liegen zahlreiche Hinweise vor, dass die Lebensqualität von Angehörigen durch die ständige Bewältigung von Stressoren, die mit dem Substanzkonsum verbunden sind, leidet. Dabei sind diese Belastungen von einer Vielzahl verschiedener Faktoren abhängig: So spielt es z. B. eine entscheidende Rolle, von welchem Suchtmittel der Betroffene bzw. die Betroffene abhängig ist, wie lange seine bzw. ihre Abhängigkeitserkrankung besteht und welche Ressourcen einer Familie zur Verfügung stehen, die kompensierend wirksam sein können. Nachfolgend werden die Belastungslagen von Angehörigen von suchtkranken Menschen beschrieben. Sie sind allerdings nur als zusammenfassende Generalisierungen zu verstehen, die nicht den Blick auf die jeweilige individuelle Situation und Lebenslage verstellen dürfen. Eine differenzierte Ausarbeitung im oben angedeuteten Sinne würde den Rahmen dieses Abschnitts klar überschreiten. Zudem liegen bislang vor allem Einzelstudien mit qualitativen Designs vor.

Eine internationale Studie zeigte, dass eine Suchterkrankung eines Familienmitgliedes in fast allen Fällen zu Beziehungsschwierigkeiten in den betroffenen Familien führt. So wird vielfach z. B. über vermehrte Beschimpfungen und Drohungen durch die substanzkonsumierende Person berichtet und es werden Stimmungsschwankungen und Reizbarkeiten beim suchtkranken Angehörigen beobachtet. Lügen und sexuelle Probleme treten ebenfalls vermehrt auf (Orford et al. 1998).

> **Typische Belastungen von Angehörigen**
>
> - Beziehungsschwierigkeiten, z. B. durch Stimmungsschwankungen, Reizbarkeiten,
> - starke Sorgen,

- angespannte Familienatmosphäre,
- Beeinträchtigungen bei sozialen Kontakten/Isolation,
- Stigmatisierung,
- Angst vor Rückfällen des Partners bzw. der Partnerin,
- vermehrte Gewalt oder Gewaltandrohungen.

Angehörige sind zudem oftmals durch starke Sorgen belastet, die sich auf die psychische und physische Gesundheit, die Arbeitsfähigkeit, die finanzielle Situation und reale oder drohende rechtliche Probleme des suchtkranken Angehörigen beziehen. Sie berichten zudem über eine allgemein schwierige familiäre Atmosphäre und einen belasteten Lebensalltag. Belastend wirkt ebenfalls, dass die Angehörigen Aufgaben und Pflichten des suchtkranken Familienmitglieds oftmals mit übernehmen müssten und dass die sozialen Kontakte durch die Suchterkrankung ungünstig beeinflusst werden (ebenda).

Darüber hinaus kann davon ausgegangen werden, dass die Stigmatisierung, die suchtkranke Menschen bedroht oder trifft, im Sinne des »Courtesy Stigma« oder des assoziierten Stigma zumindest auch teilweise auf die Angehörigen zurückfällt. Empirische Studien liegen hierzu bislang kaum vor. Jedoch sind aus einer Vielzahl von Arbeiten Stigmatisierungserfahrungen von Angehörigen von Menschen mit einer Schizophrenieerkrankung bekannt (Ruckstuhl 2014: 26–28). Vermutlich spielen Schuldzuschreibungen bei Angehörigen von suchtkranken Menschen eine besondere Rolle, ebenso wie die Selbststigmatisierung, die in die soziale Isolation führen kann und oftmals einer Inanspruchnahme von Hilfen entgegensteht (vgl. Abschnitt Co-Abhängigkeit).

Ein weiterer wesentlicher Belastungsfaktor für Angehörige sind befürchtete und/ oder reale Rückfälle. Angehörige müssen im Verlauf der Erkrankung ihrer Familienmitglieder oftmals eine Serie von Entzügen, Entwöhnungen und Rückfällen miterleben, die dann von ihrer Seite von gleichfalls starken Emotionen wie Hoffnung, Enttäuschung, Resignation begleitet sind.

Ein weiterer, weit verbreiteter Stressfaktor sind Gewaltdrohungen oder Gewalterfahrungen.

Diese Belastungslagen können bei Angehörigen zu klinisch relevanten Beeinträchtigungen führen. Dabei handelt es sich hier aber nicht um ein geschlossenes Störungsbild wie etwa durch das Konstrukt der »Co-Abhängigkeit« postuliert (s. u.). Vielmehr umfassen die Beeinträchtigungen die gesamte Breite dysfunktionaler Symptome und zeigen sich größtenteils in stressbedingten Erkrankungen wie Depressionen, Ängsten und somatoformen Störungen (Klein und Bischof 2013; Smith und Meyers 2013: 19), die bei Angehörigen von Suchtkranken häufiger auftreten als in der Durchschnittsbevölkerung. Partner und Partnerinnen von Suchtkranken weisen in erster Linie typische Interaktionsmuster und Stresssymptome auf, die sie anfällig machen für destruktive und dysfunktionale Beziehungen, insbesondere im neurotischen und affektiven Bereich (Klein und Bischof 2013).

10.3 Das Konzept der Co-Abhängigkeit

Wer sich mit der Situation von Angehörigen von suchtkranken Menschen beschäftigt, stößt hierbei recht schnell auf das Konzept der *Co-Abhängigkeit*. Dieser Begriff wurde in den 1970er Jahren in den USA geprägt; in den 1980er und 1990er Jahren fand er weite Verbreitung in Deutschland, auch durch eine Vielzahl populärwissenschaftlicher Abhandlungen als Betroffenenberichte sowie in der Ratgeberliteratur für Angehörige (z. B. Ruckstuhl 2014: 17). Heute gilt der Begriff der Co-Abhängigkeit schon als Bestandteil der Alltagssprache.

Vermutlich wurde das Konstrukt der Co-Abhängigkeit durch die Angehörigen-Selbsthilfe (Al-Anon) in den USA hervorgebracht. Ausgangspunkt der Entwicklung war hier zunächst der schlichte Versuch – so wie in fast jeder Selbsthilfegruppe –, die eigene Betroffenheit als angehöriges Familienmitglied zu fassen, zu beschreiben und ihr Ausdruck zu verleihen. Die Angehörigen entwickelten eine gemeinsame Identität und arbeiteten an Strategien, um die erfahrene Ohnmacht im Umgang mit dem alkoholabhängigen Partner bzw. der Partnerin zu reduzieren. Sie drückten ihr Leiden ebenso wie ihren Unterstützungsbedarf aus. In dem Kontext wurde von den Betroffenen eine Vielzahl von Büchern publiziert, die teilweise zu Bestsellern avancierten (Uhl und Puhm 2007).

Suchtentwicklung und -aufrechterhaltung wurde so in soziale Kontexte gestellt, und auch heute noch steht außer Frage, dass es im Umgang mit suchterkrankten Menschen äußerst wichtig ist, systemische Aspekte des Umfelds zu beachten, zu analysieren und diese sowohl in die Konzeption und Durchführung von präventiven Ansätzen als auch in den Beratungs- und Behandlungsprozess mit einzubeziehen.

Diese im engeren Sinne *selbsthilfeorientierte Perspektive* erfuhr im weiteren Verlauf aber entscheidende Veränderungen: Zum einen wurde das Konzept erweitert in Hinblick auf andere Suchtformen: Aus dem Konzept des Co-Alkoholismus wurde das der Co-Abhängigkeit. Zum anderen verschob sich auch die inhaltliche Bestimmung des Konstruktes entscheidend: Es entwickelte sich ein Konzept, in dem das Erleben und die Situation der Angehörigen nicht mehr vornehmlich als »Belastete«, »Reagierende« oder auch »Opfer« im Mittelpunkt stand. Vielmehr wurden mit dem Konzept der Co-Abhängigkeit Verhaltensweisen und Persönlichkeitsmerkmale der Angehörigen in den Blick genommen, die vor allem als *suchtunterstützend* charakterisiert wurden, dementsprechend vornehmlich in Hinblick auf die *Wirkung auf den Suchtkranken* betrachtet wurden und dabei einer Einseitigkeit unterlagen. Auch wenn – vor allem in den 1980er und 1990er Jahren – eine fast unüberschaubare Vielzahl von (erfolglosen) Versuchen unternommen wurden, Co-Abhängigkeit einheitlich zu definieren, so resümieren Klein und Bischof (2013: 66): »In der Regel zielen die Definitionsversuche darauf ab, Verhaltensmuster zu beschreiben, die Suchtverhalten nahestehender Personen begünstigen …«

Eine systematische Darstellung dieser Verhaltensmuster wurde in Deutschland erstmals von Monika Rennert Ende der 1980er Jahre vorgelegt (Rennert 2005: 45–51).

10 Angehörige von suchtkranken Menschen

Das (umstrittene) Konstrukt »Co-Abhängigkeit«

Co-Abhängige Verhaltensweisen äußern sich darin,

- ein suchtkrankes Familienmitglied vor den negativen Konsequenzen seines Substanzkonsums zu schützen,
- den Konsum des Angehörigen kontrollieren zu wollen,
- Aufgaben des Suchtkranken zu übernehmen,
- den Konsum zu rationalisieren und zu rechtfertigen,
- im Kontext des Konsums, etwa bei der Beschaffung und Finanzierung, zu kollaborieren,
- den Suchtkranken zu retten und sich nützlich zu machen (ebenda).

Insgesamt zielen diese Verhaltensweisen alle darauf, dass der suchtkranke Mensch vor den negativen Folgen seines Konsums bewahrt wird, dass drohende Schäden vermieden werden und dass der Angehörige die Aufgaben und Funktionen, die der suchtkranke Mensch selbst nicht mehr ausüben kann, stellvertretend ausübt und/ oder kompensiert.

Diese Verhaltensweisen generalisierend als suchtbegünstigend oder suchtverlängernd einzuordnen, wird verständlich im Kontext der »Leidensdrucktheorie«, die vor allem durch die Anonymen Alkoholiker vertreten wurde und zum Teil noch wird (▶ Kap. 1). Unter der Prämisse, dass nur ein Leiden, ein Erfahren der Konsequenzen des Konsums als unabdingbare Voraussetzung für die Entwicklung von Behandlungsbereitschaft und Veränderungsmotivation verstanden wird, wird plausibel, welche destruktive Kraft im Hinblick auf eine mögliche Genesung diesen »co-abhängigen« Verhaltensweisen zugeschrieben werden konnte.

In der Konsequenz konnte Angehörigen von Suchtkranken, die um Unterstützung nachsuchten, nur geraten werden, sich gegenüber den suchtkranken Angehörigen abzugrenzen bzw. sie zu verlassen und die eigenen Bedürfnisse und Lebensgestaltung (wieder) in den Fokus zu rücken. Die stereotype Empfehlung hieß »Hilfe durch Nicht-Hilfe«, das heißt, die Verantwortung für das Suchtverhalten und die damit verbundenen Schwierigkeiten sollten vollständig den abhängig erkrankten Menschen überlassen werden. Der Wunsch nach einer aktiven Beeinflussung des Suchtgeschehens wurde ebenfalls als ein Symptom der Co-Abhängigkeit angesehen.

Mit der Verschiebung des Fokus auf die Wirkung auf den abhängigen Angehörigen gingen zugleich Pathologisierungen und Schuldzuschreibungen gegenüber den als co-abhängig deklarierten Partnern und Partnerinnen einher.

Den genannten Verhaltenssyndromen und Erlebnisweisen von Angehörigen wurde ein eigener psychiatrischer Krankheitswert zugewiesen. So wird Co-Abhängigkeit noch im Jahr 2004 folgendermaßen in einer Broschüre der Freundeskreise für Suchtkrankenhilfe beschrieben (zitiert in Uhl und Puhm 2007):

> »Co-Abhängigkeit ist ein Krankheitsbild, das sich als Beziehungsstörung ausdrückt. Co-Abhängige sind geprägt durch frühkindliche Entwicklungen – einschließlich entsprechender Life Events – sowie ggf. genetisch bedingter Faktoren. Co-Abhängigkeit existiert unabhängig von der stoffgebundenen Abhängigkeit eines anderen Menschen. Sehr häufig

wird diese eigenständige Störung erst im Zusammenleben mit einem suchtkranken Menschen deutlicher sichtbar ...«

Das Konstrukt postuliert eine latent dependente Persönlichkeitsstruktur, bei welcher ein defizitäres Selbstwertgefühl durch die Übernahme von Versorgungs- und Kontrollfunktionen gestärkt wird (Klein und Bischof 2013). Für das Störungsbild der Co-Abhängigkeit wird zudem angenommen, dass es sich – analog zu einer Suchterkrankung – ebenfalls progredient, schleichend und in Phasen entwickelt. Die o. g. co-abhängigen Verhaltensweisen werden in einen zeitlichen Ablauf gebracht, dieser beginnt mit

1. der Phase des Beschützens und Erklärens, die sich fortsetzt mit
2. der Phase des Helfens und Kontrollierens und endet mit
3. der Anklage und dem Zusammenbruch (Kollizius 1997 in Ruckstuhl 2014: 19 f).

Mit diesen Entwürfen und Ausarbeitungen des Konstruktes Co-Abhängigkeit folgen die entsprechenden Autoren dem bio-medizinischen Krankheitsmodell (▶ Kap. 1).

Neben diesen inhaltlichen Verschiebungen wurde das Konstrukt der Co-Abhängigkeit in der weiteren Entwicklung auch auf andere soziale Systeme bezogen.

Dabei gerieten in den Fokus eine

1. »gesellschaftliche Co-Abhängigkeit«, wobei darunter Einflussnahmen – z. B. der Industrie, um den Alkohol- oder Tabakkonsum anzukurbeln – verstanden wurden,
2. »Co-Abhängigkeit im Arbeitsleben«, in dem Kollegen und Kolleginnen süchtiges Verhalten der entsprechenden Kollegen und Kolleginnen unterstützen oder verbergen,
3. »Co-Abhängigkeit im Freundeskreis«,
4. »Co-Abhängigkeit in der Familie« und
5. »Co-Abhängigkeit in der medizinischen Behandlung«, wo Ärzte und Ärztinnen durch inadäquates Verhalten – wie die ungerechtfertigte Verschreibung von Medikamenten oder sonstiges unprofessionelles Verhalten – Sucht fördern oder aufrechterhalten (Uhl und Puhm 2007).

Uhl und Puhm (2007) weisen darauf hin, dass es zunächst als äußerst widersprüchlich erscheint, dass gerade die Personen, die sich selbst als Opfer suchtkranker Menschen erlebten und die sich als Betroffene organisierten, ein Konstrukt entwickelten und popularisierten, das ihnen ein extrem hohes Maß an Mitverantwortung für die Entstehung und Aufrechterhaltung von Suchtproblemen zuweist und damit die *Opfer-Täter-Relation ins Gegenteil verkehrt*. Als Erklärungsversuch für diese Beobachtung schlagen sie vor, dass eine mangelnde gesellschaftliche Zurkenntnisnahme des Leidens und der real existierenden Unterstützungsbedarfe der Angehörigen zu dieser Überzeichnung und Paradoxie geführt haben könnten. Zugleich wird angemerkt, dass das Konzept der Co-Abhängigkeit abhängigkeitskranken Menschen und ihren Therapeuten und Therapeutinnen gerade auch in Hinblick auf oftmals scheiternde Therapien Entlastung bietet und hier das sozialwissenschaftliche Konzept des »Blaming the Victim« Erklärungswert besitzen könnte.

Eine *Viktimisierung* in diesem Kontext trifft vor allem *Frauen*: Aus vielen Untersuchungen ist bekannt, dass überwiegend sie es sind, die unter der Belastung eines suchtkranken Familienmitgliedes leiden und die Hilfen in Anspruch nehmen. Ein Grund hierfür ist das ungleiche Geschlechterverhältnis im Kontext einer Alkoholerkrankung und/oder einer Abhängigkeit von illegalen Drogen (▶ Kap. 2; ▶ Kap. 6), die eine entsprechend größere Zahl angehöriger Partnerinnen zur Folge hat. Auch sind es anscheinend eher Frauen, die lange bei ihren alkoholabhängigen Partnern bleiben. Angehörige Männer verlassen ihre süchtigen Partnerinnen häufig zu einem früheren Zeitpunkt (vgl. Franke 2005).

Als Hintergrund hierfür wird ein ganzes Bündel unterschiedlicher Sozialisationserfahrungen und Rollenanforderungen bzw. -zuschreibungen als Erklärungsmuster herangezogen (Dethlefs 2016: 358). Traditionell sind Mädchen und Frauen eher zuständig für die Beziehungsarbeit und damit für die Erfüllung der Bedürfnisse anderer. So übernehmen Frauen in weit größerem Maß als Männer auch die Familienaufgaben. Frauen fühlen sich stärker verantwortlich – bzw. werden verantwortlich gemacht –, wenn Probleme in Beziehungen und/oder der Familie auftreten. Sie entwickeln dann teilweise massive Schuld- und Versagensgefühle. Dies trifft im Besonderen auch auf Mütter zu (ebenda).

Das Konzept der Co-Abhängigkeit wirft angehörigen Frauen nun genau jenes Verhalten vor, das gleichzeitig gesellschaftlich von ihnen erwartet wird, und verstrickt damit Frauen in widersprüchliche, nicht erfüllbare Anforderungen. Verbleiben sie beim Partner und versuchen sie, ihn zu unterstützen, werden sie als co-abhängig pathologisiert; wird der Partner verlassen, kann dies als Scheitern der klassisch weiblichen ›Beziehungsaufgabe‹ gewertet werden.

Heute mehren sich die Stimmen (Klein und Bischof 2013; Uhl und Puhm 2007; Deutsche Hauptstelle für Suchtfragen 2013a; Smith und Meyers 2013), die das Konstrukt der Co-Abhängigkeit für die Arbeit mit Angehörigen entbehrlich und zudem mit einigen Risiken behaftet sehen: Zum einen *fehlt bis heute jede empirische Evidenz* für ein Krankheitsbild »Co-Abhängigkeit«, wenngleich unbestritten ist, dass Angehörige hoch belastet sind, in prekären Situationen leben und eigene, spezifische Unterstützungsstrukturen in Prävention, Beratung und lebensweltlicher Unterstützung brauchen (s. o.).

Ebenfalls kann die Annahme, dass eine *Beeinflussung der Abhängigkeitsentwicklung durch Angehörige nicht möglich ist, empirisch nicht aufrechterhalten* werden. Befragt man behandelte Alkoholabhängige nach ihren primären Gründen, eine Behandlung anzutreten, so werden Partnerschaftskonflikte (und insbesondere Scheidungsdrohungen) verhältnismäßig oft genannt. Bevölkerungsstudien konnten zudem zeigen, dass sozialer Druck eine bedeutsame Größe für die Inanspruchnahme therapeutischer Hilfen darstellt. Offenbar gelingt es Angehörigen immer wieder, einen direkten Einfluss auf die Inanspruchnahme professioneller Hilfen durch Suchtkranke auszuüben (Smith und Meyers 2013: 12).

Mit dem Konstrukt der Co-Abhängigkeit sind *Pathologisierungen* und *Schuldzuschreibungen* verbunden, die als stigmatisierend erlebt werden können und die eine Inanspruchnahme von Hilfen erschweren können (Deutsche Hauptstelle für

Suchtfragen 2013a, Uhl und Puhm 2007). Die Zuschreibung »Co-Abhängigkeit« würdigt weder die ernstgemeinten und konstruktiven Bemühungen, das suchtkranke Familienmitglied zu unterstützen, noch nimmt sie die vielen und unter erschwerten Lebensbedingungen mobilisierten Stärken und Bewältigungsstrategien der Angehörigen ernst.

Verbunden mit dem Konstrukt der Co-Abhängigkeit ist der allgemeingültige Rat, dass effektive Hilfe sowohl für den Angehörigen als auch für das suchtkranke Familienmitglied nur in Form von Abgrenzung zum Suchtkranken, in einem Versagen jeder Unterstützung, eben in der »Nicht-Hilfe« bestehen würde (s. o.). Dies widerspricht zum einen einer zieloffenen Vorgehensweise, die sich heute als Standard in der Suchthilfe durchgesetzt hat (▶ Kap. 8). Ob eine Verbesserung der Eigenbefindlichkeit oder eine Einflussnahme auf den Suchtverlauf des Partners wahlweise oder ergänzend bearbeitet wird, sollte immer im Einzelfall herausgearbeitet werden (Klein und Bischof 2013; Deutsche Hauptstelle für Suchtfragen 2013a). Zum anderen wird übersehen, dass bei einer Stärkung eigenständiger Aktivitäten und einer besseren Abgrenzung gegenüber dem Suchtverhalten die chronisch stressbelastete Situation bestehen bleibt und dabei auch die Gefahr weiterer psychischer und gesundheitlicher Belastungen. Zusätzlich ignoriert das Modell die unter Umständen sehr realen Bedrohungen, die sich aus suchtbezogenen Schwierigkeiten ergeben können (z. B. massive finanzielle Probleme bei einer betrieblichen Kündigung).

Gleichwohl gab und gibt es Interaktionen und Beziehungsstrukturen in der Familie, in der Arbeitswelt und anderen sozialen Systemen, die suchtfördernd sind oder innerhalb derer süchtiges Verhalten zum eigenen Vorteil ausgenutzt und ausgebeutet wird. So kann es beispielsweise geschehen, dass abhängigen Arbeitnehmern unbeliebte Arbeiten zugewiesen werden, die diese ›gerne‹ übernehmen, da sie damit rechnen, auf diese Weise einer Konfrontation und Konsequenz bezüglich ihrer Auffälligkeiten – wie z. B. einer Alkoholfahne – zu entgehen. Desgleichen kann einer Ehepartnerin die sukzessive Übernahme von zuvor gemeinsam getragenen familiären Aufgaben dem Ausbau der eigenen Machtposition in der Familie dienen und sie kann dann wenig Interesse daran zeigen, dem Ehepartner in stabilen Zeiten Macht und Verantwortung wieder zuteilwerden zu lassen. Diese Zusammenhänge zu erkennen, zu benennen und zu bekämpfen, bleibt eine große Herausforderung in der Arbeit mit Angehörigen. Aber auch hierfür ist das Konstrukt der Co-Abhängigkeit nicht erforderlich, es handelt sich um »*suchtfördernde Verhaltensweisen*« oder »*suchtfördernde Beziehungsstrukturen*«, die als solche auch bezeichnet werden (Uhl und Puhm 2007).

Neuere Ansätze der Hilfen für Angehörigen (Smith und Meyers 2013, s. u.) arbeiten vor diesen Hintergründen ohne das Konstrukt Co-Abhängigkeit. Auch die Deutsche Hauptstelle für Suchtfragen (Deutsche Hauptstelle für Suchtfragen 2013a) als der Fachverband von Suchthilfe und Selbsthilfe in Deutschland hat in ihrem »Memorandum: Angehörige in der Suchthilfe« eine kritische Distanz gegenüber dem Konstrukt Co-Abhängigkeit eingenommen.

10.4 Angebote der Sozialen Arbeit für Angehörige

Angebote für Angehörige gehören in der Regel zur Angebotsstruktur der ambulanten und stationären Suchthilfe und zur Selbsthilfe in Deutschland – auch wenn eine gesicherte Regelfinanzierung hier noch aussteht. Wie oben dargelegt, ist die inhaltliche Arbeit in den vergangenen Jahren stark durch das Konzept der Co-Abhängigkeit geprägt gewesen, das aber heute zunehmend als ethisch fragwürdig und empirisch widerlegt gilt und damit zeitgemäßeren Ansätzen Platz macht.

Um den Paradigmenwechsel zu verdeutlichen und um die inhaltlich-fachlichen Themen und Ziele, die in der Angehörigenarbeit relevant sind, darzustellen, wird hier exemplarisch der Ansatz des Community Reinforcement and Family Training (CRAFT) vorgestellt, der in der ambulanten Suchthilfe zunehmend Verbreitung findet. Dieser Ansatz wurde in den USA entwickelt, durch Bischof und Freyer-Adam in Deutschland eingeführt (Smith und Meyers 2013) und auch in Deutschland erfolgreich evaluiert (Bischof et al. o. J.). Das Programm wurde wiederholt überarbeitet und liegt mittlerweile sowohl in Form eines Manuals für CRAFT-Anwender und -Anwenderinnen als auch in Form eines Selbsthilfebuches vor.

Die Methode CRAFT wurde in klinisch-therapeutischen Settings entwickelt und auch dort zunächst erprobt. Eine Untersuchung in der Schweiz gibt Hinweise darauf, dass CRAFT in der Praxis aber gleichermaßen durch Fachkräfte der Sozialen Arbeit wie auch durch Psychologen und Psychologinnen durchgeführt wird (Carl 2012: 69). Inwieweit CRAFT auch mit den fachlichen Arbeitsprinzipien Sozialer Arbeit in Einklang zu bringen ist, wird nach der Darstellung des CRAFT-Konzeptes am Ende dieses Abschnitts diskutiert.

10.4.1 Community Reinforcement and Family Training (CRAFT)

CRAFT ist eine Spezifizierung des bereits in den 1970er Jahren in den USA entwickelten Community Reinforcement Approaches (CRA). CRA wie auch CRAFT gehen davon aus, dass die entscheidenden Faktoren für den Verlauf und die Überwindung einer Suchterkrankung in den Umgebungsfaktoren der Betroffenen zu finden sind (Bischof 2012).

Mit dem CRAFT-Ansatz werden drei Ziele verfolgt:

- Reduktion des Substanzkonsums des suchtkranken Angehörigen,
- Behandlungsaufnahme durch den suchtkranken Angehörigen,
- Verbesserung der Lebensqualität der Angehörigen, auch unabhängig vom Erfolg des Vorgehens bei dem/der suchtkranken Angehörigen (ebenda).

CRAFT wendet sich an die Angehörigen von Suchtkranken, die aktuell eine Behandlung ablehnen, und es wurde zunächst für die Einzelarbeit konzipiert und angewendet. Derzeit wird eine Anpassung des Konzeptes für Gruppensettings, die in der Angehörigenarbeit der ambulanten Suchthilfe oftmals vorfindbar sind, erarbeitet.

Grundlegende Idee ist, durch gezielte Beeinflussung von Verhaltenskonsequenzen die Attraktivität von nichtkonsumierendem Verhalten gegenüber konsumierendem Verhalten zu erhöhen, indem z. B. nichtkonsumierendes Verhalten mit materieller oder sozialer Belohnung, Konsumverhalten aber mit Abgrenzung gekoppelt wird. Das Programm orientiert sich an Verfahren der Motivierenden Gesprächsführung (▶ Kap. 12) und fokussiert auf einen empathischen und nichtwertenden Gesprächsstil, der die Entscheidungen über die anzustrebenden Veränderungsschritte den Angehörigen überlässt. Die motivationalen Strategien werden in Kombination mit verhaltenstheoretisch orientierten Interventionen eingesetzt (ebenda).

Der CRAFT-Ansatz beinhaltet verschiedene Module, deren Anwendung abhängig ist von den Bedürfnissen der Angehörigen und deren Bereitschaft, das Modul umzusetzen. Die Arbeit in allen Modulen wird abgestützt durch vorliegende, detaillierte Arbeitsblätter.

Baustein 1: Motivation der Angehörigen

Zunächst wird die Motivation des Angehörigen zur Teilnahme am Programm thematisiert. Von besonderer Bedeutung ist dabei, den Angehörigen zu vermitteln, dass sie keinesfalls verantwortlich für den Substanzmissbrauch sind und die letzte Verantwortung für die Behandlungsaufnahme ebenfalls bei dem suchtkranken Angehörigen liegt. Darüber hinaus werden die Studienergebnisse von CRAFT in allgemeinverständlicher Sprache vermittelt und ein Ausblick auf die zu erwartenden Ergebnisse gegeben (Smith und Meyers 2013: 30–67).

Baustein 2: Funktionale Analyse des Konsumverhaltens

Ziel der funktionalen Analyse des Substanzkonsums ist es, einen Überblick über das Problemverhalten des Angehörigen zu gewinnen, Ansatzpunkte zur Beeinflussung des Konsumverhaltens des suchtkranken Angehörigen zu identifizieren und eine bessere Vorhersagbarkeit des Konsumverhaltens zu erreichen. Für die funktionale Analyse werden die äußeren und inneren Auslöser, das Konsummuster sowie kurzfristige positive und langfristig negative Konsequenzen beschrieben. In dieser Phase wird den Angehörigen viel Raum gegeben, Fragen werden offen gestellt und erst in einem zweiten Schritt durch das Arbeitsblatt ergänzt, um ein schematisches Vorgehen zu vermeiden. Verhaltensänderungen der Angehörigen werden in dieser ersten Stufe noch nicht angestrebt; diese erfordern zunächst das Durchlaufen weiterer Module wie z. B. des Kommunikationstrainings (Smith und Meyers 2013: 68–112).

Baustein 3: Gewaltprävention

Gewalttätige Übergriffe sind ein verbreitetes Problem in Familien und Beziehungen mit einem substanzabhängigen Menschen. Entsprechend muss so früh wie möglich in Erfahrung gebracht werden, ob der bzw. die Angehörige durch Gewalt bedroht ist oder Gewalterfahrungen vorliegen. Frühwarnsignale und auslösende Bedingungen werden erfasst und die Vermittlung und ggf. Aktivierung von konkreten Handlungsstrategien und Notfallplänen angestrebt (Smith und Meyers 2013: 114–151).

Baustein 4: Kommunikationstraining

Die meisten Beziehungen, in denen eine Person Substanzmissbrauch betreibt, haben Kommunikationsprobleme, die das Erreichen von Verhaltensänderungen eher erschweren. Zudem ist ein verbessertes Kommunikationsverhalten auch unterstützend für eine Vergrößerung des eigenen sozialen Netzes und der Zufriedenheit in anderen Beziehungen – und damit für die Erreichung des Ziels der Verbesserung der Lebensqualität des Angehörigen. Eine verbesserte Kommunikation wird von daher als Schlüsselfertigkeit betrachtet. Die Elemente des Kommunikationstrainings werden durch Psychoedukation und in Form von Rollenspielen vermittelt und orientieren sich an dem Standardrepertoire zum Gruppentraining sozialer Kompetenz (Smith und Meyers 2013: 152–183).

Baustein 5: Positive Verstärkung

Die Angehörigen lernen in diesem Baustein, solche Verhaltensweisen des bzw. der suchtkranken Angehörigen positiv zu verstärken, die ihm bzw. ihr Freude machen, die mit Substanzkonsum unvereinbar sind und die auch für den Angehörigen angenehm sind. Beispiele solcher Verstärker sind Entspannung, Selbstvertrauen oder Glücksgefühle. Nach CRAFT sollen die relevanten Verstärker möglichst nicht durch substanzbezogene Aktivitäten gewonnen werden. Sowohl die relevanten Verhaltensweisen als auch die einzusetzenden Verstärker werden mittels funktionaler Analyse identifiziert. Dieses Verhalten wird gegenüber dem suchtkranken Angehörigen transparent gemacht (Smith und Meyers 2013: 184–221).

Baustein 6: Negative Konsequenzen

In diesem Baustein geht es um das das Zulassen ›natürlicher‹ Konsequenzen des Substanzmissbrauchs. Das bedeutet, dass die Angehörigen in diesem Modul lernen, alles zu unterlassen, was die Konsequenzen des Substanzmissbrauchs in irgendeiner Form abmildert. Die entsprechenden Zusammenhänge werden auch hier dem bzw. der suchtkranken Angehörigen mitgeteilt, wobei der Einsatz positiver Kommunikationsstrategien von zentraler Bedeutung ist. Da aufgrund des Zulassens negativer Konsequenzen neue Schwierigkeiten auftreten können, wird in diesem Modul im Bedarfsfall ergänzend ein Problemlöseschema vermittelt und geübt. Dieser Ansatz wird auch in den Co-Abhängigkeitskonzepten hervorgehoben (s. o.). Im Gegensatz dazu wird aber im Rahmen des CRAFT-Konzeptes nicht vermittelt, dass der bzw. die Angehörige einen Gewinn aus dem Substanzmissbrauch des bzw. der suchtkranken Angehörigen zieht (Smith und Meyers 2013: 222–263).

Baustein 7: Verbesserung der Lebensqualität

Angehörige sind durch eine Vielzahl von Faktoren belastet, die ihre Lebensqualität deutlich einschränken können. In diesem Modell werden die verschiedenen Lebensbereiche mit einer Zufriedenheitsskala beleuchtet und entsprechende verhaltensbezogene Lebensziele und Strategien erarbeitet. Das soziale Unterstützungssystem der Angehörigen soll ausgeweitet und eigenständige und angenehme Aktivitäten ohne den suchtkranken Angehörigen gefördert werden (Smith und Meyers 2013: 264–297).

Baustein 8: Motivation zur Inanspruchnahme von Hilfe

Ein zentrales Ziel des CRAFT-Ansatzes ist es, die Motivation des bzw. der suchtkranken Angehörigen für eine Behandlung zu stärken. Günstige motivationale Ansatzpunkte (wie z. B. akute Krisen) werden identifiziert. Weiterhin werden die Angehörigen auch auf mögliche Weigerungen des bzw. der suchtkranken Angehörigen, sich in Behandlung zu begeben, und auf einen möglichen Therapieabbruch vorbereitet (Smith und Meyers 2013: 298–334).

10.4.2 Diskussion

Mit CRAFT liegt ein umfassendes Konzept für die Arbeit mit Angehörigen von suchtkranken Menschen vor, das sowohl die hier relevanten Themen und Inhalte als auch mögliche Methoden einer Angehörigenarbeit detailliert beschreibt.

Die *Wirksamkeit des CRAFT-Programms* wurde in einer Vielzahl von Studien überprüft. Es zeigt sich, dass CRAFT sowohl in Hinblick auf die Behandlungsbereitschaft des suchtkranken Angehörigen als auch in Hinblick auf die Lebenszufriedenheit des Angehörigen und in Hinblick auf die Beziehung zwischen den Angehörigen positive Effekte hervorbringt. Die Wirksamkeit unter diesen Gesichtspunkten war sehr viel größer im Vergleich zu anderen Ansätzen wie z. B. Teilnahme an einer Al-Anon-Gruppe (Bischof 2012).

Ausgangspunkt der Entwicklung von CRAFT sind klinisch-psychologische Konzepte und Verfahren. Jedoch zeigt sich bei näherer Betrachtung, dass CRAFT auch als ein psycho-sozialer Beratungsansatz verstanden werden kann, der sich besonders gut für das sozialarbeiterische Handlungsfeld der Beratung eignet und mit den Anforderungen der Disziplin und Profession Sozialer Arbeit weitgehende Übereinstimmung zeigt (Carl 2012: 51, 70). So will CRAFT den Angehörigen zu einem *gelingenderen Alltag* verhelfen und zeigt stark *partizipative Elemente*, indem die Entscheidungen immer den Angehörigen überlassen sind.

Kritisch kann angemerkt werden, dass der oder die Angehörige nicht selbst im Zentrum des Prozesses steht (das Ziel der Verbesserung der Lebensqualität der Angehörigen wird als letztes genannt) und damit das Risiko einer *Funktionalisierung der Angehörigen* besteht (Carl 2012: 38). Eine weitere Limitierung des Ansatzes liegt darin, dass das Konzept erhebliche *kognitive und reflexive Fähigkeiten voraussetzt* und sich damit nur an bestimmte soziale Schichten und kulturelle Kontexte richtet. Zudem handelt es sich hier um ein *individuumszentriertes Verfahren*, das Kontext- und Strukturfaktoren nicht in den Fokus nimmt und keinerlei politische Dimensionen aufgreift.

Weiterführende Literatur

Deutsche Hauptstelle für Suchtfragen, 2013a, *Memorandum: Angehörige in der Sucht-Selbsthilfe*, unter: https://www.aktionswoche-alkohol.de/fileadmin/user_upload/pdf/DHS_Memorandum_Angehoerige_in_der_Sucht-Selbsthilfe.pdf.
Smith, J. E. & Meyers, R. J., 2013, *Mit Suchtfamilien arbeiten: CRAFT: Ein neuer Ansatz für die Angehörigenarbeit*, Psychiatrie-Verlag, Bonn.
Rennert, M., 2012, *Co-Abhängigkeit: Was Sucht für die Familie bedeutet*, 3. Auflage, Lambertus, Freiburg im Breisgau.

11 Diagnostik und Diagnosen in der Suchthilfe

> ☞ **Was Sie in diesem Kapitel lernen können**
>
> In diesem Abschnitt lernen Sie die in der Suchthilfe bedeutsamen diagnostischen Instrumente im Überblick kennen. Sie erfahren, was diese Instrumente leisten und welche Gefahren mit ihrem Einsatz verbunden sein können. In der Disziplin und Profession der Sozialen Arbeit wurde lange um einen angemessenen Umgang mit Diagnostik und Diagnosen gerungen. Sie lernen die zentralen Argumente dieser Auseinandersetzung kennen.

11.1 Einleitung

Das Wort Diagnose leitet sich ab von griechisch διάγνωσις, diágnosis »Unterscheidung, Entscheidung«, aus διά-, diá-, »durch-« und γνῶσις, gnósis, »Erkenntnis, Urteil«. Eine Diagnose will dementsprechend beschreiben und feststellen »was der Fall« ist. Diagnosen sind Aussagen über einen Sachverhalt, »also Annahmen, Konstruktionen von erkennenden Menschen …«, die zu Bildern von der vorgefundenen Realität gelangen und die vorläufige Geltung beanspruchen (Staub-Bernasconi 2003: 35).

Bereits zu Beginn der Professionalisierung der Sozialen Arbeit spielte Diagnostik in der Theoriebildung und Praxis der Sozialen Arbeit eine große Rolle: Eines der ersten deutschen Fachbücher der Sozialen Arbeit von der Pionierin Alice Salomon trägt den Titel »Soziale Diagnose« (Salomon 1926). Soziale Diagnosen sind für Salomon die Grundlage, um professionelle Hilfen gezielt entwickeln zu können. Diagnostisches Handeln besteht nach ihrer Auffassung darin, die vorhandenen Informationen (eigene Beobachtungen und Aussagen anderer) in einem systematischen und nachvollziehbaren Prozess zu sichten, zu prüfen, zu vergleichen, zu bewerten und schließlich ein Gesamtbild zu entwerfen, das die Basis und Begründung für eine Intervention darstellen kann.

In der weiteren Berufs- und Disziplinentwicklung wurde das Thema der Diagnostik und Diagnosen in Fachdiskursen der Sozialen Arbeit immer weiter fortentwickelt und verhandelt. Am Anfang des laufenden Jahrtausends wurde ein ebenso virulenter wie polarisierender Diskurs geführt zwischen Vertreterinnen und

Vertretern einer *klassifikatorischen Diagnostik* und Vertretern und Vertreterinnen des sogenannten *rekonstruktiven Ansatzes* (Heiner 2015). Beide Ansätze unterscheiden sich u. a. in Hinblick auf ihre unterschiedlichen erkenntnistheoretischen Zugänge. Der klassifikatorische Ansatz arbeitet mit vorgegebenen Kriterien und Kategorien und standardisierten Vorgehensweisen und will auf dem Weg der Subsumption diagnostische Erkenntnisse erlangen. Dieser Ansatz gehört originär in der Medizin und in manchen Bereichen der Psychologie zu den Standardverfahren. Zum klassifikatorischen Ansatz zählen die diagnostischen Manuale International Classification of Diseases, 10. Auflage (ICD-10, Dilling et al. 2015), und das Statistische Manual Psychischer Störungen, 5. Auflage (DSM-5, Falkai und Wittchen 2015), die in der Suchthilfe sehr bedeutsam sind. Der rekonstruktive Ansatz geht demgegenüber von einer strukturellen Unsicherheit aus und vertritt die Position, dass Informations- und Erkenntnisgewinn nur im Dialog und in Aushandlungen in einer hermeneutischen Vorgehensweise realisiert werden kann (z. B. Narrationen) (Stimmer und Ansen 2016: 138). Die Hauptargumente der Debatte werden holzschnittartig nach Heiner (2015) wie folgt zusammengefasst und gegenübergestellt (▶ Tab. 11).

Tab. 11: Merkmale des klassifikatorischen und rekonstruktiven Ansatzes

Klassifikatorischer Ansatz	Rekonstruktiver Ansatz
Erkenntnislogisch	Hermeneutisch
Einstufen und zuweisen	Sich verständigen und aushandeln
Begrifflich subsumieren	Einfühlend verstehen
Zuverlässige Informationserhebung und -verarbeitung mittels standardisierter Erhebungs- und Auswertungsinstrumente	Flexible, situations- und interaktionsabhängige Informationssammlung im Dialog Nachvollziehen der subjektiven, biografisch verankerten Verhaltensweisen
Vergleichbarkeit	Mangelnde Überprüfbarkeit und Transparenz, Willkür
Fallverkürzend und festschreibend	

Eigene Zusammenstellung

Die Vehemenz, mit der die damalige Diskussion geführt wurde, erklärt sich vor dem Hintergrund der Tatsache, dass sich hinter den Fragen von Diagnosen und Diagnostik auch stets Machtfragen verbergen: Welche Personen oder Institutionen sind in einer Gesellschaft autorisiert, mittels welcher diagnostischen Raster und Prozeduren die Grenzen zwischen ›gesund‹ und ›krank‹, zwischen ›normal‹ und ›abweichend‹ zu ziehen und immer wieder neu herzustellen? Die potenzielle Fehlerhaftigkeit und Fragilität dieser Systeme wird deutlich, wenn man sich vor Augen führt, dass Homosexualität bis zum Jahr 1992 von der Weltgesundheitsorganisation als Krankheit gesehen wurde und erst dann aus dem Krankheitskatalog des ICD gestrichen wurde.

Doch auch wenn bis dato in der Profession und Disziplin der Sozialen Arbeit noch keine Einheitlichkeit darüber erzielt werden konnte, welcher Stellenwert welchen diagnostischen Instrumenten und welchen Verfahrenswegen zukommen soll, so hat sich doch – auch unter den Erfahrungen von Fällen von schwerer Misshandlung und Vernachlässigung von Kleinkindern, die teilweise zum Tode führten – diese polarisierende und unfruchtbare Diskussion innerhalb der Sozialen Arbeit ausdifferenziert. Diese weiterführenden Diskurse werden im letzten Abschnitt dieses Kapitels nach der Vorstellung der in der Suchthilfe verwendeten diagnostischen Instrumente und Prozesse noch einmal aufgegriffen.

Innerhalb der Disziplin und Profession der Sozialen Arbeit wurden bis heute 1) eine Vielzahl von Instrumenten der sozialen bzw. psycho-sozialen Diagnose entwickelt und zudem 2) Leitlinien und Anforderungen zum verantwortlichen Umgang und Stellenwert mit Diagnosen und Diagnostik entwickelt, in die die zentralen Paradigmen der Sozialen Arbeit integriert wurden. Damit ist das Feld der Diagnostik und Diagnosen fachlich so weit entwickelt, dass Diagnosen als Instrument professionellen Handelns in vielen Facetten wahrgenommen und praktisch umgesetzt werden können.

In Hinblick auf das Verhältnis von klassifikatorischen Ansätzen und rekonstruktiven Ansätzen wird für die Fachlichkeit der Sozialen Arbeit eine Verknüpfung von wissenschaftlich-theoriegeleiteter Kompetenz – mit dem Blick auf den Einzelfall in seinen subjekt-, lebenswelt- und biografieorientierten Dimensionen – zumindest in den Arbeitsfeldern von Gesundheit und Krankheit große Bedeutung zugemessen. Im Rahmen der Entwicklung einer Klinischen Sozialarbeit wurden Ansätze für eine psycho-soziale Diagnostik vorgelegt (Pauls 2013; Gahleitner et al. 2014; ▶ Kap. 1), die den Anspruch erheben, die rekonstruktiven und klassifikatorischen Dimensionen in spezifische Diagnoseverfahren der Sozialen Arbeit zu integrieren (s. u.).

Nachfolgend werden die für die Soziale Arbeit in der Suchthilfe wichtigsten Diagnosesysteme vorgestellt. Es handelt sich zum einen um die beiden bio-medizinischen Klassifikationssysteme – das ICD-10 (Dilling et al. 2015) und das DSM-5 (Falkai und Wittchen 2015). Sie beschreiben und klassifizieren Störungen im Kontext des Substanzkonsums und der Spielsucht, u. a. das Abhängigkeitssyndrom im ICD-10 und die Alkoholkonsumstörung im DSM-5. Ebenfalls bedeutsam innerhalb der Suchthilfe ist die internationale Klassifikation für Funktionsfähigkeit, Behinderung und Gesundheit« (ICF) (Deutsches Institut für Medizinische Dokumentation und Information, DIMDI), die ein stärkeres Einbeziehen sozialer Dimensionen beinhaltet und die sich auf das bio-psycho-soziale Krankheitsmodell bezieht (▶ Kap. 1). Gerade für die Arbeitsfelder der psycho-sozialen Beratung und der Klinischen Sozialarbeit, die für die Suchtarbeit äußerst relevant sind, hat die Soziale Arbeit eigene diagnostische Instrumente und Verfahren hervorgebracht, die ebenfalls in einem eigenen Abschnitt vorgestellt werden.

Im letzten Abschnitt dieses Kapitels wird die hier angedeutete Diskussion um Stellenwert, Bedeutsamkeit, Chancen, Herausforderungen, Risiken von Diagnostik und Diagnosen in der Suchthilfe für die Soziale Arbeit noch einmal zusammenfassend aufgegriffen und diskutiert.

11.2 Die bio-medizinischen Klassifikationssysteme ICD-10 und DSM-5

Für den Bereich der psychischen Störungen – und damit auch für die Sucht – liegen zwei international anerkannte bio-medizinische Klassifikationssysteme vor. Die internationale Klassifikation psychischer Störungen (ICD) wird von der Weltgesundheitsorganisation (WHO) herausgegeben und findet vor allem im Klinischen Bereich Anwendung. Das Diagnostische und Statistische Manual Psychischer Störungen (DSM) wird durch die American Psychiatric Association herausgegeben und findet vornehmlich in der Forschung Anwendung. Beide Systeme folgen dem im Kapitel 1 diskutierten bio-medizinischen Krankheitskonzept.

Im Kontext der Suchthilfe sind in der ICD-10 insbesondere der Formenkreise F 10–F 19 (Psychische und Verhaltensstörungen durch psychotrope Substanzen) sowie häufige Komorbiditäten aus den anderen Formenkreisen, wie beispielsweise F 43 (u. a. Traumata) und F 60 (Persönlichkeitsstörungen) relevant.

Im offiziellen Sprachgebrauch der Weltgesundheitsorganisation (WHO) existierte der Begriff »Sucht« von 1957 bis 1963. Danach wurde er zunächst durch Missbrauch und Abhängigkeit ersetzt. Die Vermeidung des Terminus »Sucht« sollte die Stigmatisierung Erkrankter vermeiden und deutlich machen, dass es sich bei Abhängigkeiten um Krankheiten handelt. Bei der zehnten Revision der Internationalen Klassifikation psychischer Störungen (ICD-10) handelt es sich um die aktuell gültige Version des Klassifikationssystems der WHO. Substanzbezogene Störungen werden hier gegliedert in folgende Kategorien: akute Intoxikation (Rausch), schädlicher Gebrauch, Abhängigkeitssyndrom, Entzugssyndrom und amnestisches Syndrom.

Laut ICD-10 sollte die Diagnose »Abhängigkeitssyndrom« nur dann gestellt werden, wenn irgendwann während des letzten Jahres drei oder mehr der folgenden Kriterien vorhanden waren (Dilling et al. 2015: 115).

> **Diagnosekriterien »Abhängigkeitssyndrom« nach ICD-10**
>
> - Ein starker Wunsch oder eine Art Zwang, psychotrope Substanzen zu konsumieren.
> - Verminderte Kontrollfähigkeit bezüglich des Beginns, der Beendigung und der Menge des Konsums.
> - Ein körperliches Entzugssyndrom bei Beendigung oder Reduktion des Konsums, nachgewiesen durch die substanzspezifischen Entzugssymptome und durch die Aufnahme der gleichen oder einer nahe verwandten Substanz, um Entzugssymptome zu mildern oder zu vermeiden.
> - Nachweis einer Toleranz. Um die ursprünglich durch niedrigere Dosen erreichten Wirkungen der psychotropen Substanz hervorzurufen, sind zunehmend höhere Dosen erforderlich.

- Fortschreitende Vernachlässigung anderer Vergnügen oder Interessen zugunsten des Substanzkonsums, erhöhter Zeitaufwand, um die Substanz zu beschaffen, zu konsumieren oder sich von den Folgen zu erholen.
- Anhaltender Substanzkonsum trotz Nachweises eindeutiger schädlicher Folgen wie z. B. Leberschädigung durch exzessives Trinken, depressive Verstimmungen in Folge starken Substanzkonsums oder drogenbedingte Verschlechterung kognitiver Funktionen.

Die Kriterien 1 und 2 weisen auf eine *verminderte Kontrollfähigkeit* oder einen *Kontrollverlust* hin, als eines der zentralen Merkmale, die der psychischen Seite einer Abhängigkeit zugeordnet werden können. Demgegenüber sind die Kriterien 3 und 4 Ausdruck einer *körperlich manifesten Abhängigkeit*. Kriterium 5 drückt eine »Interessenszentrierung« aus, während das sechste Kriterium auf die *Schäden durch Substanzkonsum* zielt und dabei vor allem *psychische und körperliche Schäden* in den Blick nimmt. Eine Abhängigkeit (drei von sechs Kriterien müssen gleichzeitig vorliegen) kann dementsprechend auch ohne vorhandene körperliche Abhängigkeit diagnostiziert werden.

Ebenfalls für die Suchthilfe relevant ist die Diagnose »schädlicher Gebrauch«. Diese Diagnose kann gestellt werden, wenn ein Konsummuster praktiziert wird, das zu einer psychischen und physischen Gesundheitsschädigung führt wie z. B. einer Hepatitis durch Selbstinjektion oder einer depressiven Episode nach massivem Alkoholkonsum (Dilling et al. 2015: 113).

Negative soziale Folgen wie z. B. eine Inhaftierung oder Eheprobleme im Kontext eines Substanzkonsums werden ausdrücklich für nicht diagnoserelevant erklärt.

Seit dem 01.01.2022 ist die ICD-11 laut WHO das gültige Klassifikationssystem und sie wird innerhalb einer fünfjährigen Implementierungsphase in verschiedene Sprachen übersetzt und sukzessive weltweit eingeführt (WHO 2022). Derzeit liegt noch keine autorisierte deutsche Version vor, von daher arbeitet die Praxis noch mit der ICD-10 im Übergangszeitraum. In der 11. Revision der ICD wurden verschiedene Änderungen in Bezug auf die Begriffsbildungen und die Kriterien einer Abhängigkeit vorgenommen (Heinz et al. 2022: 51): Das »Abhängigkeitssyndrom« wird durch den Begriff »Abhängigkeit« abgelöst; zudem werden die sechs Kriterien der ICD-10 zu drei Doppelkriterien (mit jeweils zwei Aspekten) transferiert. Ein Kriterium gilt als erfüllt, wenn einer der zwei Aspekte zutrifft; für die Diagnose »Abhängigkeit« müssen zwei von drei Kriterien erfüllt sein (Heinz et al. 2022: 51–53). Außerdem ändert sich Klassifizierung von Glücksspielsucht und pathologischem Spielen (online/offline) (WHO 2022). Damit kann nach ICD-11 eine Abhängigkeitsdiagnose bei Vorliegen von zwei Kriterien erstellt werden – gegenüber drei Kriterien gemäß ICD-10.

Demgegenüber hat die American Psychiatric Association (APA) in der aktuell gültigen fünften Revision ihres Diagnostischen und Statistischen Manuals Psychischer Störungen (DSM-5) soziale Schäden eingeschlossen. Folgende Kriterien sind gemäß des DSM-5 für die Diagnose Alkoholkonsumstörung relevant (Falkai und Wittchen 2015: 675 f).

11 Diagnostik und Diagnosen in der Suchthilfe

Diagnose Alkoholkonsumstörung nach DSM-5

- Konsum länger oder in größeren Mengen als geplant (Kontrollverlust),
- anhaltender Wunsch oder erfolglose Versuche der Kontrolle,
- hoher Zeitaufwand für Beschaffung und Konsum der Substanz sowie Erholen von der Wirkung,
- Craving oder starkes Verlangen oder Drang, die Substanz zu konsumieren,
- wiederholter Konsum, der zu einem Versagen bei der Erfüllung wichtiger Verpflichtungen bei der Arbeit, in der Schule oder zu Hause führt,
- fortgesetzter Konsum trotz ständiger oder wiederholter sozialer oder zwischenmenschlicher Probleme,
- Aufgabe oder Reduzierung von wichtigen, sozialen oder Freizeitaktivitäten zugunsten des Substanzkonsums,
- wiederholter Konsum in Situationen, in denen es aufgrund des Konsums zu einer körperlichen Gefährdung kommen kann,
- fortgesetzter Gebrauch trotz Kenntnis von körperlichen oder psychischen Problemen,
- Toleranzentwicklung, gekennzeichnet durch Dosissteigerung oder verminderte Wirkung,
- Entzugssymptome oder deren Vermeidung durch Substanzkonsum.

Im Gegensatz zum ICD-10 wird im DSM-5 eine Schwere der Symptomatik durch die Anzahl des Auftretens der Kriterien bestimmt: Bei Auftreten von mindestens zwei Merkmalen innerhalb eines 12-Monats-Zeitraums gilt die Diagnose der »Substanzgebrauchsstörung« als erfüllt. Die Schwere der Symptomatik wird spezifiziert anhand der Anzahl der vorliegenden Merkmale: Bei zwei bis drei Kriterien liegt eine moderate Ausprägung vor, bei Vorliegen von vier oder mehr Kriterien eine schwere Ausprägung. Damit kann der DSM-5 besser den schleichenden Krankheitsverlauf abbilden.

Des Weiteren unterscheidet sich der DSM-5 vom ICD-10 durch den Einbezug »*Sozialer Probleme*« in die Diagnosestellung (Kriterien 5 und 6). Soziale Probleme treten oftmals im Prozess einer Abhängigkeitsentwicklung in frühen Stadien auf und sind von daher wichtige Indikatoren für die Früherkennung und Frühintervention. Auf der anderen Seite entwickeln sich soziale Probleme im Kontext eines Substanzkonsums auch in Abhängigkeit von sozialen Ressourcen. So ist die Wahrscheinlichkeit im Kontext einer alkoholbezogenen Störung sozial aufzufallen z.B. für einen abhängig Beschäftigten höher (z.B. verspäteter Arbeitsantritt aufgrund eines Katers) als für einen Manager in Leitungsposition, der andere Kompensationsmöglichkeiten hat. Um ressourcenarme Bevölkerungsgruppen vor einer erhöhten Diagnosewahrscheinlichkeit und damit vor Stigmatisierung zu schützen, hat die WHO auf die Kriterien der sozialen Auffälligkeit in der Diagnosestellung verzichtet.

Übereinstimmend nennen DSM-5 und ICD-10 die Kriterien starkes Verlangen/ Craving, Kontrollverlust bzw. Kontrollverminderung, Toleranzentwicklung, Entzugssymptomatik und Interessenszentrierung als Kriterien zur Bestimmung einer Substanzstörung.

Der ICD-10 benennt alle Substanzen, deren Konsum zu einer Sucht führen kann: Alkohol, Opioide, Cannabinoide, Sedativa oder Hypnotika, Kokain, andere Stimulanzien einschließlich Koffein, Halluzinogene, Tabak, flüchtige Lösungsmittel. Damit wird im ICD-10 die Entwicklung einer Abhängigkeit immer mit einem Substanzkonsum verbunden; nur substanzgebundene Abhängigkeiten werden als solche anerkannt.

Im DSM-5 hingegen wurde auch die Glücksspielsucht als erste stoffungebundene Sucht in die Gruppe der »Störungen im Zusammenhang mit psychotropen Substanzen und abhängigen Verhaltensweisen« aufgenommen. Andere exzessive Verhaltensmuster wie z. B. »Sexsucht«, »Sportsucht«, oder »Kaufsucht« gehören demgegenüber nicht dazu.

Seit dem Grundsatzurteil des Bundessozialgerichts vom 18. Juni 1968 ist mit der Alkoholabhängigkeit erstmals ein Abhängigkeitssyndrom als Krankheit im Sinne der gesetzlichen anerkannt (s. o.). Sie und andere Kostenträger übernehmen seither die Kosten für die Behandlung von Begleiterkrankungen der Abhängigen sowie für Leistungen zur Rehabilitation, Erhaltung, Besserung und Wiederherstellung der Erwerbsfähigkeit. Das Vorliegen einer Diagnose gemäß des ICD ist Voraussetzung für die Leistungserbringung.

11.3 Das bio-psycho-soziale Klassifikationssystem ICF

Der Logik und Herangehensweise der Sozialen Arbeit sehr viel näher als ICD-10 und DSM-5 ist die ebenfalls von der WHO herausgegebene »Internationale Klassifikation für Funktionsfähigkeit, Behinderung und Gesundheit« (ICF). Während die ICD-10 (und DSM-5) Krankheiten klassifizieren und auf dem bio-medizinischen Modell beruhen, wird im ICF der Zustand der »funktionalen Gesundheit« *als das Ergebnis der Wechselwirkung zwischen einer Person und ihren Kontextfaktoren* aufgefasst (DIMDI 2005: 14). Der in der englischen Originalversion eingesetzte Begriff des »functioning« wurde in der deutschen Übersetzung als »funktionale Gesundheit« übersetzt in Ermangelung eines deutschen Begriffes, der die umfassenderen, komplexeren und weniger technischen Bedeutungsebenen des englischen »functioning« angemessen wiedergibt.

Die ICF bezeichnet jede Beeinträchtigung der funktionalen Gesundheit als Behinderung. »Behinderung« ist damit keine ausschließliche Eigenschaft einer Person mehr, sondern Behinderung ist auch abhängig von den Kontexten, in denen ein Mensch lebt. Im Gegensatz zum ICD-10 und DSM-5 werden nicht Merkmale der Person klassifiziert, sondern deren individuelle Situation (ebenda).

> **Funktionale Gesundheit nach ICF**
>
> Gemäß dem Konzept der funktionalen Gesundheit gilt eine Person dann als funktional gesund, wenn
>
> - vor ihrem gesamten Lebenshintergrund ihre körperlichen Funktionen (einschließlich des geistigen und seelischen Bereichs) und ihre Körperstrukturen allgemein anerkannten (statistischen) Normen entsprechen (*Konzept der Körperfunktionen und -strukturen*),
> - sie all das tut oder tun kann, was von einem Menschen ohne Gesundheitsprobleme (ICD) erwartet wird (*Konzept der Aktivitäten*),
> - sie ihr Dasein in allen Lebensbereichen, die ihr wichtig sind, in der Weise und in dem Umfang entfalten kann, wie es von einem Menschen ohne gesundheitsbedingte Beeinträchtigungen der Körperfunktionen oder Körperstrukturen oder der Aktivitäten erwartet wird (*Konzept der Teilhabe an Lebensbereichen*).

Auf alle drei genannten Dimensionen der funktionalen Gesundheit können Faktoren, die in der Person und/oder in der Umwelt liegen, einwirken, so dass es zu einer Einschränkung der Gesundheit oder einer Behinderung kommen kann (DIMDI 2005: 23).

Die ICF gilt nicht nur für Menschen mit Behinderung, sondern kann auf alle Menschen bezogen werden. Es ist Anspruch der ICF sowohl den Gesundheitszustand als auch die mit Gesundheit zusammenhängenden Zustände in Verbindung mit jedem Gesundheitsproblem beschreiben zu können (DIMDI 2005: 12).

Damit erhebt die ICF den Anspruch, das bio-medizinische Modell von Krankheit (so wie es sich z. B. im ICD-10 und DSM-5 ausdrückt) mit dem sozialen Modell von Behinderung zu verbinden und schlägt als Synthese ein bio-psycho-soziales Modell der Diagnostik vor, um damit eine kohärente Sicht der verschiedenen Perspektiven von Gesundheit und Krankheit auf biologischer, individueller und sozialer Ebene zu bieten.

11.4 Soziale und psycho-soziale Diagnostik

Das Feld der Diagnostik und Diagnosen in der Sozialen Arbeit ist insoweit entwickelt, dass eine Vielzahl von diagnostischen Instrumenten zur Verfügung steht und zudem Leitlinien für einen fachlichen Umgang mit denselben vorliegen. Für das Arbeitsfeld der Suchthilfe sind hier insbesondere die Ergebnisse relevant, die im Kontext der Klinischen Sozialarbeit hervorgebracht wurden.

Nach Pantuček-Eisenbacher (2012) und in Übereinstimmung bzw. Ergänzung mit Stimmer und Ansen (2016: 138), Pauls (2013: 198f) und Gahleitner et al. (2014) sollte soziale bzw. psycho-soziale Diagnostik

- Komplexität abbilden und Strukturierung ermöglichen,
- (Nicht-)Intervention fachlich begründen,
- an Fragen der Inklusion orientiert sein,
- Selbstaneignungsprozesse fördern,
- den Dialog unterstützen und
- als Prozessdiagnostik einer fortlaufenden Überprüfung ausgesetzt werden.

Soziale oder psycho-soziale Diagnostik sieht sich in besonderer Weise verpflichtet, die *Schnittstelle zwischen psychischen, sozialen, medizinischen und alltagssituativen Dimensionen* auszuleuchten. Das Erkenntnis- und Interventionskonzept der Klinischen Sozialarbeit versteht daher Gesundheit, Krankheit und Beeinträchtigung als im Wesentlichen biografisch und in sozio-kulturellen Milieus verankert (Gahleitner 2008).

Für die Diagnostik der Sozialen Arbeit liegen sowohl *klassifikatorische Instrumente* (z. B. Person in Environment (PiE), Stimmer und Ansen 2016: 181 ff, oder der Giessen-Test, Stimmer und Ansen 2016: 186 ff) als auch eine *Vielzahl rekonstruktiver Verfahren* (z. B. biografisch-narrative Gesprächsführung, Stimmer und Ansen 2016: 150 ff, oder das Life-Events-Diagramm, Stimmer und Ansen 2016: 154–158) vor. Diese Instrumente eignen sich besonders gut für Beratungskontexte wie z. B. in ambulanten Suchtberatungsstellen.

Pauls (2013: 205–211) hat im Zuge der Entwicklung der Klinischen Sozialarbeit (▶ Kap. 1) ein *Koordinatensystem der psycho-sozialen Diagnostik* entwickelt. Dieses Koordinatensystem ist ein *Orientierungs- und Ordnungsmodell*, das es erlaubt, diagnostische Informationen und Daten entlang der grundlegenden Kriterien, die für die Soziale Arbeit maßgeblich sind, systematisch zu sortieren und zu verorten.

Die in den unterschiedlichen Verfahren erlangten Informationen werden in dem vorgeschlagenen Koordinatensystem entlang der zwei Achsen Stressoren/Belastungen/Defizite/Behinderungen vs. Stärken/Ressourcen und Umgebungsfaktoren vs. individuell-personale Faktoren angeordnet. Es ergeben sich vier Quadranten:

1. öko-soziale Defizite, umgebungsbedingte, äußere Belastungen,
2. individuelle Belastungen und Defizite, angeborene und erworbene Vulnerabilitäten und körperliche, geistige und psychische Behinderung (hier wären ggf. Diagnosen nach ICD-10/DSM-5 zu verorten),
3. förderliche Umweltbedingungen: fördernde sozial und sozial-emotionale und öko-soziale Faktoren,
4. individuell-personale Stärken, soziale Kompetenzen und psychische Ressourcen (Pauls 2013: 209).

Bei den von Pauls (2013) entwickelten Koordinaten einer psycho-sozialen Diagnostik (und Intervention) handelt es sich um eine Mehrebenen-Diagnostik, um eine Problem- und Ressourcenanalyse, die auf unterschiedliche diagnostische Daten und Verfahren der Informationsgewinnung zurückgreift. Dabei sind die zu verwendenden Instrumente nicht festgelegt. Vielmehr sind die möglichen bzw. hinzuziehenden Quellen der diagnostischen Daten vielfältig und reichen von Selbsteinschätzungen, Selbstbeobachtungen der betroffenen Personen zu fragebogengestützten Anamnesen, Verhaltensbeobachtungen der Fachkraft im Feld, Studium vorhandener Akten und ggf. Ergebnisse von Textverfahren (wie ICD-10 oder ICF) – und umschließen dementsprechend Ergebnisse aus klassifikatorischen Verfahren ebenso wie die aus rekonstruktiven Verfahren (Pauls 2013: 205).

Damit ist das Koordinatensystem kein weiteres diagnostisches Instrument, sondern es versteht sich als ein strukturierendes und ordnendes Modell, welches inhaltlich an den Fragestellungen und Konzepten der Sozialen Arbeit ausgerichtet ist. Diagnostik versteht sich in diesem Ansatz als eine Strukturierung von komplexen Informationen, die die Dimensionen »Individuum – soziale Umwelt« sowie die Dimensionen »Defizite – Ressourcen« möglichst umfassend, aber auch prägnant zur Darstellung bringen will. Das Vorgehen ist dabei geprägt von einer Haltung, die klassifikatorische Vorgehensweisen als Erkenntnisquelle schätzt, aber diese immer wieder kritisch hinterfragt bzw. ergänzt. Damit kann es Informationen, die im Kontext anderer Disziplinen gewonnen wurden (z. B. Ergebnisse des ICD-10) aufgreifen und integrieren, ohne dabei die Logik und Systematik der eigenen Disziplin aufzugeben.

Ausgehend von dem Modell Pauls hat Gahleitner im Jahr 2008 einen Vorschlag der diagnostischen Strukturierung entwickelt, der speziell auf Menschen mit einer Suchtproblematik ausgerichtet ist. Insbesondere soll es so möglich werden, die ausgeprägten geschlechtsspezifischen Differenzen im Suchtgeschehen zu erfassen (▶ Kap. 6) und die jeweiligen Interventionskonzepte darauf abzustimmen. Gahleitner (2008) schlägt ein dreigliedriges Verfahren vor.

Erster Schritt: Klassifikatorische Diagnostik

Im ersten Schritt wird festgestellt, welche Beeinträchtigungen entlang der internationalen Klassifikationssysteme vorliegen. Hier sind insbesondere der ICD-10 und die ICF bedeutsam. Oftmals kommen die Klienten und Klientinnen bereits mit einer Diagnose in den Hilfeprozess, oder eine Abklärung wird im Verlauf notwendig. Auch in Hinblick auf Co-Morbiditäten, die in der Suchthilfe häufig anzutreffen sind, wie z. B. posttraumatische Belastungsstörungen, ist eine Arbeit mit oder ein Bezug zu den entsprechenden klassifikatorischen Instrumenten vorstellbar.

Zweiter Schritt: Subjekt- und Biografieorientierung

In diesem Schritt werden die lebensweltlichen Selbstdeutungen der Adressaten und Adressatinnen systematisch berücksichtigt. Hier bietet sich der verstehende Zugang aus der rekonstruktiven Biografieforschung und die daraus entstandene narrative Handlungspraxis an. Gahleitner schlägt hier u. a. das Verfahren des »Lebenspanoramas« vor. Dabei wird in diesem Verfahren ein besonderer Wert auf sozialpathologische Risikofaktoren gelegt, die innerhalb psychologischer und psychiatrischer Diagnostik häufig unberücksichtigt bleiben: ökonomische Ausgrenzung/ Armut (Deprivation), Ausgrenzung aufgrund des Alters, Rassismus, Sexismus sowie die Soziogenese von Störungen und Erkrankungen.

Dritter Schritt: Sozial- und lebensweltorientierte Diagnostik

In diesem dritten Schritt geht es um eine weitere Zentraldimension der Sozialen Arbeit, die »Passung« zwischen Subjekt und »objektiver« Außenwelt. Das Person-in-Environment (PiE) ist z. B. der Versuch eines klassifikatorischen Vorgehens, das von der Sozialen Arbeit entwickelt wurde und in einem engen Bezug zu bio-psycho-sozialen Modellen steht (Pauls 2013: 238–242). Es werden Informationen gesammelt und systematisiert, die sich sowohl auf die Person und ihre sozialen, psychischen und somatischen Funktionen beziehen, als auch Umstände außerhalb der Person und Probleme im Gemeinwesen beinhalten. Gahleitner (2008) weist darauf hin, dass diese Perspektive des Verhältnisses von Subjekt und Umwelt ebenso mit anderen, rekonstruktiven Verfahren ausgeleuchtet werden kann.

11.5 Zusammenfassung und Diskussion

Diagnosen spielen in der Sozialen Arbeit in der Suchthilfe eine große Rolle, da auch die Soziale Arbeit sich ein Bild darüber verschaffen muss, »was der Fall ist«, als Basis dessen »was getan werden kann«. Die Soziale Arbeit steht dabei vor der besonderen Herausforderung, aufgrund ihres ganzheitlichen Ansatzes, der die Person und die Umgebung, die psychischen, physischen und somatischen Aspekte, die Biografie und die subjektiven Wahrnehmungen und Zuschreibungen einschließen, eine enorme Fülle und Komplexität von Informationen aufnehmen und strukturieren zu müssen.

Die Medizin hat die beiden bio-medizinischen Klassifikationssysteme ICD-10 (Dilling et al. 2015) und DSM-5 (Falkai und Wittchen 2015) hervorgebracht, die Symptome und Diagnosen von Krankheitsbildern, u. a. das Abhängigkeitssyndrom im ICD-10 und die Alkoholkonsumstörung im DSM-5, beschreiben. Sie sollen eine eindeutige Bestimmung von Krankheiten, die unabhängig von der jeweiligen diagnostizierenden Person ist, ermöglichen.

Auch wenn bio-medizinisch fundierte Diagnosen kritisch betrachtet werden müssen, da sie auch immer zu hinterfragende Normalitätsvorstellungen implizieren und herstellen (▶ Kap. 1), so sind sie doch als verdichtetes Fachwissen für die Fachkräfte der Sozialen Arbeit in der Suchthilfe wichtig und sollten ihnen geläufig sein. Fachkräfte der Sozialen Arbeit sind in der Suchthilfe in hohem Maße in eine multi- und interdisziplinäre Berufspraxis eingebunden und hier mit Störungs- und Krankheitsklassifikationen nach ICD-10 konfrontiert, mit denen sie umgehen müssen. Diese Diagnosen sind die Grundlage für Behandlungsentscheidungen und nach wie vor ein zentrales Instrument der Verständigung in der multi- und interdisziplinären Kooperation im Gesundheitswesen. Zudem bildet eine eventuell vorliegende Psychopathologie durchaus eine bedeutsame Dimension – auch in einer klinisch-sozialarbeiterischen Abklärung und Diagnosestellung (z. B. im Rahmen des PiE-Systems oder entlang des Koordinatensystems von Pauls; Pauls 2013: 230). Krankheitsdefinitionen gemäß des ICD-10 oder DSM-5 sind dementsprechend operationale und idealtypische Konstrukte und pragmatisch begründete Systeme – wie es einer praktischen Disziplin wie der Medizin auch angemessen ist – und sie sollten von der Sozialen Arbeit nutzbar gemacht werden.

Die bio-medizinisch ausgerichteten Systeme ICD-10 und DSM-5 betrachten Krankheit und Behinderung jedoch auch vorrangig als ein Thema der Person.

Im Rahmen des bio-medizinischen Modells ist der zentrale Anknüpfungspunkt die medizinische Versorgung. Die ICF erweitert demgegenüber diese Perspektive um die soziale Komponente und stellt ein sehr komplexes und differenziertes Diagnoseinstrument zur Verfügung, mit dem sowohl die individuelle körperliche und seelische Verfasstheit eines Menschen erfasst und beschrieben werden kann als auch dessen – fördernde oder behindernde – Umwelt.

Wesentliche Aspekte der ICF wurden in das SGB IX »Rehabilitation und Teilhabe behinderter Menschen« und damit in das deutsche Rehabilitationsrecht aufgenommen. Die ICF deckt jedoch keine Umstände ab, die nicht mit der Gesundheit in Verbindung stehen. Besteht eine Beeinträchtigung der Partizipation aus anderen Gründen, z. B. der Geschlechtszugehörigkeit, sozio-ökonomischen oder ethnischen Gründen, ist die ICF nicht anwendbar.

Mit der ICF liegt eine länder- und fachübergreifende einheitliche Sprache zur Beschreibung des funktionalen Gesundheitszustandes, der Behinderung, der sozialen Beeinträchtigung und der relevanten Umgebungsfaktoren einer Person vor. In der Suchthilfe findet das Instrument breite Anwendung. Trotz der Betonung bzw. des Einbezugs der sozialen Aspekte von Behinderung folgt die ICF dem klassifikatorischen Ansatz, das heißt, sie arbeitet mit vorgegebenen Kriterien und Kategorien. Die subjektive Wahrnehmung und das subjektive Erleben von Menschen mit suchtbezogenen Störungen können von daher mit diesem System nicht erfasst werden.

Die Klinische Sozialarbeit verwendet Diagnosen des ICD und der ICF, stellt deren Befunde aber konsequent in lebensweltliche Zusammenhänge, schließt zudem die subjektiven Erlebensweisen, Deutungen und Zuschreibungen der Klienten und Klientinnen ein und würdigt diese – wie übrigens auch somatische Erkrankungen – mit dem Ziel der sozialen bzw. psycho-sozialen und erzieherisch-therapeutischen Intervention (Pauls 2013: 231). Betrachtet man z. B. die sehr verschiedenen Ätiologien von Sucht bei Männern und Frauen (▶ Kap. 6), wird sehr schnell deutlich, dass stark operationalisierte, klassifikatorische Systeme wie der ICD-10 alleine nur einen, wenn auch bedeutsamen Ausschnitt der Gesamtproblematik ausleuchten können. Von daher ist eine *Integration unterschiedlicher Wissensformen* erforderlich, um eine stärkere Anschlussfähigkeit an die Komplexität der Phänomene Sucht und Substanzmissbrauch herzustellen.

Die diagnostischen Systeme der klinischen Sozialarbeit verknüpfen insofern Expertenwissen und Adressatenorientierung im Sinne einer integrativen Diagnosehaltung und bieten eine gewisse Struktur, ohne Flexibilität auszuschließen. Damit verstehen sie sich auch als ein kooperativer Beitrag zu einer ganzheitlichen Abklärung von Behandlungsplanung mit psychologischem und medizinischem Vorgehen.

Beide Vorschläge – das Koordinatensystem von Pauls und das Drei-Schritt-Modell von Gahleitner – vereinen die o. g. Ansprüche und Anforderungen an eine Diagnostik Sozialer Arbeit. Sie unterscheiden sich vor allem in Hinblick auf die vorgeschlagene Struktur der Systematisierung der erhobenen Informationen. In dem System von Gahleitner wird zudem die *Subjekt- und Biografieorientierung* stärker hervorgehoben und sie eignet sich damit insbesondere für länger andauernde bzw. kontinuierlich angelegte Beratungsprozesse, in denen diese Dimensionen Raum finden können und sollten. Die differenzierte Erarbeitung der in der Suchtbehandlung zentralen Diskriminierungserfahrungen und der Prozesse von Inklusion und Exklusion lassen sich mithilfe der vorgeschlagenen Methoden kreativ und in Berücksichtigung ihrer Komplexität erheben und darstellen (Gahleitner 2008).

Bis heute gibt es keinen Konsens innerhalb der Profession und Disziplin über den Stellenwert und geeignete Instrumente einer sozialen oder psycho-sozialen Diagnostik der Sozialen Arbeit. Es wird eine Stigmatisierung der Betroffenen und eine Festschreibung, Individualisierung und Pathologisierung sozialer Problemlagen befürchtet (Stimmer und Ansen 2016: 141). Darüber hinaus würde eine soziale Diagnostik ihre Klienten und Klientinnen ›expertokratisch bevormunden‹ (Pauls 2013: 199).

Die Stigmatisierung von Menschen, die von Sucht betroffen sind, ist ein ernstzunehmendes Problem in unserer Gesellschaft, auf das schon im ersten Kapitel »Sucht – Eine Erkrankung wie jede andere auch?« hingewiesen wurde. In der Tat gehört es zu den originären Aufgaben der Sozialen Arbeit, Stigmatisierungs- und Ausgrenzungsprozessen aktiv entgegenzutreten. Jedoch ist durchaus diskussionswürdig, inwieweit der Einsatz von diagnostischen Instrumenten per se einer Stigmatisierung Vorschub leistet. Pauls (2013: 199 f) verweist in diesem Zusammenhang darauf, dass es bei einer kategorischen Ablehnung von sozialer oder psycho-sozialer Diagnostik in der Folge zu einer Psychiatrisierung sozialer Probleme kommt – sich also genau das ereignet, was durch die Ablehnung einer Arbeit mit Diagnosen vermieden werden sollte. Wenn die Soziale Arbeit nicht in der Lage ist, mit explizit diagnostisch fundierten Behandlungskonzepten für den Einzelfall an die Kostenträger heranzutreten, erscheint ein Rückgriff auf psychiatrische Diagnosen, die eben nicht die sozialen Zusammenhänge von psychischer Devianz ausweisen, unausweichlich, um Behandlungsansprüche durchzusetzen. Die Arbeit mit berufsfremden Instrumenten ist zudem der Professionsentwicklung nicht zuträglich und behindert ein Sichtbarmachen der eigenen Perspektiven und Anliegen (ebenda).

In Hinblick auf eine mögliche ›*expertokratische Bevormundung*‹ durch den Einsatz von (klassifikatorischen) Diagnoseinstrumenten sei darauf verwiesen, dass es nicht allein um Instrumente gehen kann, sondern dass Fachlichkeit sich vor allem in einem sensiblen und der Solidarität mit den Klienten und Klientinnen verpflichteten Umgang zeigen muss. Bereits in Kapitel 1 »Sucht – Eine Erkrankung wie jede andere auch?« wurde deutlich gemacht, dass Krankheitsfeststellungen auch entlastende Funktionen für die Betroffenen haben können. Soziale oder psycho-soziale

Diagnosen sind immer dialogisch und als Prozess zu verstehen. Stimmer und Ansen (2016: 142) zeigen auf, dass Beratung, die sich auch auf Diagnosen stützt, ein wechselseitiger, dialogischer Prozess bleiben kann. Ein expertengestütztes Fremdverstehen muss nicht ein selbstinterpretatives Eigenverstehen ersetzen, ebenso wenig wie vice versa.

Von zentraler Bedeutung erscheint von daher die Kompetenz, eine diagnostische Situation in Form einer gelingenden Verständigung so zu gestalten, dass lebensweltliche Selbstdeutungen und biografische Kontexte der Adressaten und Adressatinnen systematisch berücksichtigt werden, ohne dass die Fachkräfte der Sozialen Arbeit nur zu Moderatoren fremder Einschätzungen und Schlussfolgerungen werden.

An dieser Stelle gerät auch die Beziehung von Fachkraft und Klient bzw. Klientin in den »diagnostischen Blick«. Heiner (2015) fordert in diesem Zusammenhang, dass nicht nur die Klienten und Klientinnen und ihre Lebensbedingungen der Gegenstand von Diagnostik sein sollten, sondern auch der diagnostische Prozess selbst und der Handlungskontext des Diagnostikers reflektiert und einer »Diagnose« unterzogen werden sollte. Diagnostische Verfahren sollten sich auch an professions- und interventionstheoretisch begründeten Prinzipien wie partizipative Ausrichtung und Transparenz messen lassen können (ebenda).

Darüber hinaus hat sich in den vergangenen Jahren die Arbeit mit Diagnostik als ein starkes Instrument der Intervention in manchen Feldern der Prävention sowie in der Beratung und Behandlung gezeigt. Eine Spiegelung dessen, »was der Fall ist«, dargeboten in einer annehmenden und nicht verurteilenden Form, wie es beispielsweise die Motivierende Gesprächsführung vorsieht (▶ Kap. 12), löst bei vielen Menschen Einsichtsprozesse und Veränderungsmotivation aus. Gerade im Kontext von riskanten Konsummustern, bei denen Mythen und emotional aufgeladene Zuschreibungen eine große Rolle spielen können (▶ Kap. 6), oder bei Suchtentwicklungen, in denen starke Verleugnungstendenzen Genesungsprozessen entgegenstehen können, scheint eine sachliche Verständigung darüber, was der Fall ist, positive Energien freizusetzen. In der Prävention werden diese Dynamiken in vielen Maßnahmen wie »Check your Drinking« oder »eCHECK UP TO GO« gezielt eingesetzt. Evaluationen weisen nicht nur auf eine hohe Akzeptanz, sondern auch auf ihre Wirksamkeit (▶ Kap. 9). Eine Verlaufs- und Vergleichsdiagnostik in der Suchtarbeit ist ebenfalls ein unverzichtbarer Motivationsfaktor in der Behandlung (Gahleitner 2008).

Zusammenfassend ist der Entwicklungsstand so zu betrachten, dass ein professioneller und disziplinärer Umgang mit Diagnoseinstrumenten und Diagnoseprozessen möglich und angezeigt ist, da die Adressatinnen und Adressaten von Suchtprävention und Suchtarbeit hiervon profitieren können. Zudem kann die Entwicklung eigener diagnostischer Instrumente und Prozesse die Professions- und Disziplinentwicklung vorantreiben und die Soziale Arbeit im multidisziplinären Feld der Suchtkrankhilfe stärken.

Weiterführende Literatur

Gahleitner, S. B., Hahn, G. & Glemser, R., 2014, *Psychosoziale Diagnostik: Klinische Sozialarbeit*, 2. Auflage, Psychiatrie-Verlag, Köln.
Pantuček-Eisenbacher, P., 2012, *Soziale Diagnostik: Verfahren für die Praxis Sozialer Arbeit*, 3. Auflage, Böhlau-Verlag, Wien.
Pauls, H., 2013, *Klinische Sozialarbeit: Grundlagen und Methoden psycho-sozialer Behandlung*, 3. Auflage, Beltz Juventa, Weinheim.
Staub-Bernasconi, S., 2003, Diagnostizieren tun wir alle – nur nennen wir es anders, *Widersprüche*, 23, 88, 33–40.

12 Profil und ausgewählte Arbeitsansätze der Sozialen Arbeit im multidisziplinären Feld der Suchthilfe

> **☞ Was Sie in diesem Kapitel lernen können**
>
> In diesem Abschnitt lernen Sie das spezifische Profil der Sozialen Arbeit im multidisziplinären Arbeitsfeld der Suchthilfe kennen. Dabei wird mit verschiedenen Zugängen gearbeitet: Der erste Abschnitt widmet sich unter professionstheoretischen Gesichtspunkten dem Verhältnis der Sozialen Arbeit zu den anderen beteiligten Disziplinen bzw. Professionen im Feld; im zweiten Abschnitt wird eine Aufgabenbestimmung der Sozialen Arbeit in der Suchthilfe vorgenommen. Das für die Soziale Arbeit besonders bedeutsame Arbeitsfeld der ambulanten Suchthilfe wird im Anschluss detailliert vorgestellt und die Motivierende Gesprächsführung als eine Schlüsselkompetenz für die Profession der Sozialen Arbeit in der klientenbezogenen Arbeit in der Suchthilfe herausgearbeitet.

12.1 Einleitung

Soziale Arbeit in der Suchtkrankenhilfe ist entscheidend geprägt durch den multidisziplinären Zuschnitt dieses Arbeitsfeldes. Sie erbringt ihren Beitrag und ihre Leistungen zur Bearbeitung der Suchtproblematik oftmals im Konzert mit anderen Disziplinen bzw. Professionen. Besonders bedeutsam sind hier die Psychologie, die Psychiatrie und die somatische Medizin.

In diesem Kapitel soll das spezifische Profil der Sozialen Arbeit in der Suchtkrankenhilfe herausgearbeitet werden. Dies geschieht anhand verschiedener Zugänge:

Im ersten Abschnitt geht es vor allem um die Position der Sozialen Arbeit im multidisziplinären Gefüge der Suchthilfe. Diese professionstheoretische Diskussion wird in Abgrenzung bzw. in der Ausleuchtung der Kooperationen zu den in der Suchthilfe ebenfalls bedeutsamen Disziplinen bzw. Professionen geführt. Der sich daran anschließende zweite Abschnitt widmet sich der Definition bzw. Beschreibung der Zielstellungen und Aufgaben der Sozialen Arbeit in der Suchthilfe.

Die Soziale Arbeit spielt insbesondere in der ambulanten Suchthilfe eine tragende Rolle. Deswegen wird dieser Bereich hervorgehoben und die Arbeitsfelder und

Ansätze werden detailliert dargestellt. Der ambulante Bereich verdeutlicht die Vielfalt und Breite der Angebote, aber auch die enorme Bedeutsamkeit, die der Sozialen Arbeit bei der Bearbeitung von Suchtgefährdung und Sucht zukommt.

Die Soziale Arbeit greift auch in der Suchthilfe auf die von ihr entwickelten Instrumente und Methoden der Einzelfallhilfe, der Sozialen Gruppenarbeit und der Gemeinwesenarbeit zurück. Darüber hinaus hat sich spezifisch für die Suchtprävention und Suchtarbeit die Motivierende Gesprächsführung als Schlüsselkompetenz für fast alle Arbeitsfelder gezeigt. Die Motivierende Gesprächsführung impliziert und vermittelt – anders als ihr Name zunächst nahelegt – gleichzeitig eine professionelle Haltung und ein bestimmtes Verständnis von Sucht, Widerstand und Veränderung, die sich für die Anliegen der Sozialen Arbeit in der Suchthilfe und hier in der direkten Arbeit mit suchtgefährdeten oder suchtkranken Menschen als äußerst hilfreich erweisen. Aufgrund dieses spezifischen Bezuges zum Suchtgeschehen kommt der Motivierenden Gesprächsführung eine herausragende Bedeutung zu und ihr wird aus diesem Grund und an dieser Stelle ein eigener Abschnitt gewidmet.

12.2 Soziale Arbeit im multidisziplinären Gefüge der Suchthilfe

Soziale Arbeit in der Suchtprävention und Suchthilfe findet in der Regel in multidisziplinären Teams und Kontexten statt. Die Soziale Arbeit stellt hier insgesamt die am stärksten vertretene Berufsgruppe dar, wobei sich der Anteil der Sozialarbeiter und Sozialpädagogen je nach Einrichtungstyp stark unterscheidet. In ambulanten Einrichtungen sind Sozialarbeiter, Sozialarbeiterinnen, Sozialpädagogen und Sozialpädagoginnen mit 62,2 Prozent die mit Abstand stärkste Berufsgruppe, gefolgt von Psychologen bzw. Psychologinnen mit 8,5 Prozent. Im Bereich des Betreuten Wohnens/Sozialtherapie sind Sozialarbeiter, Sozialarbeiterinnen, Sozialpädagogen und Sozialpädagoginnen mit 39,1 Prozent ebenfalls sehr stark vertreten, in stationären Rehabilitationseinrichtungen hingegen nur mit 12,8 Prozent (Braun et al. 2016). Die Gesamtzahl der in Deutschland hauptamtlich tätigen Sozialarbeiter und Sozialarbeiterinnen in der Suchthilfe wird auf mehr als 15.000 geschätzt (Klein 2012). Weitere wichtige Berufsgruppen in der Suchthilfe sind die Psychologie, Psychiatrie und die somatische Medizin.

Allgemein gesprochen ist die Soziale Arbeit in der Suchthilfe zuständig für die Bearbeitung der »*sozialen Dimensionen*« *von Suchtgefährdung, Suchtentwicklung, Rehabilitation und Lebensführung unter den Bedingungen von Sucht*. Über die starken Zusammenhänge und die herausragende Bedeutsamkeit von sozialen Faktoren und Sucht liegen starke Evidenzen vor. Über diese wurde ausführlich berichtet in den Kapiteln »Soziale Ungleichheit und Sucht«, »Gender und Sucht« und »Migration und Sucht«.

Die Darstellungen in den o. g. Abschnitten haben gezeigt, dass die soziale Dimension im Hinblick auf Sucht zum einen als ein Ursachenbündel zu verstehen ist. Zum anderen wirkt sich eine Suchterkrankung fast immer auf alle Bereiche der Lebensführung eines Menschen aus und führt nicht selten in die Armut und/oder in andere Randbereiche der Gesellschaft. Doch nicht nur die Erkrankten selbst erleiden Beeinträchtigungen. Es zeigen sich soziale Auswirkungen im Umfeld der Betroffenen in Form von familiären Belastungen, denen im Kapitel 10 Angehörige von Suchtkranken ein eigenes Kapitel gewidmet wurde (▶ Kap. 10).

Von daher kann man von *zirkulären Bedingungskonstellationen* ausgehen: Soziale Faktoren sind maßgeblich an der Entwicklung von Sucht beteiligt und Sucht ist wiederum häufige Ursache für soziale und gesellschaftliche Ausschlussprozesse, die dann wiederum auf den Krankheitsverlauf und auf die Lebenssituation der Erkrankten Einfluss nehmen (Sommerfeld et al. 2016: 8).

Die genannten sozialen Komponenten im Kontext von Suchtentwicklung stellen die Begründungszusammenhänge und die Ansatzpunkte für die Soziale Arbeit in der Suchtprävention und Suchtarbeit dar mit dem Ziel, diese Zirkeldynamiken zu durchbrechen. Auf der Basis eines bio-psycho-sozialen Verständnisses von Sucht (▶ Kap. 1) sowie in Übereinstimmung mit allgemeineren Konzeptionen der Sozialen Arbeit (z.B. Heiner 2010: 101 ff) und im Sinne von Pauls' Konzeption einer Klinischen Sozialarbeit (Pauls 2013) engagiert sich die Soziale Arbeit für eine Verbesserung der psycho-sozialen Passung zwischen Klienten bzw. Klientensystem und Umwelt. Prävention und eine Verbesserung der Lebenslagen in allen Stadien und Ausprägungsformen von Suchtentwicklung und Rehabilitation gehören dabei traditionell zu den Aufgaben der Sozialen Arbeit in der Suchthilfe. Interventionen, die auf eine psycho-soziale Behandlung zielen, sind eher Neuland und werden im Kontext der sich auch in Deutschland entwickelnden Klinischen Sozialarbeit erst in jüngerer Zeit als Zuständigkeitsbereich der Sozialen Arbeit proklamiert (Pauls 2013: 16).

Zusammenfassend kann gesagt werden, dass Sozialarbeiter und Sozialpädagogen in der Suchtprävention und Suchthilfe quantitativ sehr gut vertreten sind und die Bedeutsamkeit der sozialen Dimensionen für die Krankheitsentwicklung und Krankheitsgeschehen sozial-epidemiologisch gut untermauert und allgemein anerkannt ist. Damit kommt der Sozialen Arbeit eine enorme Relevanz in diesem Feld und in der multidisziplinären Kooperation zu, und es sollte deshalb vornehmlich durch einen eher sozialarbeiterischen Habitus bzw. durch sozialarbeiterische Methoden geprägt sein.

Demgegenüber wird jedoch von vielen Seiten konstatiert, dass die Soziale Arbeit aus etlichen Gründen und ersichtlich anhand einer Vielzahl von Indikatoren, die nachfolgend dargestellt werden, bislang nicht in der Lage war, eine dementsprechende Position und Rolle in der Suchthilfe – ebenso wie im Gesundheitswesen allgemein – einzunehmen.

Bislang liegen nur wenig geschlossene Forschungsarbeiten und ausgearbeitete Wissensbestände zu einer systematischen und wissenschaftsbasierten Bearbeitung der Sozialen Dimension in den Feldern von Sucht oder psychischer Gesundheit durch die Soziale Arbeit vor. Arbeitsfeldstudien ergaben in Übereinstimmung hiermit, dass zwar alle (!) Akteure im Feld die soziale Dimension im Kontext der

Entwicklung und Bewältigung von psychischer Erkrankung als extrem wichtig erachteten, aber nicht genauer spezifizieren konnten, wie sich nun die Bearbeitung der Sozialen Dimension konzeptionell qualifiziert vollziehen sollte. Eine wissenschaftsbasierte und begründete Bearbeitung der sozialen Dimension erscheint dementsprechend bislang »unterbelichtet« und nur schwach ausgearbeitet (Sommerfeld et al. 2016: 6 ff).

Eine weitere Arbeitsfeldstudie unter Sozialarbeitern und Sozialpädagogen in der ambulanten Suchthilfe brachte im Einklang zu den Ergebnissen der vorgenannten Studie zutage, dass die Fachkräfte selbst ihr Tun nicht als Tätigkeiten der Sozialen Arbeit mit sozialarbeiterischen Fachbegriffen objektiv beschreiben konnten – und dies, obgleich ihre faktischen Tätigkeiten den aktuellen Professionsstandards der Sozialen Arbeit im Wesentlichen entsprachen. Sie beriefen sich mehrheitlich lediglich auf ihre Erfahrungen bzw. orientierten sich ausschließlich an Fachstandards aus anderen Professionen (vornehmlich der Psychologie und Medizin), obwohl sie sich auf der Ebene der Haltung davon distanzierten (Hansjürgens 2013).

So scheinen in der Suchthilfe – und hier auch unter den Sozialarbeitern, Sozialarbeiterinnen, den Sozialpädagogen und Sozialpädagoginnen selbst – nach wie vor bio-medizinische Konzeptionen und Handlungslogiken faktisch zu dominieren, die die Ausbildung einer selbstbewussten Identität, Professionalität sowie eine Kooperation auf Augenhöhe mit Vertretern anderer Disziplinen beeinträchtigen können.

Dass das Profil der Sozialen Arbeit und der Stellenwert einer (Klinischen) Sozialarbeit in der Suchthilfe – wie auch im Gesundheitswesen insgesamt – nur marginal ausgeprägt sind, kann auch im Kontext der spezifischen deutschen Bedingungen verstanden werden. Ein kurzer Blick über die Grenzen – in diesem Zusammenhang in die USA – zeigt, dass auch ganz andere Entwicklungen vorstellbar sind, auch wenn selbstverständlich die US-amerikanischen Erfahrungen nicht einfach auf deutsche Verhältnisse übertragen werden können.

In den USA ist der Bereich »Mental Health« ein Hauptbetätigungsfeld der Sozialen Arbeit, in dem ein großer Teil der Sozialarbeitenden beschäftigt ist und zudem ein großer Teil der Forschungsgelder akquiriert wird. »Clinical Social Work« ist eine eigene spezialisierte Profession mit eigenem akademischem Abschluss, sowohl auf Bachelor- als auch auf Master-Level. Darüber hinaus kann der Doktorgrad in »Clinical Social Work« erreicht werden. Die Soziale Arbeit konnte sich so in den USA zu einer bedeutenden Profession im Kontext von psychischer Krankheit entwickeln. Sie gewährleistet einen relativ großen Teil der Versorgung und Behandlung psychisch Kranker und praktiziert eigenverantwortlich auf der Basis eines eigenen, spezifischen Wissenskorpus (Sommerfeld et al. 2016: 9 f; Pauls 2013: 13 ff).

In Deutschland ergab sich seit den 1970er Jahren mit dem Durchbruch der Ideen der Sozialpsychiatrie und der Auflösung der Anstaltspsychiatrien ebenfalls eine neue konzeptionelle Basis für die eigene professionelle Entwicklung und interprofessionelle Aushandlungsprozesse, die aber – wie oben an ihren Auswirkungen schon kurz skizziert – kaum genutzt wurde (Sommerfeld et al. 2016: 9). Die dominanten Diskurse in der Suchthilfe sind nach wie vor medizinisch und psychologisch geprägt. Demgegenüber hat die Soziale Arbeit ihre eigenen professionellen Bezugspunkte bislang nicht in der Form zur Geltung bringen können, dass eine interprofessionelle

Kommunikation in Form eines Austausches zwischen gleichwertig anerkannten Professionen entstanden wäre.

Klein (2012) lokalisiert die Ursachen für diese »*Unterbelichtung des Sozialen in der Suchthilfe*« u. a. im deutschen Qualifizierungssystem. Er konstatiert, dass akademische Curricula der Sozialen Arbeit für das Thema Sucht weitgehend ignorant und blind sind – ganz im Unterschied zu den USA und den skandinavischen Ländern. Seine Einschätzung bestätigt eine explorative Studie, die deutschlandweit in 69 Bachelor-Studiengängen der Sozialen Arbeit den Stellenwert der Suchtthematik untersuchte. Die Studie konnte zudem zeigen, dass Hochschulen für angewandte Wissenschaften noch etwas mehr Inhalte zu Sucht anbieten als Universitäten (Mader 2016).

Die »klassische« Sozialarbeit mit ihren Themen wie Armut, abweichendes Verhalten, Wohnungslosigkeit, Straffälligkeit und eben auch Sucht kann dabei durchaus als »Übernahmeopfer« einer *expansiven universitären Diplom-Pädagogik* gesehen werden, die in Form der Sozialpädagogik inzwischen die meisten Professuren in der Sozialen Arbeit an Fachhochschulen besetzt, was sich auch in der international einmaligen Konsequenz der heutigen »Bindestrich«-Absolventen »Sozialarbeit/Sozialpädagogik« zeigt (Klein 2012). Die Anliegen und Themen der Klinischen Sozialarbeit konnten und können sich unter diesen Voraussetzungen nur schwer entwickeln (Klein 2012; Klein und Rometsch 2012).

Darüber hinaus stehen einer Kommunikation und Kooperation auf Augenhöhe *unterschiedliche Wissenschaftsmodelle* der in der Suchthilfe beteiligten Disziplinen entgegen, die ebenfalls über das Studium vermittelt werden. An den Studiengängen Sozialer Arbeit ist Forschung – auch durch den starken erziehungswissenschaftlichen Einfluss – vor allem qualitativ geprägt; bisweilen wird auch nur ein hermeneutisches Wissenschaftsverständnis propagiert. Demgegenüber wird Wissenschaft in der Medizin und Psychologie vor allem im quantitativ-empirischen Sinne verstanden. Da liegt es nahe, dass es in den multidisziplinären Fachteams der Suchthilfe leicht zu Verständigungsproblemen und Spannungen kommen kann (Klein 2012).

Die *rechtlichen und finanziellen Rahmenbedingungen* der Erbringung von Hilfen zur Prävention sowie für suchtgefährdete und suchtkranke Menschen untermauern gleichfalls die genannten disziplinären und professionellen Differenzen. In Deutschland sind das Sozialwesen und das Gesundheitssystem getrennte Systeme, die unterschiedlich aufgebaut sind und die in der Politik, Verwaltung und Finanzierung zumeist unterschiedlichen Ressorts angehören (▶ Kap. 8). Die Soziale Arbeit ist in Deutschland kein anerkannter Gesundheitsberuf, deswegen bewegt sie sich, wenn sie in einem Feld des Gesundheitswesens tätig ist, oft in einer rechtlichen und/oder finanziellen Grauzone und kann ihre eigene disziplinäre Logik nur schwer entwickeln bzw. ihr folgen.

Dies zeigt sich ebenfalls im Bereich der *Diagnostik*. Diagnostik und Diagnosen nehmen – machttheoretisch betrachtet – eine Schlüsselposition im System der Suchthilfe ein (▶ Kap. 11); sie sind in vielen Feldern der Suchthilfe die Basis für Leistungsansprüche, Bezugspunkt von Prävention und vielem mehr. Die ICD-10 und DSM-5 reflektieren bio-medizinische Krankheitsvorstellungen (▶ Kap. 1), die aber weder die soziale Dimension noch die psycho-soziale Dynamik adäquat erfassen können. Soziale und psycho-soziale Dimensionen kommen folglich auch nicht in den (medizinischen) Blick.

In der Konsequenz ergibt sich, dass die Soziale Arbeit zwar von den in der Gesundheitsversorgung beteiligten Disziplinen (somatische Medizin, Psychologie, Psychiatrie) in der Regel hochgeschätzt ist, aber ihr gleichwohl oftmals lediglich der Status einer zuarbeitenden und unterstützenden Hilfsprofession zugesprochen wird, deren Tätigkeiten aus der Logik der anderen Disziplinen definiert und bewertet wird (Sommerfeld et al. 2016: 11).

Und wenn, wie z. B. in dem Konzept des »Motivational Case Management« unter der Federführung der Sozialen Arbeit an der sozialen Lebensführung von Patienten und Patientinnen gearbeitet wird (vgl. Schmid et al. 2012), dann handelt es sich oftmals um Modellvorhaben, die nur einer kleinen Zahl von Adressaten und Adressatinnen zugutekommen und deren Transfer in eine Regelpraxis der Sozialen Arbeit in der Suchthilfe keinesfalls gesichert ist.

All diese Beobachtungen und Analysen laufen aber *nicht* darauf hinaus, dass die Soziale Arbeit nicht einen wertvollen Beitrag in der Suchthilfe leistet. Im Gegenteil, das Feld der Suchthilfe gilt gerade in seiner Multidisziplinarität als sehr gut entwickelt und leistet – auch im internationalen Vergleich – herausragende Arbeit. Viele Entwicklungen der vergangenen Jahre, z. B. der Paradigmenwechsel von der ausschließlichen Abstinenzorientierung zur Akzeptanzorientierung (▶ Kap. 8), die niedrigschwellige Soziale Arbeit mit drogenabhängigen Klienten auf der Straße und in bestimmten schwer zugänglichen Settings (Prostitution, Haft) oder neu geschaffene Einrichtungen, wurden durch Impulse in Gang gesetzt, die der Sozialen Arbeit zugeordnet werden können (Stöver 2012). Aber auch in der Prävention bot das System der Suchthilfe Raum für innovative Vorstöße der Sozialen Arbeit, z. B. mit der Entwicklung lokaler Alkoholpolitiken (Laging 2013). Nur werden diese Innovationen oftmals einzelnen, engagierten Personen oder Teams zugeschrieben und nicht einer Disziplin und Profession, die systematisch zu berücksichtigen ist (Sommerfeld et al. 2016: 11).

Professionstheoretisch verweisen diese Wahrnehmungen bzw. Nicht-Wahrnehmungen sozialarbeiterischer Handlungsfähigkeit auf einen »Kampf um Legitimation« unter den in der Suchthilfe tätigen Professionen. Die Profession, die den »Zuschlag« bekommt und als Expertin für die jeweilige Problemlösung anerkannt wird, die also die Zuständigkeit für die Lösung dieser Probleme erhält, wird mit gesellschaftlichem Ansehen, Definitionsmacht und Ressourcen zur Umsetzung ihrer Lösungsvorschläge ausgestattet (Hansjürgens 2016: 3 f.).

Das oben betonte große Potenzial, das die Soziale Arbeit in der Suchthilfe innehat und das zusammen mit der ›Unterbelichtung‹ der sozialen Dimension in der Beratung, Begleitung und Behandlung von suchtkranken Menschen einen spannungsreichen Befund hervorbringt, wirft die Frage auf, wie die Soziale Arbeit sich hier in diesem Feld qualifizierter, prägnanter und sichtbarer positionieren und weiter entwickeln kann. Antwortmöglichkeiten auf diese Frage sind vielschichtig; sie umspannen berufsrechtliche Aspekte beispielsweise im Kontext einer Klinischen Sozialarbeit, Aspekte der akademischen Qualifizierung, der Forschung, der Finanzierung des Suchthilfesystems und vieles mehr. An dieser Stelle kann lediglich ein Aspekt herausgegriffen und beleuchtet werden: Es soll im Folgenden darum gehen, wie die Soziale Arbeit ihr Selbstverständnis und ihr Profil als Disziplin und Profession im Kontext der Suchthilfe systematisch und prägnant darstellen kann. Dabei wird an dieser Stelle der Fokus auf die beratenden und begleitenden Aufgaben der Sozialen Arbeit gelegt, da das Profil der Sozialen Arbeit im Arbeitsfeld der Prävention schon an anderer Stelle herausgearbeitet wurde (▶ Kap. 9).

12.3 Zuständigkeit und Aufgaben der Sozialen Arbeit in der Suchthilfe

Sommerfeld et al. beschreiben die Funktion der Sozialen Arbeit als Bearbeitung der sozialen Dimension in Hinblick auf »*Integration*« und »*Lebensführung*« im Kontext einer interprofessionell gedachten integrierten Versorgung und definieren:

> »Die Soziale Arbeit als professionelle Partnerin in der interprofessionellen Kooperation im Hinblick auf psychisch Kranke zielt auf die Qualität der Integration und der Lebensführung von psychisch Kranken in der Gesellschaft, auf ein ›gutes‹ oder mindestens ›gelingenderes‹ Leben unter den Bedingungen einer psychischen Erkrankung und auf die emanzipatorische Leitvorstellung der Autonomie der Lebenspraxis« (Sommerfeld et al. 2016: 91).

Aufbauend auf diesem Grundverständnis hat die Deutsche Gesellschaft für Soziale Arbeit in der Suchthilfe (DGSAS 2015) ein Profil der Sozialen Arbeit entwickelt, das sich auf den drei Ebenen System, Prozess und Person verorten lässt (▶ Abb. 9; vgl. DGSAS 2015: 50).

Die Soziale Arbeit ist gemäß diesem Modell zum einen zuständig für eine *Unterstützung in eine gelingende (Re-)Integration von Klienten und Klientinnen in verschiedene soziale Handlungssysteme*. Die bio-psychischen Aspekte der Integration werden dabei systematisch mit einbezogen. Die verschiedenen Zielhorizonte der Suchthilfe (▶ Kap. 8) sind hier eingeschlossen. Die Soziale Arbeit ist besonders qualifiziert für diese Arbeit, da sie als Spezialistin für die Bearbeitung der Schnittstelle von Individuum und Umwelt agiert (s. o.).

Darüber hinaus ist die Soziale Arbeit verantwortlich für die *inhaltliche und kontinuierliche Koordination der auf die unterschiedlichen relevanten Handlungssysteme bezogenen Hilfeleistungen und ihre Synchronisation mit auf die individuelle psychische Dynamik* bezogenen Hilfen. Dies wird in verschiedenen methodischen Ansätzen – z. B. mit Netzwerkarbeit und Case Management – umgesetzt und ist in Abgrenzung zu sehen zu einem formal additiven Hinter- oder Nebeneinander mehrerer Hilfeleistungen in oft unterschiedlichen Leistungsträgerstrukturen, die wenig bis keine systematische Verknüpfung zueinander haben (z. B. Leistungen der Rehabilitation, Leistungen in unterschiedlichen Beratungssystemen wie Schuldnerberatung, Erziehungsberatung, Bewährungshilfe etc.).

Auf der dritten Ebene wird der Beitrag der Sozialen Arbeit mittels *Beratung und Behandlung der psycho-sozialen Aspekte auf der Ebene der Person* beschrieben, wie dies vor allem durch die Klinische Sozialarbeit entwickelt wurde.

12.3 Zuständigkeit und Aufgaben der Sozialen Arbeit in der Suchthilfe

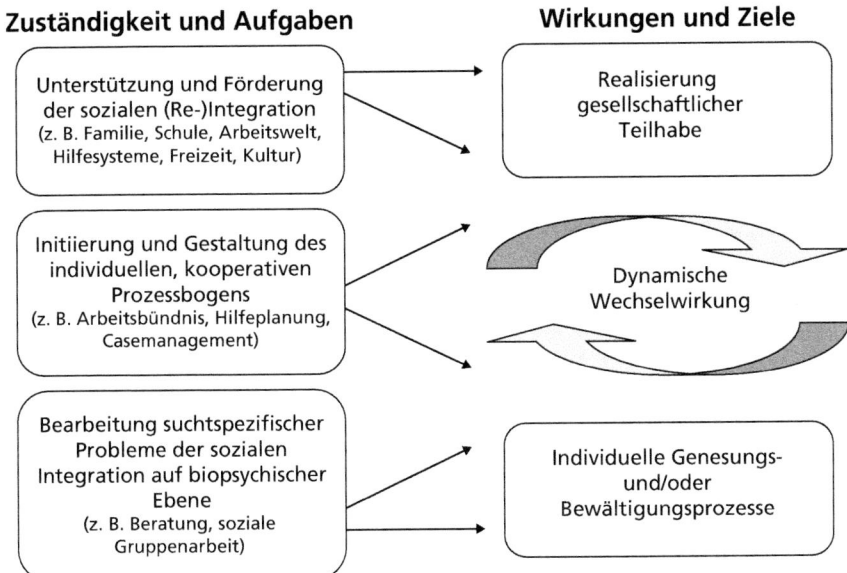

Abb. 9: Zuständigkeit, Aufgaben, Ziele und Wirkungen der Sozialen Arbeit in der Suchthilfe (eigene Darstellung)

Zusammenfassend kann gesagt werden, dass die Soziale Arbeit in der Suchthilfe Spezialistin ist und zuständig für die soziale Integration, die Fallverantwortung und für ausgewählte Aspekte der individuellen psycho-sozialen Bearbeitung von Sucht. Ihr kommt damit das übergeordnete Ziel zu, durch die eigenständig verantworteten und in Handlung umgesetzten Zuständigkeiten die Genesungs- und Bewältigungsprozesse von Klienten und Klientinnen durch die Realisierung gesellschaftlicher Teilhabe und durch die Bearbeitung ausgewählter psycho-sozialer Aspekte von Sucht zu unterstützen.

Wie die Autoren des oben dargestellten Modells selbst kritisch anmerken, ist das derzeitige System der Suchtkrankenhilfe bislang nicht auf eine zusammenhängende und abgestimmte Erbringung von Leistungen ausgerichtet. Vielmehr wird es als ein zentrales Problem des bestehenden Suchthilfesystems gesehen (► Kap. 8), dass sich diese Zusammenhänge bislang nicht ausreichend strukturell niederschlagen. Der Sozialen Arbeit wird hier dementsprechend eine zentrale Kompetenz und Aufgabe bei den Zukunftsaufgaben des Systems der Suchthilfe zugewiesen mit der erwünschten Folge, dass dies auf der Strukturebene dazu führen kann, dass Ergebnisse medizinischer und psychotherapeutischer Suchtbehandlung nachhaltiger gesichert und diese Instrumente damit ressourcenschonender eingesetzt werden können. Diese notwendige, auch inhaltliche Koordination der Hilfen könnte der Beitrag der Sozialen Arbeit zur Umsetzung des Gedankens eines integrierten Gesamtversorgungsansatzes sein, wie ihn die DHS vorschlägt (Deutsche Hauptstelle für Suchtfragen 2014a: 14).

Der Vorschlag der DGSAS besticht durch seinen gradlinigen Bezug zu den von der DHS herausgearbeiteten Zukunftsaufgaben des Suchthilfesystems. Gleichwohl sind Ansätze und Fragen, die über ein Profil der Sozialen Arbeit mit einem direktem Klientenbezug hinausweisen, noch zu rudimentär konturiert. Dazu zählen vor allem Ansätze, die das *Suchtkrankenhilfesystem kritisch reflektieren* und die für eine Verbesserung des Versorgungssystems eintreten, um dieses im Sinne der Klienten und Klientinnen weiterzuentwickeln.

Hierzu gehören z. B. Fragen zu dem Wert und der Bedeutung der Freiwilligkeit in der Beratung und/oder Behandlung – ebenso wie die Frage danach, ob und wie die Soziale Arbeit auch im Sinne von ordnungspolitischen Vorstellungen instrumentalisiert werden kann oder wie Engpässe und Missstände auf einer kontinuierlichen Basis an die Politik weitervermittelt werden können (Stöver 2012). Diese Fragen betreffen zwar gleichermaßen die anderen in der Suchthilfe aktiven Professionen. Die Soziale Arbeit ist hier aber besonders ausgewiesen durch ihren emanzipatorischen Auftrag und durch ihre starken Bezüge zu Fragen der sozialen Gerechtigkeit.

Die Erschließung neuer Zielgruppen und die *Entwicklung von Zugangswegen* liegen ebenfalls in der spezifischen Kompetenzdomäne der Sozialen Arbeit. Dabei hat die Soziale Arbeit eine eigene Expertise entwickelt, die die spezifischen Voraussetzungen ihrer Zielgruppen würdigt und hierauf abgestimmte Angebote und Kommunikationsformen entwickelt. An dieser Stelle ist die Gerechtigkeitsperspektive der Sozialen Arbeit besonders bedeutsam bei der Reflektion und Entscheidung, für welche Zielgruppen Ressourcen eingesetzt werden. Darüber hinaus existiert in der Sozialen Arbeit eine besondere Sensibilität gegenüber der Definition neuer Zielgruppen im Sinne einer Vorsicht gegenüber möglichen Zuschreibungsprozessen, (Selbst-)Stigmatisierungsprozessen und unerwünschten Wirkungen im Sinne der »Self-Fulfilling Prophecy«.

Der o. g. Integrationsauftrag der Sozialen Arbeit sollte sich darüber hinaus nicht nur auf die Handlungssysteme des sozialen Nahraums begrenzen. Wie im Kapitel 1 »Sucht – Eine Erkrankung wie jede andere auch?« aufgezeigt wurde, sind suchtkranke Menschen in hohem Ausmaß von Stigmatisierung und Ausgrenzung bedroht oder betroffen, die weit über den sozialen Nahraum hinausgehen. Soziale Arbeit, die an der Schnittstelle von Individuum und Gesellschaft arbeitet, hat auch diese mit zu bearbeiten und sich über eine *entsprechende Bewusstseinsbildung und Öffentlichkeitsarbeit* zu positionieren.

12.4 Soziale Arbeit in der ambulanten Suchthilfe

Das Feld der ambulanten Suchthilfe hat sich aus dem Ehrenamt und der Fürsorge heraus entwickelt und ist in Deutschland traditionell der klassischen Sozialarbeit zugeordnet. Seit den frühen 1970er Jahren hat sich das Tätigkeitsprofil der ambulanten Suchthilfe grundlegend gewandelt und professionalisiert und konnte sich als eigenständiges Berufsfeld etablieren (Spode 2012). Bis heute sind aber die Funktionen der ambulanten Suchthilfe im Gesamtsystem Suchthilfe gesetzlich nicht normiert. Zwar ist die ambulante Suchthilfe aktuell noch mit Ressourcen ausgestattet, aber diese werden auf freiwilliger Basis von Kommunen erbracht und teilweise durch Länder, Projekte und Träger gegenfinanziert (▶ Kap. 8).

Ambulante Einrichtungen der Suchthilfe werden oftmals durch Sozialarbeiter und Sozialpädagogen geleitet – sie stellen in den Einrichtungen innerhalb der multidisziplinären Teams die mit Abstand am stärksten vertretene Berufsgruppe dar (s. o.). Die Behandlungsverantwortung übernimmt demgegenüber in den stationären Einrichtungen der Suchthilfe – wie auch in den anderen stationären Kontexten des Gesundheitswesens – die Profession der Ärzte.

Ambulante Einrichtungen der Suchthilfe umfassen ein differenziertes Angebot für Menschen mit Suchtverhalten oder ihren Vorstufen. Allein an diese Kategorisierung lässt sich die Dominanz der Medizin und ihrer Konstruktionen erkennen. Das Angebot richtet sich an die Betroffenen selbst sowie an ihr soziales Umfeld – unabhängig von der Art und Weise der konsumierten Substanz oder der Verhaltensauffälligkeit, die im Zusammenhang mit einer Abhängigkeitserkrankung steht. Die Fachkräfte sind innerhalb einer breiten Palette von Maßnahmen vorbeugend, unterstützend, beratend, behandelnd, integrierend und vermittelnd aktiv.

Zur Beschreibung des Aufgabenspektrums und der (Mindest-)Standards in der ambulanten Suchthilfe liegen eine Reihe von Ausarbeitungen der relevanten Fachverbände – Deutsche Hauptstelle für Suchtfragen (DHS), Fachverband Drogen und Rauschmittel (fdr), Deutsche Gesellschaft für Soziale Arbeit in der Suchthilfe (DGSAS) – vor:

- »Mindeststandards der ambulanten Suchthilfe« des Fachverbandes Drogen und Rauschmittel (erstmals formuliert 2005: fdr 2005; Update 2020: fdr 2020),
- »Leistungsbeschreibung für Beratungs- und Behandlungsstellen« der Deutschen Hauptstelle für Suchtfragen (DHS 1999). Die Publikationen von DHS und fdr weisen insbesondere im Bereich der Leistungsbeschreibungen zum Teil große Überschneidungen auf.
- »Kompetenzprofil der Sozialen Arbeit in der Suchthilfe und Suchtprävention« der Deutschen Gesellschaft für Soziale Arbeit in der Suchthilfe (DGSAS 2015).

Die nachfolgende Übersicht zeigt zusammengefasst und in enger Anlehnung an die o. g. Beschreibungen der Fachverbände – insbesondere von DHS und fdr – die Angebote der ambulanten Suchthilfe. Dabei wurde auf eine Darstellung der Angebote aus dem Bereich der Prävention an dieser Stelle verzichtet, da diese bereits in Kapitel 9 »Prävention« ausführlich vorgestellt und diskutiert wurden.

12.4.1 Niedrigschwelliger Kontakt/Schadensminimierung

Aufenthaltsangebote mit lebenspraktischer Hilfe

Aufenthalts- und Versorgungsorte werden durch Cafés, Kontaktläden oder Drogenkonsumräume angeboten. Klienten und Klientinnen halten sich unter Beachtung der Einrichtungsregeln in Cafés oder Kontaktläden für einige Minuten bis Stunden auf, um sich auszuruhen, um die von den Einrichtungen angebotenen

Maßnahmen der primären Überlebenshilfe wie Essen, Waschen, Duschen, Spritzentausch etc. in Anspruch zu nehmen, aber auch um soziale Kontakte zu pflegen.

Konsumräume dienen primär dazu, einer Gruppe schwerstabhängiger Drogenkonsumenten bzw. -konsumentinnen die Gelegenheit zu geben, unter hygienischen Bedingungen ihre mitgebrachten Substanzen zu injizieren. Es wird steriles Injektionsmaterial zur Verfügung gestellt; oft besteht auch die Möglichkeit der kostenlosen Verpflegung bzw. eine Anbindung an einen Kontaktladen oder andere niedrigschwellige Einrichtungen. Neben diesen Angeboten können sie die Möglichkeit der stützenden Gespräche, speziellen Beratungen oder der Vermittlung in weiterführende Hilfen wahrnehmen.

Gesundheitsvorsorge und medizinische Basisversorgung

Hierzu zählen alle Angebote, die die somatischen negativen Konsequenzen des Substanzkonsums reduzieren und das gesundheitsfördernde Verhalten der Zielgruppe unterstützen wie z. B.

- Durchführung medizinischer Untersuchungen und Basisversorgung (z. B. medizinische Diagnostik, Wundversorgung, Impfung, Verabreichung von Medikamenten, Vergabe von NaCl/Kochsalzlösung und Ascorbin, Aqua und Alkoholtupfern),
- individuelle Beratung zum HIV-Antikörpertest, Hepatitis-Test,
- Erstellung und Verteilung von Broschüren,
- Durchführung von Impfkampagnen,
- Informationsveranstaltungen oder Beratungen zu gesundheitlichen Problemen und Risiken (über Infektionswege und -risiken, Möglichkeiten des Infektionsschutzes, risikoarme Sexualpraktiken und Konsumtechniken/Applikationsformen),
- Kondomvergabe, Spritzentausch oder Betrieb von Spritzenverkaufsautomaten.

Übernachtungsangebote in Notschlafstellen

Übernachtungsangebote beziehen sich auf die Schlafplätze, die von Einrichtungen für wohnungslose Klientinnen und Klienten für eine begrenzte Zeit zur Verfügung gestellt werden. Die Klientinnen bzw. Klienten erhalten neben der Übernachtung lebenspraktische Hilfen, eine hygienische Basisversorgung und die Möglichkeit, Gespräche mit Fachkräften zu führen, um Lösungsmöglichkeiten zur Überwindung aktueller Krisensituationen bzw. Veränderungen der Lebenssituation zu initiieren.

Krisenintervention und Notfallhilfe

Krisenintervention ist kurzfristiges professionelles Handeln, das der Schadensbegrenzung bei akuten Krisen von Personen mit substanzbezogenen Störungen dient. Krisenintervention kann notwendig sein bei eskalierenden sozialen Konflikten und besonderen individuellen Notlagen. Notfallhilfe bezieht sich auf kurzfristige medizinische Akutversorgung wie z. B. Notfall- und Erste Hilfe zur Sicherung des Überlebens. Beratungen, die Organisation von Notarzteinsätzen, Rettungsdiensten sowie Veranlassung von Einweisungen, ad-hoc-Vermittlungen in adäquate Institutionen wie Noteinweisungen in Entgiftungs- oder psychiatrische Stationen von Krankenhäusern können erste Interventionsmaßnahmen darstellen.

12.4.2 Aufsuchende Maßnahmen der Betreuung und Beratung

Streetwork

Streetworkerinnen und Streetworker suchen die Klientinnen und Klienten in ihrer Lebenswelt auf der Straße auf. Sie bauen Kontakte und ein Vertrauensverhältnis zu den Substanzkonsumentinnen und -konsumenten auf, die von den Beratungsstellen nicht erreicht werden. Der Aufgabenbereich der Streetworkerinnen und Streetworker umfasst neben Kontakt-, Informations- und Beratungsarbeit die soziale Unterstützung der Konsumentinnen und Konsumenten in Krisen- und Notsituationen sowie gesundheitspräventive Maßnahmen.

Hausbesuche

Adressaten und Adressatinnen werden in ihren Wohnungen/ihrer Lebensumwelt aufgesucht, da sie aufgrund ihrer gesundheitlichen oder sozialen Situation nicht oder zeitweise nicht in der Lage sind, in eine Einrichtung der Suchthilfe zu kommen.

Aufsuchende Beratung in Justizvollzugsanstalten

Die Beratung findet in der Untersuchungshaft und im Justizvollzug statt. Es werden Gespräche zur Erleichterung der Haftsituation oder Beratungen zur Vermittlung weiterführender Hilfen durchgeführt. Eine Vermittlung wird ggf. vorbereitet und initiiert. Ehemalige Klientinnen bzw. Klienten aus dem Vollzug werden bei Bedarf weiter in Beratungsstellen betreut.

Aufsuchende Ansätze in weiteren medizinischen oder (psycho-)sozialen Versorgungsbereichen

Diese Arbeit findet aufsuchend in den u. g. Bereichen der medizinischen, pflegerischen oder psycho-sozialen Versorgung statt und umfasst beratende, betreuende, projekt- und freizeitorientierte Aktivitäten. Arbeitsagenturen, Krankenhäuser und Arztpraxen haben sich als besonders bedeutsame externe Orte erwiesen. Aufsuchende Arbeit findet statt in

- Altenheimen,
- weiteren Einrichtungen der Altenhilfe,
- Arbeits- und Beschäftigungsprojekten,
- Arztpraxen,
- Einrichtungen der Behindertenhilfe,
- Einrichtungen des Allgemeinen Sozialdienstes,
- Einrichtungen der beruflichen Integration,
- Einrichtungen der Jugendhilfe,
- Krankenhäusern,
- Migrationsdiensten,
- Sozialpsychiatrischen Diensten ohne Suchtfachkompetenz,
- Sozialstationen,
- Einrichtungen der Straffälligenhilfe,
- Einrichtungen der Wohnungslosenhilfe.

12.4.3 Maßnahmen der Beratungsstellen/Beratung

Informationsvermittlung

In der informationsorientierten Beratung geht es meist um kurzfristige – das heißt, wenige Minuten bis wenige Stunden dauernde – Gespräche zu unterschiedlichen Themen wie

- Umgang mit Betroffenen,
- Suchtentstehung, Erscheinungsformen des schädlichen Konsums bzw. der Sucht,
- körperliche und psycho-soziale Folgen des schädlichen/abhängigen Konsums oder von Suchtverhaltensweisen,
- Beratungs- und Behandlungsmöglichkeiten in der Suchthilfe und in angrenzenden Bereichen,
- Zugangsmöglichkeiten zu den Hilfeangeboten.

Diese Art der Beratung erfolgt sowohl im persönlichen Gespräch im Einzel- oder Gruppenkontakt als auch anonym per Telefon, Brief, Fax, E-Mail oder online.

Problemorientierte Beratung

Bei der problemorientierten Beratung werden in einem mittel- bis längerfristigen Beratungsprozess Ratsuchende bei der Lösung von suchtbezogenen körperlichen, psychischen und sozialen Problemen unterstützt. Die Beratung erfolgt in Form von Einzel-, Paar- oder Familiengesprächen. Nach einer eingehenden Anamnese und Diagnostik und einer Motivierungsphase kann ein Beratungsziel die Vermittlung in weiterführende Hilfemaßnahmen sein. Darüber hinaus stellt die Beratung eine unabdingbare Voraussetzung für jede Behandlung im Sinne einer Clearingfunktion dar.

Vermittlung

Bei entsprechender Indikation erfolgt in Absprache mit der Klientin bzw. dem Klienten die Weitervermittlung in entsprechende Einrichtungen oder Angebote. Die Vermittlungstätigkeit erfordert eine intensive Vorbereitung und schließt typischerweise die Motivierungsphase, die Erstellung des Sozialberichts mit Anamnese, Diagnose, Behandlungsplan und Prognose, die Antragsstellung, die Verhandlung mit Kostenträgern und Behandlungsvorbereitungsgespräche ein.

12.4.4 Betreuung

Psycho-soziale Betreuung bezeichnet alle komplexen Angebote für süchtige Klientinnen und Klienten, bei denen körperliche, psychische und/oder soziale Beeinträchtigungen vorhanden sind. Dies können abstinente oder nichtabstinente (stabile) mehrfach beeinträchtigte Abhängigkeitskranke sein, die eine mittel- bis längerfristige Unterstützung benötigen.

Die Angebote der psycho-sozialen Betreuung umfassen kontinuierliche Beratung, fortlaufende Motivation und Unterstützung in den vom Betreuten und Betreuer bzw. Betreuerin definierten Problemfeldern sowohl im sozialen Umfeld als auch im psychischen Bereich. Vorbedingung ist das Vertrauensverhältnis zwischen Unterstützer und Betreutem; Ziel ist die Wiedererlangung psycho-sozialer Kompetenzen. Die psycho-soziale Betreuung erfordert Kooperationsbezüge zu allen am medizinischen und sozialen Hilfesystem beteiligten Einrichtungen, die auch im Sinne eines Case Managements durchgeführt werden.

Psycho-soziale Betreuung Substituierter

Eine besondere Herausforderung stellt die psycho-soziale Betreuung Substituierter dar. Hierzu liegen gesonderte Leitlinien und Stellungnahmen vor, die hier zusammengefasst kurz dargestellt werden:

Die Substitution des Heroinkonsums stellt gleichermaßen eine ärztliche und psycho-soziale Behandlungsform der Drogenabhängigkeit dar. Die Entscheidung über die Durchführung einer Substitutionsbehandlung erfolgt auf der Grundlage einer ärztlichen Indikation, ebenso wird das Substitut in der Regel durch niedergelassene Ärztinnen oder Ärzte vergeben.

Die psycho-soziale Betreuung wird von geeigneten Einrichtungen – in der Regel Drogenberatungsstellen – durchgeführt und soll den Klienten und Klientinnen den unmittelbaren Zugang zu den Angeboten der Suchthilfe sichern.

Ziele der Substitutionsbehandlung sind:

- Verbesserung und Stabilisierung des Gesundheitszustandes,
- Regulierung der materiellen Lebenssituation,
- soziale Integration,

- berufliche Integration,
- Opiat- und Drogenfreiheit.

Die psycho-soziale Betreuung stellt angemessene Hilfsmaßnahmen innerhalb und außerhalb des Drogenhilfesystems zur Verfügung.

Die Unterstützungsleistungen der psycho-sozialen Betreuungseinrichtungen werden angeboten als:

- soziale Einzelfallhilfe,
- Unterstützungsmanagement,
- Einzelberatung,
- Gesprächsgruppen,
- Freizeitangebote/Workshops/Therapeutische Gruppenreisen,
- Suchttherapie.

Psycho-soziale Betreuung in Verbindung mit privat genutztem Wohnraum

Psycho-soziale Betreuung in Verbindung mit privat genutztem Wohnraum (Betreutes Wohnen) bezieht sich auf unterschiedliche Formen der Wohnbetreuung in der Suchtkrankenhilfe. Die Aufgaben der Fachkräfte bestehen darin, die Klientinnen und Klienten bei der Bewältigung alltäglicher Anforderungen (wie z. B. Erstellung eines Haushaltsplans, Einteilung des Geldes für den täglichen Bedarf, Hilfestellung bei Antragstellung für Leistungen, Krisenintervention) zu unterstützen, um ihre soziale Integration zu fördern.

12.4.5 Behandlung/Rehabilitation

Zu diesem Leistungssegment gehören sowohl die relativ neuen Behandlungsansätze der Früh- und Kurzintervention als Sonderformen der ambulanten Behandlung als auch die etablierten Ansätze der ambulanten Entgiftung, der ambulanten Rehabilitation nach der »Empfehlungsvereinbarung Ambulante Rehabilitation Sucht« und die ambulante Behandlung. Diese Maßnahmen können als einzel-, paar- oder gruppentherapeutische Intervention erfolgen, setzen spezifische Qualifikationen der Behandlerin, des Behandlers voraus (Zusatzausbildung) und erfordern ein entsprechendes Behandlungssetting (Behandlungsvertrag, festgelegte Behandlungsdauer u. ä.). Bevor eine ambulante Behandlung einsetzt, sollte geklärt werden, inwieweit somatische Komorbiditäten bzw. Folgen der substanzbezogenen Störung bei der individuellen Klientin, bei dem individuellen Klienten vorhanden sind. In diesem Zusammenhang sollte eine Kooperation mit Ärzten bzw. Ärztinnen bestehen. Die ärztliche Leistung ist damit eine ergänzende Dienstleistung für diesen Bereich.

Die in diesem Abschnitt »Behandlung« beschriebenen Leistungen orientieren sich an folgenden Teilschritten:

- Anamnese,
- Diagnose und Indikation, eventuell Vermittlung in andere Einrichtung,

- Förderung der Änderungsmotivation,
- Erarbeitung von gemeinsamen Zielen,
- Behandlungsplanung,
- Durchführung der Behandlung, Intervention,
- Abschluss des therapeutischen Prozesses,
- Kontrolle, Evaluation.

Frühintervention

Frühinterventionen bezeichnen therapeutische Maßnahmen in einem frühen Stadium des Missbrauchsverhaltens bzw. für Personen mit minimalen negativen Auswirkungen trotz eines langjährigen Konsumverhaltens. Frühinterventionen sind dadurch gekennzeichnet, dass die Fachkräfte aktiv auf Personen mit substanzbezogenen Störungen zugehen, bevor diese selbst wegen ihres Substanzproblems Hilfe suchen. Mit entsprechenden Diagnoseinstrumenten (Screeningmethoden) wird diese Zielgruppe frühzeitig erkannt, um sie mit Hilfe geeigneter Maßnahmen in Form von z. B. Aufklärungs- oder diagnostischen Gesprächen oder Informationsbroschüren zu einer Änderung ihrer riskanten Konsumgewohnheiten zu motivieren.

Kurzinterventionen

Kurzinterventionen beziehen sich auf Maßnahmen, die bei der Behandlung von substanzbezogenen Störungen jeweils für die Heilung bzw. für einen nächsten therapeutischen Schritt als absolut notwendig betrachtet werden. Sie schließen in der Regel ein zusätzliches Bündel von Maßnahmen aus, für das aufgrund des Krankheitsbildes und der Problemanalyse keine direkte Notwendigkeit besteht. Kurzinterventionen sind dadurch gekennzeichnet, dass Fachkräfte bei Personen mit substanzbezogenen Störungen eine kurze Diagnostik- und Behandlungsphase einleiten, um eine Änderung des problematischen Konsumverhaltens zu erreichen.

Ambulante Entgiftung

Je nach Substanz und Dosierung wird die Entgiftung wegen der Gefahr des Auftretens lebensbedrohlicher Zustände nur schrittweise und/oder mit Unterstützung von Medikamenten, akupunkturgestützt oder ohne Medikamentenzugabe (sogenannter kalter Entzug) durchgeführt. Die psycho-soziale Begleitung der ambulanten Entgiftung lässt sich durch eine Informationsvermittlung, die Motivationsentwicklung und die Rückfallprophylaxe in Form von Einzel- und/oder Gruppengesprächen charakterisieren. Ziel ist, auf der Grundlage einer umfassenden medizinischen, psychologischen und sozialen Diagnostik passgenaue Interventionen und Behandlungsmaßnahmen rechtzeitig durchzuführen und ambulante oder stationäre medizinische Rehabilitationsmaßnahmen einzuleiten. Die ambulante Entgiftung kann auch als eigenständige Maßnahme ohne nachfolgende Rehabilitationsmaßnahmen durchgeführt werden.

Ambulante Rehabilitation

Die ambulante Rehabilitation ist ein interdisziplinärer Arbeitsansatz, bei dem soziale, psychologische und medizinische Maßnahmen und Hilfen gleichermaßen durchgeführt werden und bei dem planvolles und zielgerichtetes therapeutisches Vorgehen zum Einsatz kommt. Sie kann sowohl als Einzelmaßnahme als auch als Anschlussbehandlung an einen stationären Aufenthalt erfolgen. Ihre Durchführung erfolgt auf der Grundlage eines von den Kostenträgern anerkannten Konzepts mit dem Ziel der Wiedereingliederung in die Erwerbstätigkeit. Die ambulante Rehabilitation ist eine Entwöhnungsbehandlung, die meist im ambulanten Setting stattfindet, aber auch als Intervalltherapie, Kombinationstherapie oder aber auch teilstationär durchgeführt werden kann. Motivationsklärung, Diagnostik und Indikationsstellung sind Voraussetzungen der Behandlung. Weiterhin sind die individuelle – und prozessorientierte – Zielfindung und die Erarbeitung eines individuellen Behandlungsplanes anhand anamnestischer Daten zu leisten.

Verschiedene psychotherapeutische Interventionen wie das Training sozialer Kompetenzen, das Training von Kommunikations- und Problemlösefertigkeiten, der Umgang mit Stress- und Konfliktsituationen, der Umgang mit Risikosituationen und – je nach Komorbidität – die Behandlung der komorbiden Störung können dabei integriert sein. Fachkräfte benötigen eine anerkannte therapeutische Zusatzqualifikation, um eine ambulante Rehabilitation durchführen zu können.

Ambulante Behandlung

Mit der ambulanten Behandlung wird die individuelle Bearbeitung von psychischen, sozialen und Verhaltensproblemen und -störungen charakterisiert, bei der eine tiefergehende Persönlichkeitsveränderung bzw. eine Neuorientierung auf der Verhaltens-, kognitiven, psychischen und sozialen Ebene erfolgen soll. Die Durchführung der Behandlung erfolgt auf der Grundlage des vorhandenen klinisch-psychologischen Störungs- und Interventionswissens und muss den individuellen Klientinnen- bzw. Klientengegebenheiten angepasst werden (z. B. Entwöhnungsbehandlungen bei Substanzabhängigen, Rückfallprophylaxe bei Abstinenten, spezielle Raucherentwöhnungsgruppen bei Nikotinabhängigen, Behandlung von alkoholauffälligen Kraftfahrern und -fahrerinnen). Fachkräfte benötigen eine anerkannte therapeutische Zusatzqualifikation, um eine ambulante Behandlung durchführen zu können.

Nachsorge

Maßnahmen der Nachsorge sind Teil der medizinischen Rehabilitation Abhängigkeitskranker im Sinne der Vereinbarung Abhängigkeitserkrankungen. Da dort jedoch keine weitergehenden Aussagen zur Nachsorge getroffen werden, werden hier ergänzend diese Leistungen beschrieben. Die Nachsorge umfasst alle Angebote, die im Anschluss an eine stationäre Behandlung/Rehabilitation das bisher Erreichte sichern. Die Nachsorge schließt sich an eine stationäre Rehabilitation möglichst nahtlos an. Sie wird in der Fachklinik vorbereitet und wird meist von der vermittelnden ambulanten Stelle durchgeführt. Die Nachsorge kann in Einzelgesprächen und/oder eigenen Nachsorgegruppen stattfinden. Eine besondere Bedeutung hat die Vermittlung in Selbsthilfegruppen. Fachkräfte benötigen eine anerkannte therapeutische Zusatzqualifikation, um die Nachsorge durchführen zu können.

12.4.6 Soziale Integration

Integrationshilfen beziehen sich auf alle Angebote, die der sozialen Wiedereingliederung von Menschen mit substanzbezogenen Störungen dienen. Sie werden innerhalb der ambulanten Beratung und psycho-sozialen Betreuung, im Rahmen der Entwöhnungsbehandlung und des Betreuten Wohnens durchgeführt. Diese Maßnahmen setzen dementsprechend an unterschiedlichen Stellen des Verbundsystems der Suchtkrankenhilfe an. Ziele der Integrationshilfen sind, die Klientinnen und Klienten zu motivieren und zu unterstützen, die Anforderungen des Alltags konstruktiv zu bewältigen. Hier kommt dem Case Management als eine Arbeitsform für die einrichtungsübergreifende Beratung und Betreuung eine wichtige Rolle zu.

Integrationshilfen werden auf vielfältige Weise geleistet: als Unterstützung bei der Freizeitgestaltung und dem Aufbau von Beziehungen, als Betreutes Wohnen und wohnungssichernde Hilfe, als Vermittlung und begleitende Beratung und Betreuung in schulische und berufliche Bildungsmaßnahmen, als Vermittlung und begleitende Beratung und Betreuung in Arbeit und Beschäftigung, im Kontext von Entschuldung und als Krisenintervention und Rückfallprophylaxe. Da viele Angebote – z. B. schulische und berufliche Bildungsmaßnahmen – zurzeit von den Einrichtungen der Suchthilfe selbst nicht vorgehalten werden (können), muss in diese Angebote vermittelt werden. Der Vernetzungsgedanke ist dadurch insbesondere in diesem Sektor zentral. Um zusätzliche Leistungen zu erschließen und/oder zu organisieren, muss mit Angeboten außerhalb des Suchthilfesystems kooperiert werden.

Eine besondere Rolle nimmt im Kontext der Integration die Selbsthilfe ein: Beratungsstellen fördern und unterstützen die Sucht-Selbsthilfe durch Initiativen zur Neugründung von Gruppen und durch die Vermittlung von Kontakten zu den Selbsthilfeverbänden. Informationsangebote, Besprechungen und Qualifizierungsangebote für Gruppenverantwortliche finden im Rahmen der Beratungsstellenarbeit statt. Geeignete Räume werden zur Verfügung gestellt. Bei Bedarf erhalten die ehrenamtlichen Mitarbeiter professionelle Unterstützung. Je nach Situation vor Ort werden sie bei Hausbesuchen, Erstkontakten, Informationsvermittlungen u. a. einbezogen. Die Klientinnen und Klienten sowie Bezugspersonen werden zum Besuch einer Selbsthilfegruppe motiviert und auch dahin vermittelt.

12.4.7 Institutionelle Arbeit, Koordination, Kooperation und Öffentlichkeitsarbeit

Die Arbeit der ambulanten Suchthilfe erfordert in hohem Maße eine enge institutionelle Kooperation. Auch die Mitwirkung bei sozialpolitischer Meinungsbildung in der Öffentlichkeit und bei Entscheidungsträgern auf städtischer, Landes- und Verbandsebene gehört zum Aufgabenbereich der Träger und Einrichtungen. Mit einer qualifizierten Öffentlichkeitsarbeit werden Betroffene, (psycho-)soziale Dienste, medizinische Einrichtungen, und weitere Kooperationspartner sowie die Medien erreicht.

12.4.8 Zusammenfassung und Diskussion

Die ambulante Suchthilfe hat sich in Deutschland zu einem eigenständigen Arbeitsfeld innerhalb der kommunalen Versorgung entwickelt, das mit einem umfassenden und ausgearbeiteten Leistungsangebot auf die psychischen, somatischen und sozialen Aspekte von Suchtentstehung und Suchtbewältigung in der Gemeinde zielt.

Alle dargestellten Arbeitsbereiche werden durch Fachkräfte der Sozialen Arbeit wahrgenommen. Manche Arbeitsbereiche knüpfen direkt an Theorien und Methoden der Sozialen Arbeit an, insbesondere die schadensminimierenden Hilfen und der Bereich der Integrationsmaßnahmen. Aber auch der behandelnde Bereich der ambulanten Rehabilitation ist grundsätzlich für Fachkräfte der Sozialen Arbeit – bei Vorliegen einer entsprechenden therapeutischen Zusatzqualifikation – zugänglich, dies gilt im Übrigen ebenso für Psychologen, Diplom-Pädagogen und Ärzte. Eine Fachexpertise entwickelt sich hier im Zuge der Klinischen Sozialarbeit, die ebenso ein fachliches Fundament für die stark vertretene Beratungsarbeit bereitstellt (Pauls 2013).

Die Aufstellung der Arbeitsbereiche bietet keine Auskunft darüber, welche Arbeitsschwerpunkte ›typischerweise‹ in der ambulanten Suchthilfe vorzufinden sind. Der Jahresbericht der deutschen Suchthilfestatistik (Dauber et al. 2016) zeigt, dass die Suchtberatung mit 85 Prozent den mit Abstand größten Teil der durchgeführten Maßnahmen in der ambulanten Suchthilfe darstellt. Ein wesentlich kleinerer, aber durchaus relevanter Anteil entfällt bei den Hauptdiagnosen Alkohol (14 Prozent), pathologisches Glücksspielen (12 Prozent), Kokain (10 Prozent) und Stimulanzien (6 Prozent) auf die ambulante Rehabilitation. Die psycho-soziale Begleitbetreuung bei Substitution macht ebenfalls einen substanziellen Anteil der Maßnahmen aus, wobei diese naturgemäß nur bei Opioid-Diagnosen (46 Prozent) angezeigt ist (ebenda).

Weitere Hinweise zur Strukturierung des Arbeitsfeldes bietet eine explorative Arbeitsfeldstudie von Hansjürgens (2015), die unter Sozialarbeitern, Sozialarbeiterinnen, Sozialpädagogen und Sozialpädagoginnen, die in ambulanten Beratungsstellen tätig waren, durchgeführt wurde. Die Befragten berichteten in Übereinstimmung und ergänzend mit der o. g. Suchthilfestatistik, dass auf der Ebene der direkten Klientenarbeit ein multiperspektivisches Fallverstehen einen sehr großen

Raum einnimmt. Eine explizit diagnostische Herangehensweise erweist sich als Grundlage für die Gestaltung des Arbeitsbündnisses und für alle weiteren Tätigkeiten der Fachkräfte. Fallverstehen und Arbeitsbündnis sind zentral, um die in der Regel vorhandene Ambivalenz – explizit auch in Zwangskontexten (z. B. Druck durch den Arbeitgeber, Familienmitglieder, Führerscheinstelle) – bearbeiten zu können. Die Bearbeitung der Ambivalenz führt dann in der Interventionsphase entweder zu einer Vermittlung in weiterführende Hilfen, zu einer problemzentrierten Beratung innerhalb der Einrichtung oder zu einer (vorläufigen) Beendigung des Kontaktes (ebenda). Auf der strukturellen Ebene wurden von den Befragten vorrangig Aufgaben der Kooperation und Vernetzung genannt, die sowohl suchtbezogene als auch nicht primär suchtbezogene Hilfen umfassten. Als konkrete Elemente der Netzwerkarbeit wurde zum einen die Moderation/Mitarbeit in Arbeitskreisen genannt, zum anderen Kooperation und Konfliktmanagement mit zunächst eher losen Kontakten, die sich zu interinstitutionellen und formalisierten Kooperationen – z. B. mit Einrichtungen der Jugendhilfe, Betrieben oder Einrichtungen der Arbeitsvermittlung – entwickeln (ebenda).

Über alle Arbeitsbereiche hinweg, aber insbesondere in der ambulanten Suchthilfe, in der die Beratungsarbeit so prominent vertreten ist, zeigt sich die Arbeit an der Motivation der Klienten und Klientinnen durchgängig als zentral und charakteristisch. In der Suchthilfe hat sich vor diesem Hintergrund eine spezifische Expertise entwickelt, die sich damit befasst, wie die Entwicklung von Motivation und Verhaltensänderung zu verstehen ist und wie Menschen in der Motivationsbildung und in der Entwicklung einer Veränderungsbereitschaft professionell unterstützt und begleitet werden können. Das Konzept der Motivierenden Gesprächsführung (Miller und Rollnick 2015) ist vor diesem Hintergrund auch als eine Schlüsselqualifikation für alle Bereiche der Suchthilfe zu verstehen. Sie ist deswegen so bedeutsam, da sie

1. ein Verständnis für die Konstrukte von Motivationsbildung, Widerstand und Veränderungsbereitschaft bereitstellt,
2. ein Bild vermittelt über die Prozesse der Verhaltensänderung bei Sucht und Suchtgefährdung,
3. für die Beratung zugleich eine grundlegende Haltung wie auch Gesprächsführungsmethoden präsentiert, die
4. gleichermaßen anwendbar sind in kurzen Gesprächssequenzen, die eher typisch im Streetwork oder anderen zugehenden Hilfen sind, wie auch in mittel- und langfristige Beratungsprozessen und bei der Konzeptualisierung von Gruppenangeboten.

Motivierende Gesprächsführung ist auch international weit verbreitet, empirische Studien belegen die Wirksamkeit der Motivierenden Gesprächsführung zur Einleitung von Verhaltensänderungen. Vor diesem Hintergrund soll der motivierenden Gesprächsführung an dieser Stelle eine besondere Bedeutung zukommen und sie wird deswegen ausführlicher dargestellt.

12.5 Motivierende Gesprächsführung

12.5.1 Motivation, Widerstand und Verhaltensänderung

Über Jahrzehnte hinweg galten bzw. gelten noch heute in der Suchtarbeit das Abstreiten oder die Verharmlosung eigener Probleme im Kontext des Substanzgebrauchs sowie eine fehlende Veränderungsmotivation als zentrale Krankheitsmerkmale oder gar als Persönlichkeitsmerkmale Suchtmittelabhängiger. Begrifflichkeiten wie »fehlender Leidensdruck« oder »fehlende Mitwirkungsbereitschaft« illustrieren diese Perspektive. Sie wurden als Kennzeichen der bio-medizinischen Sicht auf das Krankheitsgeschehen analysiert (▶ Kap. 10). Die daran anknüpfenden Interventionen lauten dann dementsprechend: »Konfrontieren«, »Druck machen«, »den Abhängigen auf eine Diagnose festnageln« oder »Überzeugungs- und Überredungskünste walten« lassen. Es folgen daraus dann oftmals aufreibende und frustrierende Interaktionen, bei denen der Berater bzw. die Beraterin immer mehr und stärkere Beweise für eine vorliegende Störung und Argumente für eine Veränderung vorbringt und der Klient, die Klientin sich immer geschickter und defensiver gegen eine Veränderung zur Wehr setzt.

Eine völlig andere Sicht- und Herangehensweise wurde von Miller und Rollnick (2015) mit der Motivierenden Gesprächsführung entwickelt und vorgelegt. Das Konzept gibt den binären Code von »Motiviert-Sein« und »Nicht-motiviert-Sein« auf und ersetzt ihn durch »Ambivalenzen«. Desgleichen wird vorausgesetzt, dass eine Verhaltensänderung in Hinblick auf schädlichen oder abhängigen Substanzkonsum zwar ein sehr großer Schritt ist, der sich aber in verschiedene Phasen strukturiert und dementsprechend auch schrittweise begleiten und fördern lässt.

Basierend auf dem transtheoretischen Phasenmodell der Veränderungsbereitschaft von Prochaska, Norcross und DiClemente (1997) ist die Motivation zwar die Hauptaufgabe des Beraters und der Beraterin, die jeweiligen Methoden und Strategien variieren aber entlang der jeweiligen Phasen des Veränderungsprozesses. Ein Veränderungsprozess durchläuft entlang dieses Modells sechs Phasen. Für das Erreichen einer Phase ist das Durchlaufen der vorausgegangenen Phase Voraussetzung, jedoch sind ›Rückfälle‹, z. B. von der Phase der Aufrechterhaltung in die Phase der Absichtsbildung jederzeit möglich. Eine Beratung basiert auf der korrekten Einschätzung, das heißt einer »Diagnose« des jeweiligen Stadiums der Veränderungsbereitschaft des Klienten. Das Beratungsziel liegt u. a. darin, den Klienten oder die Klientin von einer Phase zur nächsten zu begleiten bzw. zu führen (▶ Tab. 12).

Ein zentrales Konstrukt in der Motivierenden Gesprächsführung ist die Annahme von Ambivalenzen, die in unterschiedlichem Ausmaß bewusst sein können (Miller und Rollnick 2015: 31–33). Aus der Perspektive des Konsumenten und der Konsumentin gibt es auf der einen Seite gute Gründe für den Substanzgebrauch und dementsprechend gegen eine Änderung des aktuellen Konsumverhaltens. Diese Gründe können in einem direkten Zusammenhang mit der Funktionalität des Substanzkonsums stehen (▶ Kap. 2) oder sich während der Suchtgeschichte entwickelt haben. Gründe für die Beibehaltung des Konsumverhaltens können z. B. die Befürchtung sein, dass Ängste und Depressionen stärker wahrnehmbar werden, dass

12.5 Motivierende Gesprächsführung

Tab. 12: Das Phasenmodell von Prochaska et al. und Interventionsformen

	Absichtslosigkeit	Absichtsbildung	Vorbereitung	Handlung	Aufrechterhaltung	Schluss und Dauerhafte Aufrechterhaltung
Kennzeichen	Es besteht kein Bedürfnis einer Änderung, Funktionalität des Substanzkonsums dominiert die Wahrnehmung, Risiken oder Schäden werden kaum oder nicht wahrgenommen.	Ambivalente Erkenntnis, dass das eigene Verhalten problematisch sein könnte, Vor- und Nachteile des Substanzkonsums werden wahrgenommen.	Vage Absichten der Verhaltensänderung werden formuliert, keine Selbstverpflichtung erkennbar.	Aktive, konkrete Schritte der Verhaltensänderung werden vorgenommen.	Längerer Zeitraum der Verhaltensänderung wurde erlebt.	Stabiler, andauernder Zustand ohne Problemverhalten.
Aufgaben und Interventionen des Beraters und der Beraterin	Förderung eines Problembewusstseins durch Informationen, Feedback zum problematischen Verhalten, Sensibilisierung für Wünsche und Ziele über den gegenwärtigen Zustand hinaus.	Auflösung vorhandener Ambivalenzen z. B. durch Kosten-Nutzen-Analyse (Waage), Entwicklung eigener Vorstellungen und Werte, Aufzeigen von Diskrepanzen.	Unterstützung bei der Zielplanung durch z. B. Informationen über Möglichkeiten der Änderung (ambulant/stationär/kontrolliertes Trinken etc.).	Stärkung der Selbstwirksamkeitserwartung und des Vertrauens in die eigenen Fähigkeiten durch z. B. Reflexion früherer Erfolge.	Stabilisierung, Konsolidierung der Verhaltensänderung, z. B. durch Beratung/Programme der Rückfallprophylaxe.	Beendigung, Ablösung.

Eigene Darstellung

Langeweile oder Unruhe auftritt oder dass der Verlust des ›nassen‹ Freundeskreises droht. Doch der Konsument hat gleichzeitig auch einiges davon, sein Verhalten zu ändern: Oftmals droht z. B. Arbeitsplatzverlust, Verlust des Führerscheins, die Erziehungsfähigkeit kann auf dem Spiel stehen oder gesundheitliche Beeinträchtigungen zeigen sich. Mit dieser Perspektive der Ambivalenz trägt der Konsument/Abhängige die Lösung des Problems bereits in sich. Mit verschiedenen Methoden des »Change Talk« unterstützt der Berater den Klienten dabei, die Gründe für eine Veränderung verstärkt in die bewusste Wahrnehmung zu rücken und der eigenen Veränderungsfähigkeit (Selbstwirksamkeitsüberzeugung) zu vertrauen. Damit ist die Motivierende Gesprächsführung zugleich non-direktiv und direktiv: Die Sichtweise, dass der Klient sich durchaus sinnhaft bzw. funktional verhält, impliziert die Achtung und Akzeptanz für den Klienten und seines Gewordenseins. Auf der Basis dieser Haltung wird der Klient mit Hilfe der konkreten Techniken aber direktiv in die Richtung der Veränderung unterstützt.

12.5.2 Die Prinzipien der Motivierenden Gesprächsführung

Die Motivierende Gesprächsführung basiert auf vier fundamentalen Prinzipien, die mit unterschiedlichen Schwerpunktsetzungen in allen Phasen relevant sind (Miller und Rollnick 2015: 58–65). Des Weiteren hat die Motivierende Gesprächsführung eine Vielzahl von Gesprächsführungstools hervorgebracht, die ebenfalls ausführlich im o. g. Werk dargestellt werden.

> **Prinzipien der Motivierenden Gesprächsführung**
>
> - *Ausdruck von Empathie und Wertschätzung*
>   Entsprechend der klientenzentrierten Gesprächsführung bzw. der humanistischen Psychologie von Carl Rogers wird in der Motivierenden Gesprächsführung davon ausgegangen, dass ein annehmender und verstehender Zugang Kräfte im Klienten freisetzt, die es ihm ermöglichen, neue Sichtweisen zuzulassen und diese zumindest gedanklich durchzuspielen. Achtung für den Klienten und das Bestreben, die Autonomie des Klienten zu bewahren, sind somit für die Motivierende Gesprächsführung fundamental.
> - *Entwicklung von Diskrepanzen*
>   Basierend auf der Theorie der kognitiven Dissonanz von Festinger (2012) wird davon ausgegangen, dass bei Menschen dann Veränderungsimpulse ausgelöst werden, wenn sie Unvereinbarkeiten und Widersprüche im eigenen Denken und in der eigenen Wahrnehmung feststellen. Die Motivierende Gesprächsführung hat eine Reihe von Werkzeugen entwickelt, die mögliche Diskrepanzen ins Bewusstsein heben. Typische Diskrepanzen im Kontext von Suchtentwicklung und Suchtverhalten liegen oftmals zwischen Wertvorstellungen, Zielen und Zukunftswünschen und dem gegenwärtigen Konsumverhalten oder zwischen Unbehagen/Kosten des gegenwärtigen Verhaltens gegenüber den möglichen Vorteilen einer Veränderung.

- *Geschmeidiger Umgang mit Widerstand*
  Besonderes Gewicht wird in der Motivierenden Gesprächsführung auf das Verständnis und den Umgang mit Widerstand gelegt. Widerstand wird nicht als mangelnde Motivation oder Einsichtsfähigkeit gedeutet, sondern als Interaktionsstörung zwischen Berater und Klient, als eine Reaktion des Klienten auf den Zwangskontext, in denen auch Beratungen stattfinden können, oder auch als ein Ausdruck einer noch nicht ausreichend bearbeiteten Ambivalenz. Widerstand wird dementsprechend nicht konfrontativ begegnet, sondern eher umgelenkt, z. B. durch Reflexionen (Miller und Rollnick 2015: 139–154).
- *Förderung der Selbstwirksamkeit*
  Die Zuversicht, der Optimismus bzw. der Glaube eines Menschen, sein (Sucht-)Verhalten ändern zu können, ist ein guter Prädiktor dafür, ob er sein Verhalten tatsächlich ändern wird. Es handelt sich um den Glauben an sich selbst, auch widrige Umstände und Herausforderungen bewältigen zu können. Dementsprechend wird in der Motivierenden Gesprächsführung Wert daraufgelegt, diese Zuversicht (»Selbstwirksamkeitserwartung«) beim Klienten zu fördern, z. B. durch Bezug auf frühere erfolgreiche Verhaltensänderungen des Klienten oder Erfolge von anderen (Miller und Rollnick 2015: 155–173).

Weiterführende Literatur

Fachverband Drogen und Rauschmittel (Hg.), 2005, *Mindeststandards der ambulanten Suchthilfe: Vorschläge des Fachverbandes Drogen und Rauschmittel e. V. zu den Arbeitsgrundlagen von ambulanten Hilfen für Suchtkranke*, abgerufen am 26. 10. 2022, unter: https://www.fdr-online.in fo/wp-content/uploads/2019/12/FDRMindeststandardsAmbSH.pdf.

Miller, W. R. & Rollnick, S., 2015, *Motivational Interviewing*, 3. Auflage, Lambertus, Freiburg im Breisgau.

Sommerfeld, P., Dällenbach, R., Rüegger, C. & Hollenstein, L., 2016, *Klinische Soziale Arbeit und Psychiatrie: Entwicklungslinien einer handlungstheoretischen Wissensbasis*, Springer Fachmedien, Wiesbaden.

Literaturverzeichnis

Albrecht, G. & Groenemeyer, A. (Hg.), 2012, *Handbuch soziale Probleme*, 2. Auflage, VS Verlag für Sozialwissenschaften, Wiesbaden.

Anonyme Alkoholiker Interessensgemeinschaft e. V. (Hg.), 2021, *Anonyme Alkoholiker. Ein Bericht über die Genesung alkoholkranker Männer und Frauen.* 2., rev. Auflage, Alcoholics Anonymous World Services, Inc., New York

Antonovsky, A., 1987, *Unraveling the Mystery of Health: How People Manage Stress and Stay Well*, Jossey-Bass, San Francisco.

Atzendorf, J., Rauschert, C., Seitz, N.-N., Lochbühler, K. & Kraus, L., 2019, The Use of Alcohol, Tobacco, Illegal Drugs and Medicines – an Estimate of Consumption and Substance-Related Disorders in Germany. *Deutsches Ärzteblatt international*, 116, 35/36, 577–584, unter https://doi.org/10.3238/arztebl.2019.0577.

Auernheimer, G. (Hg.), 2001, *Migration als Herausforderung für pädagogische Institutionen*, VS Verlag für Sozialwissenschaften, Wiesbaden.

Babitsch, B., Ducki, A. & Maschewsky-Schneider, U., 2016, Geschlecht und Gesundheit, in: K. Hurrelmann and O. Razum (Hg.), *Handbuch Gesundheitswissenschaften*, 6. Auflage, 639–657, Beltz Juventa, Weinheim, Basel.

Babor, T. & Kraus, L., 2005, *Alkohol – kein gewöhnliches Konsumgut: Forschung und Alkoholpolitik*, Hogrefe, Göttingen.

Badry, E. (Hg.), 2003, *Pädagogik: Grundlagen und sozialpädagogische Arbeitsfelder*, 4. Auflage, Kluwer, München/Unterschleißheim.

Banz, M., 2019, Glücksspielverhalten und Glücksspielsucht in Deutschland. Ergebnisse des Surveys 2019 und Trends, in: *BZgA-Forschungsbericht*, unter https://doi.org/10.17623/BZGA:225-GS-SY19-1.0.

Barsch, G., 2007, Drogenkonsum und soziale Ungleichheit, in: B. Dollinger und H. Schmidt-Semisch (Hg.), *Sozialwissenschaftliche Suchtforschung*, 213–234, VS Verlag für Sozialwissenschaften, Wiesbaden.

Barth, J. & Bengel, J., 1998, *Prävention durch Angst? Stand der Furchtappellforschung*, BZgA, Köln.

Bartsch, G., 2017, Versorgung abhängigkeitskranker Menschen in Deutschland, in: Deutsche Hauptstelle für Suchtfragen (DHS) (Hg.), *DHS Jahrbuch Sucht 2017*, 161–176, Pabst Science Publishers, Lengerich.

Batra, A. & Bilke-Hentsch, O. (Hg.), 2012, *Praxisbuch Sucht: Therapie der Suchterkrankungen im Jugend- und Erwachsenenalter*, Georg Thieme-Verlag, Stuttgart.

Bauer, R., 2014, *Sucht zwischen Krankheit und Willensschwäche*, Francke, Tübingen.

Baumgärtner, T. & Kestler, J., 2014, *Suchtmittelgebrauch, Computerspielverhalten, Internetnutzung und Glücksspielerfahrungen von Jugendlichen in Hamburg und drei kommunalen Modellregionen in Deutschland: Deskriptive Ergebnisse der SCHULBUS-Studie 2012*, Hamburg, abgerufen am 26.10.2022, unter: https://www.hamburg.de/contentblob/6530528/53931fd4540a4eb0833b933bb3e0a4d6/data/2016-07-12-bgv-schulbus-studie-volltext.pdf.

Berke, S., 2016, *Familienproblem Alkohol: Wie Angehörige helfen können*, 6. Auflage, Schneider Verlag Hohengehren, Baltmannsweiler.

Bernard, C., 2016, Gender und illegale Drogen: ein Überblick, in: M. Tödte und C. Bernard (Hg.), *Frauensuchtarbeit in Deutschland: Eine Bestandsaufnahme*, 15–44, Transcript-Verlag, Bielefeld.

Bilke, O., Küstner, U. & Thomasius, R. (Hg.), 2005, *Familie und Sucht. Grundlagen, Therapiepraxis, Prävention*, Schattauer, Stuttgart.

Bischof, G., 2012, Das »Community Reinforcement and Family Training« CRAFT, *SuchtMagazin* 1, 30–32.

Bischof, G., 2017, *Die Stärkung der Angehörigen: Stand der Forschung*, Lübeck, Universität zu Lübeck – Zentrum für Integrative Psychiatrie (ZIP), zuletzt angerufen am 29.9.2017, unter: http://www.dhs.de/fileadmin/user_upload/pdf/Veranstaltungen/Selbsthilfekonferenz_2 017/Staerkung_der_Angeho erigen_Bischof.pdf.

Bischof, G., Iwen, J., Müller, C., Bischof, A. & Rumpf, H.-J., o.J., *Abschlussbericht Projekt »Psychosoziale Intervention bei Angehörigen von Personen mit chronischer Alkoholabhängigkeit«: Förderschwerpunkt zur versorgungsnahen Forschung Chronische Krankheiten und Patientenorientierung*, Lübeck, Universität zu Lübeck Klinik für Psychiatrie und Psychotherapie, abgerufen am 29.9.2017, unter: https://d-nb.info/1084029707/34.

Böhnisch, L., 2013, *Soziale Arbeit: eine problemorientierte Einführung*, Klinkhardt Verlag, Bad Heilbrunn.

Böhnisch, L., 2016, *Lebensbewältigung: Ein Konzept für die Soziale Arbeit*, Beltz Juventa, Weinheim, Basel.

Böhnisch, L., 2017, *Sozialpädagogik der Lebensalter: Eine Einführung*, 7. Auflage, Beltz Juventa, Weinheim, Basel.

Böllert, K., 2015, Prävention und Intervention, in: H.-U. Otto und H. Thiersch (Hg.), *Handbuch Soziale Arbeit: Grundlagen der Sozialarbeit und Sozialpädagogik*, 5. Auflage, 1227–1232, Ernst Reinhardt Verlag, München, Basel.

Brand, H., Steppan, M., Künzel, J. & Pfeiffer-Gerschel, T., 2015, Bildung und Sucht: Eine explorative Untersuchung im Rahmen der Deutschen Suchthilfestatistik, *SUCHT*, 61, 2, 69–78.

Braun, B., Brand, H. & Künzel, J., 2016, *Deutsche Suchthilfestatistik*, München, abgerufen am 29.9.2017, unter: http://www.ift.de/download.html.

Braun, B., Kraus, L., Ludwig, M. & Sleczka, P., 2014, *Pathologische Glücksspieler in der ambulanten Suchthilfe in Bayern: Trends 2001–2012*, Kurzbericht, abgerufen am 26.10.2022, unter: https://www.lsgbayern.de/fileadmin/user_upload/lsg/IFT_Materialien/2016-11-22_Ambu lante_und_stat._Behandlung_in_Bayern.pdf.

Braun, B., Künzel, J., Specht, S. & Dauber, H., 2017, Jahresstatistik 2015 der professionellen Suchtkrankenhilfe, in: Deutsche Hauptstelle für Suchtfragen (DHS) (Hg.), *DHS Jahrbuch Sucht 2017*, 117–202, Pabst Science Publishers, Lengerich.

Braun, B., Ludwig, M., Kraus, L., Kroher, M. & Bühringer, G., 2013, Ambulante Suchthilfe für pathologische Glücksspieler in Bayern: Passung zwischen Behandlungsbedarf und -angebot, *Suchttherapie* 14, 1, 37–45.

Brueck, R. & Demmel, R., 2016, *Praxisbuch Sucht: Therapie der Suchterkrankungen im Jugend- und Erwachsenenalter*, 2. Auflage, Georg Thieme-Verlag, Stuttgart, New York.

Bühler, A. & Bühringer, G., 2016, Evidenzbasierung in der Suchtprävention – Konzeption, Stand der Forschung und Empfehlungen, in: U. Walter und U. Koch (Hg.), *Prävention und Gesundheitsförderung in Deutschland: Konzepte, Strategien und Interventionsansätze der Bundeszentrale für gesundheitliche Aufklärung*, 55–67, BZgA, Köln.

Bühler, A. & Thrul, J., 2013, *Expertise zur Suchtprävention*, Köln.

Bundesagentur für Arbeit, 2019, *Berichte: Blickpunkt Arbeitsmarkt – Der Arbeitsmarkt in Deutschland 2018.: Jahresstatistik der Bundesagentur für Arbeit*, Nürnberg.

Bundesagentur für Arbeit, 2022, *Arbeitslosenquote in Deutschland im Jahresdurchschnitt von 2005 bis 2022*. abgerufen am 9.11.2022, unter: https://de.statista.com/statistik/daten/studie/1224/ umfrage/arbeitslosenquote-in-deutschland-seit-1995/

Bundesarbeitsgemeinschaft Wohnungslosenhilfe, 2021, *Soziale Situation in Deutschland. Wohnungslosigkeit*. Abgerufen am 9.11.2022, unter: https://www.bpb.de/kurz-knapp/zahlen-und-fakten/soziale-situation-in-deutschland/61797/wohnungslosigkeit/

Bundesärztekammer, Deutsche Gesellschaft für Psychiatrie und Psychotherapie, Psychosomatik und Nervenheilkunde, Bundesministerium für Gesundheit & Drogenbeauftragte der Bundesregierung (Hg.), 2016, *S3-Leitlinie Methamphetaminbezogene Störungen*, Springer, Berlin, Heidelberg.

Bundeskriminalamt, 2016, *Polizeiliche Kriminalstatistik Bundesrepublik Deutschland: Einzelne Straftaten/-gruppen und ausgewählte Formen der Kriminalität*, Jahrbuch 2016, Bd. 4, abgerufen am 29.9.2017, unter: https://www.bka.de/DE/AktuelleInformationen/StatistikenLagebilder/PolizeilicheKriminalstatistik/PKS2016/pks2016_node.html.

Bundeskriminalamt, 2019, *Rauschgiftkriminalität. Bundeslagebild 2018* (Lagebilder Bundeskriminalamt.). Wiesbaden. Bundeskriminalamt.

Bundeszentrale für gesundheitliche Aufklärung, 2014, *Glücksspielverhalten und Glücksspielsucht in Deutschland: Ergebnisse des Surveys 2013 und Trends*, BZgA, Köln, abgerufen am 9.8.2017, unter: http://www.medienpolitik.net/wp-content/uploads/2014/02/Ergebnisberi cht_Gluecksspielsucht_2013.pdf.

büro für suchtprävention der hamburgischen landesstelle für suchtfragen e. V. (Hg.), 2014, *Migration – Sucht – Transkulturalität*, unter: http://www.sucht-hamburg.de/shop-kategorie/broschueren-ratgeber/item/migration-sucht-transkulturalitaet.

Bush, K., Kivlahan, D. R., McDonell, M. B., Fihn, S. D. & Bradley, K. A., 1998, The AUDIT Alcohol Consumption Questions (AUDIT-C): An Effective Brief Screening Test for Problem Drinking. Ambulatory Care Quality Improvement Project (ACQUIP). Alcohol Use Disorders Identification Test, *Archives of Internal Medicine*, 158, 16, 1789–1795.

Carl, C., 2012, *Die Einflüsse der Angehörigen nutzen: CRAFT als Methode für die Soziale Arbeit mit Angehörigen substanzabhängiger Menschen*, Zürich, abgerufen am 26.10.2022, unter: https://docplayer.org/43577245-Die-einfluesse-der-angehoerigen-nutzen.html.

Chassé, K. A. & Wensierski, H.-J. v. (Hg.), 2008, *Praxisfelder der Sozialen Arbeit: Eine Einführung*, 4. Auflage, Juventa, Weinheim.

Czycholl, D. & Barth, W., 2005, Sucht – Migration – Hilfe: Vorschläge zur interkulturellen Öffnung der Suchthilfe und zur Kooperation von Migrationsdiensten und Suchthilfe, Neuland, Geesthacht.

Dauber, H., Specht, S., Künzel, J. & Braun, B., 2016, *Suchthilfe in Deutschland 2015: Jahresbericht der Deutschen Suchthilfestatistik (DSHS)*, München, abgerufen am 29.9.2017.

Daumann, J. & Gouzoulis-Mayfrank, E., 2015, *Amphetamine, Ecstasy und Designerdrogen*, Kohlhammer, Stuttgart.

Degenhardt, L., Chiu, W.-T., Sampson, N., Kessler, R. C., Anthony, J. C. & Angermeyer, M. et al., 2008, Toward a Global View of Alcohol, Tobacco, Cannabis, and Cocaine Use: Findings unter: the WHO World Mental Health Surveys, *PLoS medicine* 5, 7, e141.

Der Paritätische Gesamtverband, 2022, *Zwischen Pandemie und Inflation. Paritätischer Armutsbericht 2022*. Der Paritätische Gesamtverband. Abgerufen am 9.11.2022, unter: https://www.der-paritaetische.de/themen/sozialpolitik-arbeit-und-europa/armut-und-grundsicherung/armutsbericht-2022/.

Dethlefs, V., 2016, Angehörige Frauen von suchtkranken Menschen, in: M. Tödte und C. Bernard (Hg.), *Frauensuchtarbeit in Deutschland: Eine Bestandsaufnahme*, 355–370, Transcript-Verlag, Bielefeld.

Deutsche Beobachtungsstelle für Drogen und Drogensucht, 2012, *Bericht 2012 des nationalen REITOX-Knotenpunkts an die EBDD: Neue Entwicklungen, Trends Deutschland – Neue Entwicklungen, Trends und Hintergrundinformationen zu Schwerpunktthemen*, München, abgerufen am 26.10.2022, unter: https://www.dbdd.de/fileadmin/user_upload_dbdd/05_Publikationen/PDFs/reitox_report_2012_dt.pdf.

Deutsche Gesellschaft für Soziale Arbeit in der Suchthilfe (Hg.), 2016, *Kompetenzprofil der Sozialen Arbeit in der Suchthilfe und Suchtprävention*, Münster, abgerufen am 26.10.2022, unter: https://www.dg-sas.de/media/filer_public/66/03/66033bdf-0e30-4980-b382-219972de0cb4/kompetenzprofil_online.pdf.

Deutsche Hauptstelle für Suchtfragen, 2013a, *Memorandum: Angehörige in der Sucht-Selbsthilfe*, abgerufen am 26.10.2022, unter: https://www.aktionswoche-alkohol.de/fileadmin/user_upload/pdf/DHS_Memorandum_Angehoerige_in_der_Sucht-Selbsthilfe.pdf.

Deutsche Hauptstelle für Suchtfragen, 2014a, *Suchthilfe und Versorgungssituation in Deutschland*, abgerufen am 13.2.2017, unter: http://www.dhs.de/dhs-stellungnahmen/versorgungsstrukturen.html.

Deutsche Hauptstelle für Suchtfragen, 2014b, *Suchtprävention in Deutschland. Stark für die Zukunft*, abgerufen am 26.10.2022, unter: https://www.dhs.de/fileadmin/user_upload/pdf/dhs-stellungnahmen/Suchtpraevention_in_Deutschland.pdf.

Deutsche Hauptstelle für Suchtfragen (Hg.), 1999, *Leistungsbeschreibung für ambulante Beratungs- und Behandlungsstellen der Suchtkrankenhilfe*, abgerufen am 23.8.2017, unter: https://docplayer.org/8279374-Deutsche-hauptstelle-fuer-suchtfragen-e-v-leistungsbeschreibung-fuer-ambulante-beratungs-und-behandlungsstellen-der-suchtkrankenhilfe.html.

Deutsche Hauptstelle für Suchtfragen (Hg.), 2013, *Jahrbuch Sucht 2013*, Neuland, Geesthacht.

Deutsche Hauptstelle für Suchtfragen (Hg.), 2015, *Jahrbuch Sucht 2015*, Pabst Science Publishers, Lengerich.

Deutsche Hauptstelle für Suchtfragen (Hg.), 2017, *DHS Jahrbuch Sucht 2017*, Pabst Science Publishers, Lengerich.

Deutsche Hauptstelle für Suchtfragen (Hg.), 2022, *DHS Jahrbuch Sucht 2022*, Pabst Science Publishers, Lengerich.

Deutscher Verein für öffentliche und private Fürsorge (Hg.), 2016, *Neue Ansätze in der Suchthilfe*, Lambertus, Freiburg im Breisgau.

Deutsches Institut für Medizinische Dokumentation und Information, 2005, *ICF: Internationale Klassifikation der Funktionsfähigkeit, Behinderung und Gesundheit*. World Health Organization, Genf, abgerufen am 26.10.2022, unter: https://www.dimdi.de/static/de/klassifikationen/icf/icfhtml2005/.

DGB Bundesvorstand, 2010, Gesundheitsrisiko Arbeitslosigkeit: Wissensstand, Praxis und Anforderungen an eine arbeitsmarktintegrative Gesundheitsförderung, *arbeitsmarkt aktuell*, 9, abgerufen am 7.8.2017.

DGSAS (2015): *Kompetenzprofil der Sozialen Arbeit in der Suchthilfe und Suchtprävention.* Münster.

Die Drogenbeauftragte der Bundesregierung (Hg.), 2016, *Drogen- und Suchtbericht der Bundesregierung*, Berlin, abgerufen am 26.10.2022, unter: https://www.bundesgesundheitsministerium.de/fileadmin/Dateien/5_Publikationen/Drogen_und_Sucht/Berichte/Drogen_und_Suchtbericht_2016_screen.pdf.

Dilling, H., Mombour, W. & Schmidt, M. H., 2015, *Internationale Klassifikation psychischer Störungen: ICD-10 Kapitel V (F) klinisch-diagnostische Leitlinien*, 10. Auflage, Hogrefe Verlag, Bern.

Dollinger, B. & Schmidt-Semisch, H. (Hg.), 2007, *Sozialwissenschaftliche Suchtforschung*, VS Verlag für Sozialwissenschaften, Wiesbaden.

Elias, N., 2000, *Über den Prozeß der Zivilisation: Soziogenetische und psychogenetische Untersuchungen*, Suhrkamp, Frankfurt am Main.

Engel, G. L., 2012, The Need for a New Medical Model: A Challenge for Biomedicine, *Psychodynamic psychiatry* 40, 3, 377–396.

Ernst, M.-L., 2010, Gender Mainstreaming in der Suchthilfe, *Public Health Forum* 18, 2, 10–11.

Ernst, M.-L. & Stöver, H., 2012, *Gendersensible Sucht-/HIV/Aids-Hilfe: Akzeptanzorientierte Drogenarbeit/Acceptance-Oriented Drug Work*, Münster, Indro e. V., abgerufen am 26.10.2022, unter: https://www.indro-online.de/dat/Schuster2012.pdf.

European Monitoring Centre for Drugs and Drug Addiction, 2015, *New Psychoactive Substances in Europe: An Update unter: the EU Early Warning System*, abgerufen am 26.10.2022, unter: https://www.emcdda.europa.eu/system/files/publications/65/TD0415135ENN.pdf

European Monitoring Centre for Drugs and Drug Addiction, 2016, *Perspective on Drugs: Health Responses to New Psychoactive Drugs 2016*, abgerufen am 26.10.2022, unter: https://www.emcdda.europa.eu/system/files/publications/2812/TD0216555ENN.pdf.

Fachverband Drogen und Rauschmittel (Hg.), 2005, *Mindeststandards der ambulanten Suchthilfe: Vorschläge des Fachverbandes Drogen und Rauschmittel e. V. zu den Arbeitsgrundlagen von ambulanten Hilfen für Suchtkranke*, abgerufen am 23.8.2017, unter: https://fdr-online.info/produkt/mindeststandards-ambulanten-suchthilfe/.

Fachverband Drogen und Rauschmittel (Hg.), 2020, *Standards der ambulanten Suchthilfe: Update 2020*, abgerufen am 9.11.2022, unter: https://www.fdr-online.info/product/fdr-standards-der-ambulanten-suchthilfe-update-2020/.

Falkai, P. & Wittchen, H.-U., 2015, *Diagnostisches und statistisches Manual psychischer Störungen – DSM-5*, Hogrefe, Göttingen.

Festinger, L., 2012, *Theorie der kognitiven Dissonanz*, 2. Auflage, Huber, Bern.

Flassbeck, J., 2010, *Co-Abhängigkeit: Diagnose, Ursachen und Therapie für Angehörige von Suchtkranken*, Klett-Cotta, Stuttgart.
Flassbeck, J., 2014, *Ich will mein Leben zurück! Selbsthilfe für Angehörige von Suchtkranken*, Klett-Cotta, Stuttgart.
Franke, A., 2005, Alkoholkonsum und Alkoholabhängigkeit bei Frauen, in: M. Singer und S. Teyssen (Hg.), *Alkohol und Alkoholfolgeerkrankungen. Grundlagen – Diagnostik – Therapie*, 457–464, Springer Medizin Verlag, Heidelberg.
Franzkowiak, P. & Schlömer, H., 2003, *Entwicklung der Suchtprävention in Deutschland: Konzepte und Praxis*, Suchttherapie 4, 175–182.
Füssenhäuser, C., 2016, Lebensweltorientierung und Sucht, in: K. Grunwald und H. Thiersch (Hg.), *Praxis Lebensweltorientierte Sozialer Arbeit: Handlungszugänge und Methoden in unterschiedlichen Arbeitsfeldern*, 3. Auflage, 212–220, Beltz Juventa, Weinheim.
Gaertner, B., Freyer-Adam, J., Meyer, C. & John, U., 2015, Alkohol – Zahlen und Fakten zum Konsum, in: Deutsche Hauptstelle für Suchtfragen (DHS) (Hg.), *Jahrbuch Sucht 2015*, 39–71, Pabst Science Publishers, Lengerich.
Gahleitner, S. B., 2008, Psycho-soziale Diagnostik im Suchtbereich, *SuchtMagazin*, 4, 8, 15–20.
Gahleitner, S. B., 2016, Trauma und Bindungsstörung bei Frauen, in: M. Tödte und C. Bernard (Hg.), *Frauensuchtarbeit in Deutschland: Eine Bestandsaufnahme*, 125–140, Transcript-Verlag, Bielefeld.
Gahleitner, S. B. & Gunderson, C. L. (Hg.), 2009, *Gender, Trauma, Sucht: Neues aus Forschung, Diagnostik und Praxis*, Asanger, Kröning.
Gahleitner, S. B. & Hahn, G. (Hg.), 2012, *Übergänge gestalten, Lebenskrisen begleiten*, 2. Auflage, Psychiatrie-Verlag, Bonn.
Gahleitner, S. B., Hahn, G. & Glemser, R., 2014, *Psychosoziale Diagnostik: Klinische Sozialarbeit*, 2. Auflage, Psychiatrie-Verlag, Köln.
Gahleitner, S. B., Hahn, G. & Glemser, R., 2014, *Psychosoziale Interventionen: Klinische Sozialarbeit*, Psychiatrie-Verlag, Köln.
Gahleitner, S. B. & Tödte, M., 2015, Traumatisierte Frauen aus Gewaltverhältnissen mit Suchtproblematik: Hintergründe verstehen und neue Wege eröffnen – ein Daphne-Projekt, *Suchttherapie* 16, 118–122.
Gaitanides, S., 2001, Zugangsbarrieren von Migrant(inn)en zu den sozialen und psychosozialen Diensten und Strategien interkultureller Öffnung, in: G. Auernheimer (Hg.), *Migration als Herausforderung für pädagogische Institutionen*, 181–194, VS Verlag für Sozialwissenschaften, Wiesbaden.
Gavez, S., Keller, S. & Beck, T., 2017, *Zurück in den Alltag – Mütter nach Behandlung ihrer Alkoholabhängigkeit*, Budrich UniPress Ltd, Opladen, Berlin, Toronto.
Geschwinde, T., 2013, *Rauschdrogen: Marktformen und Wirkungsweisen*, 7. Auflage, Springer, Berlin, Heidelberg.
Groenemeyer, A. & Laging, M., 2012, Alkohol, Alkoholkonsum und Alkoholprobleme, in: G. Albrecht und A. Groenemeyer (Hg.), *Handbuch soziale Probleme*, 2. Auflage, 219–278, VS Verlag für Sozialwissenschaften, Wiesbaden.
Grosshans, M., Thoms, E. & Mann, K., 2012, Alkohol, in: A. Batra und O. Bilke-Hentsch (Hg.), *Praxisbuch Sucht: Therapie der Suchterkrankungen im Jugend- und Erwachsenenalter*, 94–116, Georg Thieme-Verlag, Stuttgart.
Grunwald, K. & Thiersch, H. (Hg.), 2016, *Praxis Lebensweltorientierte Sozialer Arbeit: Handlungszugänge und Methoden in unterschiedlichen Arbeitsfeldern*, 3. Auflage, Beltz Juventa, Weinheim.
Hallmann, H.-J., Holterhoff-Schulte, I. & Merfert-Diete, C., 2007, *Qualitätsanforderungen in der Suchtprävention*, abgerufen am 26.10.2022, unter: https://www.suchtpraevention-sachsen.de/fileadmin/bilder/Service/Qualitaet/2007_qualitaetsanforderungen_suchtpraevention.pdf.
Hansjürgens, R., 2013, *»Zwischen den Stühlen …«. Soziale Arbeit in der ambulanten Suchthilfe: Eine explorative Arbeitsfeldanalyse anhand von Experteninterviews, Forschungsbericht*, Katholische Hochschule Nordrhein-Westfalen.

Hansjürgens, R., 2015, Soziale Arbeit in der ambulanten Suchthilfe: Eine Arbeitsfeldanalyse, *konturen-online* 2015, abgerufen am 26.10.2022, unter: https://www.konturen.de/titethema/titelthema-1-2015-ambulante-suchthilfe/soziale-arbeit-in-der-ambulanten-suchthilfe/.

Hansjürgens, R., 2016, *Soziale Arbeit in der ambulanten Suchthilfe: Optionen zur Professionalisierung und fachlichen Inszenierung als gleichwertige Partnerin in einem multiprofessionellen Feld*, Coburg, ZKS Verlag, Coburg, unter: https://zks-verlag.de/wp-content/uploads/Rita-Hansj%C3%BCrgens-Soziale-Arbeit-in-der-ambulanten-Suchthilfe.pdf.

Hapke, U. & v. d. Lippe, E. Gaertner, B., 2013, Riskanter Alkoholkonsum und Rauschtrinken unter Berücksichtigung von Verletzungen und der Inanspruchnahme alkoholspezifischer medizinischer Beratung, *Bundesgesundheitsblatt* 2013.

Hegemann, T., Ramazan, S. & Colijn, S. (Hg.), 2010, *Handbuch Transkulturelle Psychiatrie*, Psychiatrie-Verlag, Bonn.

Heimann, H., Penka, S. & Heinz, A., 2007, Erklärungsmodelle von Migranten für Abhängigkeitserkrankungen – eine Untersuchung an Aussiedlern aus der ehemaligen Sowjetunion, Migranten aus der Türkei sowie einheimischen Deutschen, *Suchttherapie*, 8, 2, 57–62.

Heiner, M., 2010, *Soziale Arbeit als Beruf*, 2. Auflage, Ernst Reinhardt Verlag, München.

Heiner, M., 2015, Diagnostik in der Sozialen Arbeit, in: H.-U. Otto und H. Thiersch (Hg.), *Handbuch Soziale Arbeit: Grundlagen der Sozialarbeit und Sozialpädagogik*, 5. Auflage, 281–294, Ernst Reinhardt Verlag, München, Basel.

Heinz, A., Gül Halil, M., Gutwinski, S. et al., 2022, *ICD-11: Änderungen der diagnostischen Kriterien der Substanzabhängigkeit*. Nervenarzt 93, 51–58. https://doi.org/10.1007/s00115-021-01071-7.

Heinzen-Voß, D. & Stöver, H. (Hg.), 2016, *Geschlecht und Sucht: Wie gendersensible Suchtarbeit gelingen kann*, Pabst Science Publishers, Lengerich.

Henkel, D. & Schröder, H., 2015, Suchtdiagnoseraten bei Hartz-IV-Beziehenden in der medizinischen Versorgung im Vergleich zu ALG-I-Arbeitslosen und Erwerbstätigen: Eine Auswertung der Leistungsdaten aller AOK-Versicherten der Jahre 2007–2012, *Suchttherapie*, 16, 3, 129–135.

Henkel, D., 2011a, Unemployment and Substance Use: A Review of the Literature (1990–2010), *Current Drug Abuse Reviews*, 4, 1, 4–27.

Henkel, D., 2011b, Zur Integration Suchtkranker ins Erwerbsleben im Rahmen des SGB II – Anspruch und empirische Wirklichkeit, *Suchttherapie*, 12, 1, abgerufen am 7.8.2017.

Henkel, D. (Hg.), 2008, *Arbeitslosigkeit und Sucht: Ein Handbuch für Wissenschaft und Praxis*, Fachhochschulverlag, Frankfurt am Main.

Henkel, D., 2010, Sucht und Armut: Epidemiologische Zusammenhänge und präventive Ansätze, *Public Health Forum*, 18, 67, 35–37.

Henkel, D., Dornbusch, P. & Zemlin, U., 2005, Prädiktoren der Alkoholrückfälligkeit bei Arbeitslosen 6 Monate nach Behandlung: Empirische Ergebnisse und Schlussfolgerungen für die Suchtrehabilitation, *Suchttherapie*, 6, 4, 165–175.

Hoch, E., Petersen, K. U. & Thomasius, R., 2012, Cannabis und Ecstasy, in: A. Batra und O. Bilke-Hentsch (Hg.), *Praxisbuch Sucht: Therapie der Suchterkrankungen im Jugend- und Erwachsenenalter*, 128–142, Georg Thieme-Verlag, Stuttgart.

Hoff, T. & Klein, M., 2015, Evidenzbasierung in der Suchtprävention: Möglichkeiten und Grenzen in Praxis und Forschung, Springer, Berlin, Heidelberg.

Hoffmann, M., 2015, Rauschgiftlage 2013, in: Deutsche Hauptstelle für Suchtfragen (DHS) (Hg.), *Jahrbuch Sucht 2015*, 156–170, Pabst Science Publishers, Lengerich.

Hollederer, A., 2009, Gesundheit und Krankheit von Arbeitslosen sowie Chancen und Grenzen arbeitsmarktintegrativer Gesundheitsförderung, in: A. Hollederer (Hg.), *Gesundheit von Arbeitslosen fördern! Ein Handbuch für Wissenschaft und Praxis*, 12–38, Fachhochschulverlag, Frankfurt am Main.

Hollederer, A. (Hg.), 2009, *Gesundheit von Arbeitslosen fördern! Ein Handbuch für Wissenschaft und Praxis*, Fachhochschulverlag, Frankfurt am Main.

Hößelbarth. S., 2014, *Crack, Freebase, Stein: Konsumverhalten und Kontrollstrategien von KonsumentInnen rauchbaren Kokains*, VS Verlag für Sozialwissenschaften, Wiesbaden.

Hüllinghorst, R., 2005, DHS-Grundsatzpapier Gender Mainstreaming in der Suchtarbeit: Chancen und Notwendigkeiten, *SUCHT*, 51, 1, 54–59.

Hurrelmann, K. & Razum, O. (Hg.), 2016, *Handbuch Gesundheitswissenschaften*, 6. Auflage, Beltz Juventa, Weinheim, Basel.

Hurrelmann, K., Laaser, U. & Richter, M., U., 2016, Gesundheitsförderung und Krankheitsprävention, in: K. Hurrelmann und O. Razum (Hg.), *Handbuch Gesundheitswissenschaften*, 6. Auflage, 493–515, Beltz Juventa, Weinheim, Basel.

Husak, D. N., 2009, The Moral Relevance of Addiction, *Substance Use & Misuse*, 39, 3, 399–436.

Institut für Therapieforschung, 2021a, *Wichtigste Ergebnisse auf einen Blick – Deutsche Suchthilfestatistik. Datenjahr 2020. Stationäre Behandlungen*, abgerufen am 9.11.2022, unter: https://www.suchthilfestatistik.de/ergebnisse/aktuelle-ergebnisse-stationaer.html.

Institut für Therapieforschung, 2021b, *Wichtigste Ergebnisse auf einen Blick – Deutsche Suchthilfestatistik. Datenjahr 2020. Ambulante Behandlungen*, abgerufen am 9.11.2022, unter: https://www.suchthilfestatistik.de/ergebnisse/aktuelle-ergebnisse-ambulant.html.

Jacob, J. & Stöver, H. (Hg.), 2009, *Männer im Rausch: Konstruktionen und Krisen von Männlichkeiten im Kontext von Rausch und Sucht*, Transcript-Verlag, Bielefeld.

Jacob, J., 2008, *Rausch: Konstruktionen und Krisen von Männlichkeiten im Kontext von Rausch und Sucht*, Transcript-Verlag, Bielefeld.

Jacob, J. & Stöver, H., 2006, *Sucht und Männlichkeiten: Entwicklungen in Theorie und Praxis der Sucharbeit*, VS Verlag für Sozialwissenschaften, Wiesbaden.

Jacob, J. & Stöver, H., 2015, *Männer im Rausch, Konstruktionen und Krisen von Männlichkeiten im Kontext von Rausch und Sucht*, Transcript-Verlag, Bielefeld.

Jacobi, F., Höfler, M., Siegert, J., Mack, S., Gerschler, A. & Scholl, L. et al., 2014, Twelve-Month Prevalence, Comorbidity and Correlates of Mental Disorders in Germany: The Mental Health Module of the German Health Interview and Examination Survey for Adults (DEGS1-MH), *International Journal of Methods in Psychiatric Research*, 23, 3, 304–319.

John, U. & et al., 2020, Alkohol, in: Deutsche Hauptstelle für Suchtfragen (Hg.), *DHS Jahrbuch Sucht 2020*, 33–48, Pabst Science Publishers, Lengerich.

John, U., Hanke, M., Freyer-Adam, J.; Baumann, S. & Meyer, Ch., 2022, Alkohol, in: Deutsche Hauptstelle für Suchtfragen (Hg.), *DHS Jahrbuch Sucht 2022*, 33–51, Pabst Science Publishers, Lengerich.

Kastenbutt, B. (Hg.), 2014, Soziale Ungleichheit und Sucht: Ursachen, Auswirkungen, Zusammenhänge, Lit, Berlin.

Kielholz, P. & Ladewig, D., 1973, *Die Abhängigkeit von Drogen*, Deutscher Taschenbuch-Verlag, München.

Kimil, A. & Salman, R., 2010, Migration und Sucht, in: T. Hegemann, S. Ramazan und S. Colijn (Hg.), *Handbuch Transkulturelle Psychiatrie*, 368–382, Psychiatrie-Verlag, Bonn.

Kipke, I., Brand, H., Geiger, B., Pfeiffer-Gerschel, T. & Braun, B., 2015, Arbeitslosigkeit und Sucht – Epidemiologische und soziodemographische Daten aus der Deutschen Suchthilfestatistik 2007–2011, *SUCHT*, 61, 2, 81–94.

Klein, M., 2012, Soziale Arbeit in der Suchthilfe – verkannt, unbekannt, unverzichtbar oder was?, *Suchttherapie*, 13, 4, 153–154.

Klein, M., 2001, Alkohol und Familie: Forschung und Forschungslücken, in: J. Körkel, G. Kruse und U. Schmalz (Hg.), *Alkoholabhängigkeit erkennen und behandeln*, 116–158, Psychiatrie-Verlag, Köln.

Klein, M., 2003, Praxisfeld Suchthilfe, in: E. Badry (Hg.), *Pädagogik: Grundlagen und sozialpädagogische Arbeitsfelder*, 4. Auflage, 481–493, Kluwer, München, Unterschleißheim.

Klein, M. & Bischof, G., 2013, Angehörige Suchtkranker – Der Erklärungswert des Co-Abhängigkeitsmodells, *SUCHT*, 59, 2, 65–68.

Klein, M., Moesgen, D., Bröning, S. & Thomasius, R., 2013, *Kinder aus suchtbelasteten Familien stärken: Das Trampolin-Programm*, Hogrefe, Göttingen.

Klein, M. & Rometsch, W., 2012, Für Sie gefragt – Nur multidisziplinär kann Suchthilfe geleistet werden, *Suchttherapie*, 13, 4, 152.

Koch, E., Müller, M. J. & Schouler-Ocak, M. (Hg.), 2013, *Sucht und Migration*, Lambertus, Freiburg im Breisgau.

Körkel, J., 2012, Wege aus der Sucht – Suchtarbeit, Abstinenz und selbstkontrollierter Konsum, in: S. B. Gahleitner und G. Hahn (Hg.), *Übergänge gestalten, Lebenskrisen begleiten*, 2. Auflage, 261–276, Psychiatrie-Verlag, Bonn.

Körkel, J., 2016, Vom Abstinenzdogma zum Paradigma zieloffener Suchtarbeit, in: Deutscher Verein für öffentliche und private Fürsorge (Hg.), *Neue Ansätze in der Suchthilfe*, 40–49, Lambertus, Freiburg im Breisgau.
Körkel, J. & Kruse, G., 2000, *Mit dem Rückfall leben: Abstinenz als Allheilmittel?*, 4. Auflage, Psychiatrie-Verlag, Bonn.
Körkel, J., Kruse, G. & Schmalz, U. (Hg.), 2001, *Alkoholabhängigkeit erkennen und behandeln*, Psychiatrie-Verlag, Köln.
Kuntz, H., 2007, *Drogen & Sucht: Alles, was Sie wissen müssen*, Beltz, Weinheim, Basel.
Künzel, J., Steppan, M. & Pfeiffer-Gerschel, T., 2013, *Klienten mit Migrationshintergrund in ambulanter und stationärer Suchtbehandlung. Kurzbericht Nr. 1/2013 – Deutsche Suchthilfestatistik 2011*, München, abgerufen am 26.10.2022, unter: https://www.suchthilfestatistik.de/fileadmin/user_upload_dshs/05_publikationen/Kurzberichte/DSHS_Kurzbericht_2013_1_Migration.pdf.
Künzel-Böhmer, J., Bühringer, G., Janik-Konecny T., 1993, *Expertise zur Primärprävention des Substanzgebrauchs*, Nomos, Baden-Baden.
Laging, M., 2012a, Internetbasierte Suchtprävention bei Studierenden, *SUCHT*, 58, 2, 85–96.
Laging, M., 2012b, Zielgruppe Familie – eine Herausforderung für die Suchtprävention, *proJugend*, 2, 4–10.
Laging, M., 2005, *Riskanter Suchtmittelkonsum bei Jugendlichen: Entstehungszusammenhänge, Möglichkeiten der Identifizierung und Prävention*, Dr. Kovač, Hamburg.
Laging, M., 2009, Früherkennung, in: R. Thomasius et al. (Hg.), *Suchtstörungen im Kindes- und Jugendalter*, 375–383, Schattauer, Stuttgart.
Laging, M., 2013, Lokale Alkoholpolitik in drei Gemeinden Baden-Württembergs, *Prävention*, 36, 1, 22–25.
Laging, M., Braun, M. Heidenreich, T. & Ganz, T., 2016, Prävention von riskantem Alkoholkonsum bei Studierenden im Setting Hochschule durch CHECKUP TO GO und Peer-Beratung, *Zeitschrift für Beratung und Studium* 1, 8–10.
Lampert, T., Richter, M., Schneider, S., Spallek, J. & Dragano, N., 2016, Soziale Ungleichheit und Gesundheit: Stand und Perspektiven der sozialepidemiologischen Forschung in Deutschland, *Bundesgesundheitsblatt*, 59, 2, 153–165.
Landeszentrale für Gesundheit in Bayern e. V. (Hg.), 2012, *Männlichkeiten und Sucht*, München, abgerufen am 26.10.2022, unter: https://lzg-bayern.de/files/downloads/veroeffentlichungen/publikationsreihe-sucht/2012-publikationsreihe-sucht-maennlichkeiten-und-sucht.pdf.
Landschaftsverband Westfalen-Lippe Koordinationsstelle Sucht (Hg.), 2014, *Kultursensible Arbeit in der Suchthilfe*, Münster, abgerufen am 11.10.2017, unter: http://www.lwl.org/ks-download/downloads/kulturensible_arbeit/LWL-KS-Migration.pdf.
Längle, G. (Hg.), 1996, *Sucht: Die Lebenswelten Abhängiger*, Attempto-Verlag, Tübingen.
Lehner, B. & Kepp, J., 2015, Daten, Zahlen und Fakten, in: Deutsche Hauptstelle für Suchtfragen (DHS) (Hg.), *Jahrbuch Sucht 2015*, 11–38, Pabst Science Publishers, Lengerich.
Leune, J., 2013, Versorgung abhängigkeitskranker Menschen in Deutschland, in: Deutsche Hauptstelle für Suchtfragen (DHS) (Hg.), *Jahrbuch Sucht*, 181–196, Neuland, Geesthacht.
Liel, C., 2020, Theorie und Praxis des bio-psycho-sozialen Modells: Rolle und Beitrag der Sozialen Arbeit. In: Rummel, C. & Gaßmann, R. (Hg.). *Sucht: bio-psycho-sozial. Die ganzheitliche Sicht auf Suchtfragen – Perspektiven aus Sozialer Arbeit, Psychologie und Medizin*, 69–79, Stuttgart, Kohlhammer.
Lloyd, C., 2013, The Stigmatization of Problem Drug Users: A Narrative Literature Review, *Drugs: Education, Prevention and Policy*, 20, 2, 85–95.
Lorenz, M., Taggert, J., Laging, M. & Heidenreich, T., 2021,. Prävention des riskanten und abhängigen Substanzkonsums bei geflüchteten Menschen – Eine systematische Übersicht. *SUCHT*, 67, 255–271. https://doi.org/10.1024/0939-5911/a000732.
Lüdecke, C. (Hg.), 2010, *Sucht – Bindung – Trauma*, Schattauer, Stuttgart.
Lüdecke, C., 2010a, Zusammenhänge zwischen Traumatisierung, Posttraumatischer Belastungsstörung und Suchterkrankung, in: C. Lüdecke (Hg.), *Sucht – Bindung – Trauma*, 11–26, Schattauer, Stuttgart.

Mader, N., 2016, *Sucht – (k)ein Thema im Studium der Sozialen Arbeit? – Eine deutschlandweite empirische Analyse der Rolle des Suchtthemas im Bachelor-Studiengang der Sozialen Arbeit*, Masterarbeit, Hochschule München.

Martens, M.-S. & Neumann-Runde, E., 2014, *Suchthilfe in Hamburg. Statusbericht 2014 der Hamburger Basisdatendokumentation in der ambulanten Suchthilfe und der Eingliederungshilfe*, abgerufen am 26.10.2022, unter: https://epub.sub.uni-hamburg.de/epub/volltexte/2016/55071/pdf/BADO_Statusbericht_2014_www.pdf.

Meili, D., Dober, S. & Eyal, E., 2004, Jenseits des Abstinenzparadigmas – Ziele in der Suchttherapie, *Suchttherapie*, 5, 1, 2–9.

Meyer, G., 2015, Glücksspiel – Zahlen und Fakten, in: Deutsche Hauptstelle für Suchtfragen (DHS) (Hg.), *Jahrbuch Sucht 2015*, 140–155, Pabst Science Publishers, Lengerich.

Mielck, A. & Helmert, U., 2016, Soziale Ungleichheit und Gesundheit, in: K. Hurrelmann und O. Razum (Hg.), *Handbuch Gesundheitswissenschaften*, 6. Auflage, 493–515, Beltz Juventa, Weinheim, Basel.

Miller, W. R. & Rollnick, S., 2015, *Motivational Interviewing*, 3. Auflage, Lambertus, Freiburg im Breisgau.

Morse, S. J., 2004, Medicine and Morals, Craving and Compulsion, *Substance Use & Misuse*, 39, 3, 437–460.

Ningel, R., 2011, *Methoden der Klinischen Sozialarbeit*, Haupt; UTB, Bern, Stuttgart.

Oberlies, D. & Vogt, I., 2013, *Gewaltschutz für alkohol- und drogenabhängige Frauen/Mütter: Untersuchung zur Passung der Hilfsangebote zum Bedarf*, Frankfurt am Main, abgerufen am 26.10.2022, unter: http://www.gffz.de/forschung/abgeschlossene-forschungsprojekte/gewaltschutz-fuer-alkohol-und-drogenabhaengige-frauen/.

Orford, J., Natera, G., Davies, J., Nava, A., Mora, J. & Rigby, K. et al., 1998, Stresses and Strains for Family Members Living with Drinking or Drug Problems in England and Mexico, *Salud Mental*, 21, 1, 1–13.

Orth, B., 2016, Die Drogenaffinität Jugendlicher in der Bundesrepublik Deutschland 2015: Rauchen, Alkoholkonsum und Konsum illegaler Drogen: aktuelle Verbreitung und Trends. *BZgA-Forschungsbericht*, abgerufen am 9.8.2017.

Orth, B., Piontek, D. & Kraus, L., 2015, Illegale Drogen – Zahlen und Fakten zum Konsum, in: Deutsche Hauptstelle für Suchtfragen (DHS) (Hg.), *Jahrbuch Sucht 2015*, 127–139, Pabst Science Publishers, Lengerich.

Orth, B. & Töppich, J., 2015a, *Der Alkoholkonsum Jugendlicher und junger Erwachsener in Deutschland 2014: Ergebnisse einer aktuellen Repräsentativbefragung und Trends*, Köln, abgerufen am 1.8.2017.

Orth, B. & Töppich, J., 2015b, *Der Cannabiskonsum Jugendlicher und junger Erwachsener in Deutschland 2014: Ergebnisse einer aktuellen Repräsentativbefragung und Trends*, Köln, abgerufen am 9.8.2017.

Orth, B. & Merkel, C., 2019, *Der Alkoholkonsum Jugendlicher und junger Erwachsener in Deutschland. Ergebnisse des Alkoholsurveys 2018 und Trends*, Köln, Bundeszentrale für gesundheitliche Aufklärung, unter: https://doi.org/10.17623/BZGA:225-ALKSY18-ALK-DE-1.0

Orth, B. & Merkel, C., 2022, Der Substanzkonsum Jugendlicher und junger Erwachsener in Deutschland. Ergebnisse des Alkoholsurveys 2021 zu Alkohol, Rauchen, Cannabis und Trends, in: *BZgA-Forschungsbericht*, unter: https://doi.org/10.17623/BZGA:Q3-ALKSY21-DE-1.0.

Otto, H.-U. & Thiersch, H. (Hg.), 2015, *Handbuch Soziale Arbeit: Grundlagen der Sozialarbeit und Sozialpädagogik*, 5. Auflage, Ernst Reinhardt Verlag, München, Basel.

Palamar, J. J., 2013, An Examination of Beliefs and Opinions about Drug Use in Relation to Personal Stigmatization towards Drug Users, *Journal of Psychoactive Drugs*, 45, 5, 367–373.

Pantuček-Eisenbacher, P., 2012, *Soziale Diagnostik: Verfahren für die Praxis Sozialer Arbeit*, 3. Auflage, Böhlau-Verlag, Wien.

Pauls, H., 2013, *Klinische Sozialarbeit: Grundlagen und Methoden psycho-sozialer Behandlung*, 3. Auflage, Beltz Juventa, Weinheim.

Penka, S., 2013, Zugangsbarrieren von Personen mit Migrationshintergrund zum Suchthilfesystem – Konsequenzen für die Praxis, in: E. Koch, M. J. Müller und M. Schouler-Ocak (Hg.), *Sucht und Migration*, 27–46, Lambertus, Freiburg im Breisgau.

Pinquart, M. & Silbereisen, R. K., 2002, Gesundheitsverhalten im Kindes- und Jugendalter: Entwicklungspsychologische Erklärungsansätze, *Bundesgesundheitsblatt*, 45, 11, 873–878.

Piontek, D., Gomes de Matos, E., Atzendorf, J. & Kraus, L., 2016a, *Kurzbericht Epidemiologischer Suchtsurvey 2015. Tabellenband: Alkoholkonsum, episodisches Rauschtrinken und Hinweise auf klinisch relevanten Alkoholkonsum nach Geschlecht und Alter im Jahr 2015*, München, Institut für Therapieforschung (IFT).

Piontek, D., Gomes de Matos, E., Atzendorf, J. & Kraus, L., 2016b, *Kurzbericht Epidemiologischer Suchtsurvey 2015. Tabellenband: Konsum illegaler Drogen, multiple Drogenerfahrung und Hinweise auf klinisch relevanten Drogenkonsum nach Geschlecht und Alter im Jahr 2015*, Institut für Therapieforschung (IFT).

Piontek, D., Gomes de Matos, E., Atzendorf, J. & Kraus, L., 2016c, *Medikamenteneinnahme und Hinweise auf klinisch relevanten Medikamentengebrauch nach Geschlecht und Alter im Jahr 2015*, Institut für Therapieforschung (IFT).

Prochaska, J. O., Norcross, J. C. & DiClemente, C. C., 1997, *Jetzt fange ich neu an: Das revolutionäre Sechs-Schritte-Programm für ein dauerhaft suchtfreies Leben*, Droemer Knaur, München.

Radix, 2012, *Die Gemeinden handeln!: Ein nationales Programm für eine kohärente Prävention 2012–2017*, abgerufen am 8.8.2017, unter: http://www.radix.ch/files/9KBMX8O/die_gemeinden_handeln_kurzbeschrieb.pdf.

Razum, O., Breckenkamp, J. & Brzoska, P., 2016, Epidemiologische Verfahren in den Gesundheitswissenschaften, in: K. Hurrelmann und O. Razum (Hg.), *Handbuch Gesundheitswissenschaften*, 6. Auflage, 275–321, Beltz Juventa, Weinheim, Basel.

Razum, O., Zeeb, Hajo, Meesmann, Uta, Schenk, L., Bredehorst, M., Brzoska, P. & Dercks, T. et al., 2008, *Migration und Gesundheit: Schwerpunktbericht der Gesundheitsberichterstattung des Bundes*, München.

Razum, O. & Kolip, P., (Hg.), 2020, *Handbuch Gesundheitswissenschaften*, Beltz Juventa, Weinheim.

Reichel, F.-X. (Hg.), 2009, *Taschenatlas der Toxikologie: Substanzen, Wirkungen, Umwelt*, 3. Auflage, Georg Thieme-Verlag, Stuttgart, New York.

Reichel, F.-X. & Zilker, T., 2009, Cannabis, in: F.-X. Reichel (Hg.), *Taschenatlas der Toxikologie: Substanzen, Wirkungen, Umwelt*, 3. Auflage, 86–87, Georg Thieme-Verlag, Stuttgart, New York.

Rennert, M., 2005, Co-Abhängigkeit, in: O. Bilke, U. Küstner und R. Thomasius (Hg.), *Familie und Sucht. Grundlagen, Therapiepraxis, Prävention*, 45–51, Schattauer, Stuttgart.

Rennert, M., 2012, *Co-Abhängigkeit: Was Sucht für die Familie bedeutet*, 3. Auflage, Lambertus, Freiburg im Breisgau.

Richter, M. & Hurrelmann, K., 2004, Sozioökonomische Unterschiede im Substanzkonsum von Jugendlichen, *SUCHT*, 40, 4, 258–269.

Robert Koch Institut, 2014, *Gesundheitliche Lage der Männer in Deutschland*, Robert Koch Institut, Berlin.

Rommel, A., Sass, A. C., Born, S. & Ellert, U., 2015, Die gesundheitliche Lage von Menschen mit Migrationshintergrund und die Bedeutung des soziokonomischen Status: Erste Ergebnisse der Studie zur Gesundheit Erwachsener in Deutschland (DEGS1), *Bundesgesundheitsblatt*, 58, 6, 543–552.

Room, R., 2005, Stigma, Social Inequality and Alcohol and Drug Use, *Drug and Alcohol Review*, 24, 2, 143–155.

Ruckstuhl, L., 2014, *Angehörige von drogenabhängigen Menschen – Suchterkrankungen aus einer anderen Perspektive*, Dissertation, Universität Zürich.

Rummel, C., Lehner, B. & Kep, J., 2020, Daten, Zahlen und Fakten, in: Deutsche Hauptstelle für Suchtfragen (Hg.), *DHS Jahrbuch Sucht 2020*, 9–30, Pabst Science Publishers, Lengerich.

Rumpf, H.-J., Meyer, C., Kreuer, A. & John, U., 2011, *Prävalenz der Internetabhängigkeit (PINTA): Bericht an das Bundesministerium für Gesundheit, Forschungsbericht*, Klinik für Psychiatrie und Psychotherapie, Universität zu Lübeck.

Salize, H. J., Jacke, C. & Kief, S., 2014, Produktivitätsverluste, berufliche Einbußen und Unterstützungsleistungen von Angehörigen von Patienten mit Alkoholabhängigkeit vor und nach der Entzugsbehandlung, *SUCHT*, 60, 4, 215–224.

Salman, R., 2002, *Handbuch interkulturelle Suchthilfe: Modelle, Konzepte und Ansätze der Prävention, Beratung und Therapie*, 2. Auflage, Psychosozial-Verlag, Gießen.

Salman, R., 2008, *Gesunde Integration: Interkulturelle Suchthilfe als Beitrag zur Integration*, abgerufen am 26.10.2022, unter: https://www.praevention.at/fileadmin/user_upload/09_Info box/Tagungsunterlagen/0_2_LINZ_Salman_Tagungstext.pdf.

Salomon, A., 1926, *Soziale Diagnose*, Carl Heymann Verlag, Berlin.

Sauer, O. & Weilemann, S. (Hg.), 2001, *Drogen: Eigenschaften, Wirkungen, Intoxikationen*, Schlütersche, Hannover.

Scherbaum, N., 2017, *Das Drogentaschenbuch*, 5. Auflage, Georg Thieme-Verlag, Stuttgart.

Schmid, M., Schu, M. & Vogt, I., 2012, *Motivational Case Management: Ein Manual für die Drogen- und Suchthilfe*, Medhochzwei, Heidelberg.

Schmidt, B., 1998, *Suchtprävention bei konsumierenden Jugendlichen: Sekundärpräventive Ansätze in der geschlechtsbezogenen Drogenarbeit*, Juventa, Weinheim, München.

Schreiter, S., Gutwinski, S. & Rössler, W., 2020, *Wohnungslosigkeit und seelische Erkrankungen*. Abgerufen am 9.11.2022, unter: https://www.springermedizin.de/sucht/sucht/wohnungslo sigkeit-und-seelische-erkrankungen/18358416.

Schu, M., 2014, *Zum Stand der Umsetzung von Gender Mainstreaming in der ambulanten und stationären Sucht- und Drogenhilfe in NRW*, Köln, abgerufen am 24.11.2022, unter: https:// docplayer.org/110430215-Zum-stand-der-umsetzung-von-gender-mainstreaming-in-der-am bulanten-und-stationaeren-sucht-und-drogenhilfe-in-nrw.html.

Schu, M. & Martin, M., 2016, Transkulturelle Suchthilfe, in: Deutscher Verein für öffentliche und private Fürsorge (Hg.), *Neue Ansätze in der Suchthilfe*, 84–89, Lambertus, Freiburg im Breisgau.

Schu, M., Stöver, H. & Zenker, C., 2016, Gender Mainstreaming und gendersensible Arbeit in Suchthilfe und Suchtmedizin in NRW – empirische Befunde, in: D. Heinzen-Voß und H. Stöver (Hg.), *Geschlecht und Sucht: Wie gendersensible Suchtarbeit gelingen kann*, 49–58, Pabst Science Publishers, Lengerich.

Schumacher, K., 2008, *Heroinabhängige Frauen mit Kindern: Zu ihrer Situation in unserer Gesellschaft*, VDM Verlag Dr. Müller, Saarbrücken.

Schwarting, F., 2005, *Gender und Sucht – ein soziologischer Beitrag zu einer geschlechtsreflexiven Praxis in der Suchtkrankenhilfe*, Dissertation, Universität Hamburg.

Schwarting, F., 2016, Die Entstehung der Frauensuchtarbeit in Deutschland, in: M. Tödte und C. Bernard (Hg.), *Frauensuchtarbeit in Deutschland: Eine Bestandsaufnahme*, 45–66, Transcript-Verlag, Bielefeld.

Seitz, N.-N., Lochbühler, K., Atzendorf, J., Rauschert, C., Pfeiffer-Gerschel, T. & Kraus, L., 2019, *Kurzbericht Epidemiologischer Suchtsurvey 2018: Tabellenband: Konsum illegaler Drogen, multiple Drogenerfahrung und Hinweise auf Konsumabhängigkeit und -missbrauch nach Geschlecht und Alter im Jahr 2018*, IFT Institut für Therapieforschung, München, unter: Hier zu finden: https://www.aerzteblatt.de/int/archive/article/209403

Siebler, J., 2011, *Gender in der Drogenarbeit: Geschlechtsspezifische Aspekte von Drogenabhängigkeit und Ansätze in der Sozialen Arbeit mit Frauen*, VDM Verlag Dr. Müller, Saarbrücken.

Singer, M. & Teyssen, S. (Hg.), 2005, *Alkohol und Alkoholfolgeerkrankungen. Grundlagen – Diagnostik – Therapie*, Springer Medizin Verlag, Heidelberg.

Sinus Sociovision, 2007, *Die Milieus der Menschen mit Migrationshintergrund in Deutschland*, abgerufen am 26.10.2022, unter: https://www.bmfsfj.de/resource/blob/84352/55e9eef9 f6928c7b596e5c14e75e49f5/migranten-milieu-report-2007-pdf-data.pdf.

Slutzki, Carlos, E., 2016, Psychologische Phasen der Migration und ihre Auswirkungen, in: T. Hegemann, S. Ramazan und S. Colijn (Hg.), *Handbuch Transkulturelle Psychiatrie*, 108–123, Psychiatrie-Verlag, Köln.

Sluzki, Carlos E., 2022, Psychologische Phasen der Migration und ihre Auswirkungen, in: M. Klosinski, S. Castro Núñez, C. Oestereich und T. Hegemann (Hg.), *Handbuch Transkulturelle Psychiatrie*, 134–150, Psychiatrie-Verlag, Köln.

Smith, J. E. & Meyers, R. J., 2013, *Mit Suchtfamilien arbeiten: CRAFT: Ein neuer Ansatz für die Angehörigenarbeit*, Psychiatrie-Verlag, Bonn.
Sommerfeld, P., Dällenbach, R., Rüegger, C. & Hollenstein, L., 2016, *Klinische Soziale Arbeit und Psychiatrie: Entwicklungslinien einer handlungstheoretischen Wissensbasis*, Springer Fachmedien, Wiesbaden.
Soyka, M., Küfner, H. & Feuerlein, W., 2008, *Alkoholismus – Missbrauch und Abhängigkeit*, 6. Auflage, Georg Thieme-Verlag, Stuttgart.
Spode, H., 2012, Die Anfänge der Suchthilfe im 19. Jahrhundert: Vom Kreuzzug zur Behandlungskette, *Suchttherapie*, 13, 4, 155–161.
Stachowske, R., Wiegand, G. & Schiepek, G., 2008, Sucht und Drogen im ICF-Modell: Genogramm-Analysen in der Therapie von Abhängigkeit, Asanger, Kröning.
Statistisches Bundesamt, 2022, *Bevölkerung und Erwerbstätigkeit: Bevölkerung mit Migrationshintergrund – Ergebnisse des Mikrozensus 2021*. Statistisches Bundesamt (DESTATIS).
Statistisches Bundesamt, 2022, *Migration und Integration Bevölkerung in Privathaushalten nach Migrationshintergrund*. Statistisches Bundesamt (DESTATIS), abgerufen am 20.10.2022, unter: https://www.destatis.de/DE/Themen/Gesellschaft-Umwelt/Bevoelkerung/Migration-Integration/Tabellen/migrationshintergrund-geschlecht-insgesamt.html.
Staub-Bernasconi, S., 2003, Diagnostizieren tun wir alle – nur nennen wir es anders, *Widersprüche*, 23, 88, 33–40.
Stimmer, F. & Ansen, H., 2016, Beratung in psychosozialen Arbeitsfeldern: Grundlagen – Prinzipien – Prozess, Kohlhammer, Stuttgart.
Sting, S. & Blum, C., 2003, *Soziale Arbeit in der Suchtprävention*, UTB, Stuttgart.
Stöver, H., 2012, Konzepte und Arbeitsmethoden der Sozialen Arbeit in der Suchthilfe, *Suchttherapie*, 13, 4, 162–166.
Stöver, H., 2009, Die Entwicklung der männerspezifischen Suchtarbeit in Deutschland, in: J. Jacob und H. Stöver (Hg.), *Männer im Rausch: Konstruktionen und Krisen von Männlichkeiten im Kontext von Rausch und Sucht*, 13–22, Transcript-Verlag, Bielefeld.
Stubenvoll, M., Körtner, K. & Schäfer, I., 2015, Integrative Behandlung von Frauen mit alkoholbezogenen Störungen und Traumaerfahrungen, *Suchttherapie* 16, 123–125.
Täschner, K.-L., 2001, *Harte Drogen, weiche Drogen*, 2. Auflage, Georg Thieme-Verlag, Stuttgart.
Täschner, K.-L., 2005, *Cannabis: Biologie, Konsum und Wirkung*, 4. Auflage, Deutscher Ärzte Verlag, Köln.
Thiersch, H., 1996, Drogenprobleme in einer süchtigen Gesellschaft, in: G. Längle (Hg.), *Sucht: Die Lebenswelten Abhängiger*, 51–69, Attempto-Verlag, Tübingen.
Thole, W. (Hg.), 2012, *Grundriss Soziale Arbeit: Ein einführendes Handbuch*, 4. Auflage, VS Verlag für Sozialwissenschaften, Wiesbaden.
Thomasius, R., Schulte-Markwort, M., Küstner, U. J., Riedesser, P., Bätzing-Lichtenthäler, S. & Wersich, D. et al. (Hg.), 2009, *Suchtstörungen im Kindes- und Jugendalter*, Schattauer, Stuttgart.
Thoms, E., 2012, Kokain, in: A. Batra und O. Bilke-Hentsch (Hg.), *Praxisbuch Sucht: Therapie der Suchterkrankungen im Jugend- und Erwachsenenalter*, 161–168, Georg Thieme-Verlag, Stuttgart.
Tödte, M. & Bernard, C. (Hg.), 2016, *Frauensuchtarbeit in Deutschland: Eine Bestandsaufnahme*, Transcript-Verlag, Bielefeld.
Tossmann, P., 2016, Internetgestützte Maßnahmen der Suchtprävention, in: U. Walter und U. Koch (Hg.), *Prävention und Gesundheitsförderung in Deutschland: Konzepte, Strategien und Interventionsansätze der Bundeszentrale für gesundheitliche Aufklärung*, 223–243, BZgA, Köln.
Tretter, F. (Hg.), 2008, *Suchtmedizin kompakt: Suchtkrankheiten in Klinik und Praxis*, 2. Auflage, Schattauer, Stuttgart.
Uhl, A., 2007, Begriffe, Konzepte und Menschenbilder in der Suchtprävention, *SuchtMagazin* 4, 3–11.
Uhl, A. & Puhm, A., 2007, Co-Abhängigkeit – ein hilfreiches Konzept?, *Wiener Zeitschrift für Suchtforschung* 30, 13–20.
Vogt, I., 1991, *Therapierisiken für Frauen in der Suchtkrankenhilfe: Therapy Risks for Women in Addiction Treatment*.

Vogt, I., 2007, Doing Gender: Zum Diskurs um Geschlecht und Sucht, in: B. Dollinger und H. Schmidt-Semisch (Hg.), *Sozialwissenschaftliche Suchtforschung*, 235–258, VS Verlag für Sozialwissenschaften, Wiesbaden.

Vogt, I., 2016, Frauen, Gewalterfahrungen und der Konsum von Alkohol und anderen Drogen, in: M. Tödte und C. Bernard (Hg.), *Frauensuchtarbeit in Deutschland: Eine Bestandsaufnahme*, 101–124, Transcript-Verlag, Bielefeld.

Walter, U. & Koch, U. (Hg.), 2016, *Prävention und Gesundheitsförderung in Deutschland: Konzepte, Strategien und Interventionsansätze der Bundeszentrale für gesundheitliche Aufklärung*, BZgA, Köln.

Walter-Hamann, R., 2016, Suchthilfe in Netzwerken, in: Deutscher Verein für öffentliche und private Fürsorge (Hg.), *Neue Ansätze in der Suchthilfe*, 90–98, Lambertus, Freiburg im Breisgau.

Welsch, W., 1994,*Transkulturalität – die veränderte Verfassung heutiger Kulturen: Ein Diskurs mit Johann Gottfried Herder*, unter: https://www.via-regia.org/bibliothek/pdf/heft20/welsch_transkulti.pdf.

Werse, B. & Morgenstern, C., Online-Befragung zum Thema »Legal Highs«, Goethe-Universität Frankfurt am Main.

WHO, 2022, *ICD-11. International Classification of Diseases 11th Revision. The global standard for diagnostic health information*, abgerufen am 20.10.2022, unter: https://icd.who.int/en/.

Wolf, J., 2003, *Auf dem Weg zu einer Ethik der Sucht: Neurowissenschaftliche Theorien zur Sucht und deren ethische Implikationen am Beispiel der Alkohol- und Heroinsucht*, Dissertation, Eberhard Karls Universität Tübingen.

World Health Organisation, 2014, *Global Status Report on Alcohol and Health 2014*, Geneva.

Zenker, C., 2005, Sucht und Gender, *Bundesgesundheitsblatt*, 48, 4, 469–476.

Zenker, C., Winkler, K., Walcker-Mayer, C., Vogt, I., Soltau, R. & Schumann, M. et al., 2005, *Gender Mainstreaming in der Suchthilfe: Eine Expertise*, Fachverband Drogen und Rauschmittel (fdr), Berlin.

Zurhold, H., 2005, *Entwicklungsverläufe von Mädchen und jungen Frauen in der Drogenprostitution: Eine explorative Studie*, VWB-Verlag, Berlin.

Stichwortverzeichnis

A

Abhängigkeitsbegriff   13–15, 162
Abspaltung   33, 34
abstinenzorientierte Hilfe   19, 71, 115
Abstinenzparadigma   114, 115, 125
Alkohol   15, 16, 18, 19, 23, 33, 34, 36, 39, 48–51, 54–61, 65, 66, 70, 71, 73, 75, 81–88, 98, 101, 103, 104, 111, 117, 126, 129, 130, 142, 145, 146, 149, 151–153, 164, 165, 179, 192
amotivationales Syndrom   40
Amphetamin/Methamphetamin   36, 44, 64, 82, 83, 88
Angehörige   7, 118, 146–158, 176
Anonyme Alkoholiker   16, 19, 92, 119, 150
Arbeitslosigkeit   28, 37, 69, 72–78, 117
Armut   37, 69, 71, 74–78, 169, 176, 178

B

Bewältigung   7, 8, 18–23, 28, 30–34, 74, 75, 77, 85, 86, 99, 100, 102, 122, 124, 125, 143, 147, 153, 177, 181, 188, 192
Bewältigungsverhalten   32–34
bio-medizinische Perspektive   17, 18, 20, 161, 162, 169, 170, 177, 194
bio-medizinisches Krankheitsmodell   17–20, 22, 151, 162, 165, 166, 170, 178
bio-psycho-soziale Perspektive   20, 176
bio-psycho-soziales Krankheitsmodell   20–22, 161, 166, 169

C

Cannabis   36, 38–41, 43, 55, 61, 64, 66, 71, 82, 83, 86, 101, 134, 135, 146
Co-Abhängigkeit   146–154, 157
Crystal Meth   36, 82

D

Diagnose   56, 70, 72–74, 83, 104, 117, 159–172, 178, 187–189, 192, 194
Diagnostik   66, 159–161, 166–169, 171, 172, 178, 184, 186, 189, 190
drogeninduzierte Psychose   40, 43, 48
Drug Checking   126

E

Ecstasy   36, 42–45, 47, 83
Entwicklungsphase Jugend   28
Erfindung der Sucht   16, 21
expertokratische Bevormundung   171

F

funktionale Gesundheit   165, 166, 170
Funktionalität   32, 34, 35, 37, 87, 124, 125, 144, 194

G

Gender   79–82, 84, 89–92, 105, 175
Gender Mainstreaming   79–81, 88–91, 107
Geschlechterdifferenzen   72, 80
Glücksspielsucht   15, 54, 55, 65, 86, 165

H

Harm Reduction   115, 134
Haschisch   38–40, 122
Heroin   15, 39, 51, 52, 72, 115, 122, 187

I

Inanspruchnahme von Hilfe   72, 79, 86, 87, 94, 104, 105, 137, 148, 152, 157
Indikator zum Alkoholkonsum   55–57, 66
Inter- und transkulturelle Öffnung   94, 107–109

Interkulturalität 94, 96, 97, 104, 107–109
Internetabhängigkeit 54, 55, 65, 66

K

Keyperson 109
klassifikatorische Diagnostik 160, 161, 167–171
Klinische Sozialarbeit 13, 22, 23, 161, 166, 167, 170, 176, 178–180, 192
Kokain 15, 36, 42, 46–48, 64, 82, 165, 192
Kontrollverlust 19, 33, 34, 106, 163, 164

L

Lebensweltorientierung 31, 32, 34, 169
LSD (Lysergsäurediethylamid) 36, 41–44, 122

M

Migrationshintergrund 55, 57, 58, 61, 64, 65, 69, 94–98, 101–105, 107–109
multidisziplinär 7, 22, 172, 174–176, 178, 179, 183
multifaktorielles Modell der Suchtentstehung 20, 25, 35
Multikulturalität 94, 96, 97

P

pathologisches Spielen 65, 192
Prozess der Zivilisation 49
psycho-soziale Diagnostik 161, 166, 167, 171
psychoaktive Substanz 15, 16, 28, 30, 31, 36, 71, 75, 76, 80–82, 85, 99, 100, 109, 115
psychotrope Substanz 15, 36, 119, 122, 162, 165

R

Rausch 39, 41, 42, 44, 45, 48–50, 52, 56, 57, 70, 81–83, 87, 144, 145, 162

rekonstruktive Diagnostik 160, 161, 167–169
Ressourcenorientierung 21, 127, 167, 168
Risikofaktor 25–27, 41, 65, 70, 71, 73, 76, 84, 88, 136, 137, 168
Rolle 18, 79–81, 87, 88, 91, 92, 98, 105, 137, 139, 143, 152, 176

S

Salutogenese 21, 22, 25, 98, 127
Schadensminimierung 115, 118, 123, 125, 126, 130, 183, 192
Schutzfaktor 25–27, 70, 128, 129, 134, 136–138
Sekundärprävention 126, 130
Selbsthilfe 15, 77, 90, 91, 118, 119, 132, 149, 153, 154, 191
Setting-Ansatz 127, 128, 132, 135, 139, 144
Soziale Ungleichheit 7, 37, 68, 69, 76, 175
soziales Modell von Behinderung 22, 166
sozio-ökonomischer Status 55, 60, 68, 69, 71, 72, 98
Steuerungsfähigkeit 18–21
Stigmatisierung von Suchtkranken 14, 18, 23, 74, 87, 88, 106, 122, 123, 127, 144, 148, 162, 164, 171, 182
Subjekt- und Biografieorientierung 161, 168, 171
substanzgebundene Sucht 15, 16, 165
substanzungebundene Sucht 15, 16
Suchtbegriff 13–15, 162
Suchtberatungsstelle 15, 77, 111, 114, 118–120, 131, 140, 143, 167

T

Tabak 15, 71, 73, 81, 123, 129, 130, 145, 151, 165
Transkulturalität 94, 96, 97, 107, 109

Z

zieloffene Hilfen 19, 23, 113–115